Stephen Cowan
Feuerkind – Wasserkind
Die fünf ADHS-Typen kennen – das Selbstwertgefühl
und die Aufmerksamkeit Ihres Kindes verbessern

Aus dem Englischen von Isolde Seidel

Ausführliche Informationen zu jedem unserer lieferbaren und geplanten Bücher finden Sie im Internet unter ↗ http://www.junfermann.de. Dort können Sie auch unseren Newsletter abonnieren und sicherstellen, dass Sie alles Wissenswerte über das Junfermann-Programm regelmäßig und aktuell erfahren. – Und wenn Sie an Geschichten aus dem Verlagsalltag und rund um unser Buch-Programm interessiert sind, besuchen Sie auch unseren Blog ↗ http://blogweise.junfermann.de.

STEPHEN COWAN

FEUERKIND – WASSERKIND

DIE FÜNF ADHS-TYPEN KENNEN – DAS SELBSTWERTGEFÜHL
UND DIE AUFMERKSAMKEIT IHRES KINDES VERBESSERN

AUS DEM ENGLISCHEN VON ISOLDE SEIDEL

Junfermann Verlag
Paderborn
2014

Copyright	© der deutschen Ausgabe: Junfermann Verlag, Paderborn 2014 Copyright der Originalausgabe: © by Stephen Scott Cowan 2012 Translated from the English: FIRE CHILD WATER CHILD: how understanding the five types of ADHD can help improve your child's self-esteem & attention. First published in the United States by: New Harbinger Publications
Übersetzung	Isolde Seidel
Coverfoto	© Max Topchii – Fotolia.com
Covergestaltung / Reihenentwurf	Christian Tschepp

Satz	Peter Marwitz, Kiel (etherial.de)
Bibliografische Information der Deutschen Nationalbibliothek	Die Deutsche Nationalbibliothek verzeichnet diese Publikation in der Deutschen Nationalbibliografie; detaillierte bibliografische Daten sind im Internet über http://dnb.d-nb.de abrufbar.

ISBN 978-3-87387-929-4

*Dieses Buch erscheint parallel als E-Book
(ISBN 978-3-87387-898-8).*

„*Feuerkind – Wasserkind* ist ein bahnbrechendes Werk. Kinder sind einzigartig und verdienen einen erweiterten und verbesserten Heilungsansatz. Dieses fantastische Buch verweist auf komplementäre und gesunde Alternativen zu pharmazeutischen Mitteln."
– Deepak Chopra, MD, Autor und Mitbegründer des *Chopra Center for Wellbeing*

„'Keine Krankheit, sondern ein Symptom', so fasst Dr. Cowan ADHS faszinierend aufschlussreich zusammen. *Feuerkind – Wasserkind* gewährt ein tief gehendes Verständnis für all die unterschiedlichen Kinder, die Aufmerksamkeitsschwierigkeiten zeigen können. Dr. Cowan erkennt, was ,richtig' an ihnen ist, nämlich angeborene positive Eigenschaften, die wir stärken können, um ihre Entwicklung zu fördern. Dieses Buch ist nicht nur wesentlich einfühlsamer als der eng gefasste medizinische Standardansatz, sondern erfasst auch die Beziehung der Kinder zu ihrem Umfeld weitaus sachgerechter."
– Gabor Maté, MD, Autor von *Unsere Kinder brauchen uns*

„So ein gutes Buch – genauso praktisch wie poetisch. Dr. Cowan hilft uns, unsere ängstlichen, verwirrten und manchmal verwirrenden Kinder von einer neuen Seite zu sehen – mit größerer Wertschätzung und mehr Einfühlungsvermögen. Er zeigt uns, dass ADHS so unterschiedlich ist wie die Kinder, die ihre Symptome zeigen. Indem er uns Erwachsenen hilft, den Kindern Schritt für Schritt zu helfen, unterstützt er uns, in unserer Liebe und unserem Wissen zu wachsen."
– James S. Gordon, MD, Psychiater, Gründer von The Center for Mind Body Medicine und Autor von *Unstuck: Your Guide to the Seven-Stage Journey Out of Depression*

„Cowan befähigt uns, über die allgemeinen Etiketten hinauszuschauen, die uns in Einheitsgrößen denken lassen. Er vermittelt uns einen einzigartigen Einblick in die Natur jedes einzelnen Kindes. Dadurch revolutioniert er möglicherweise die Art und Weise, wie Familien ihre Kinder betreuen, wie Lehrer Kinder unterrichten und wie Ärzte Kinder behandeln."
– Harriet Beinfield, Koautorin von *Traditionelle chinesische Medizin: Grundlagen – Typenlehre – Therapie*

„Dieses Buch ist ein außergewöhnlicher Beitrag zur Literatur über Entwicklungsstörungen in der Kindheit. Alle Eltern und Ärzte, die mit dieser komplexen Problematik befasst sind, sollten es lesen. Dr. Cowan nutzt sein fundiertes medizinisches Wissen und seine jahrzehntelange eigene Erfahrung in der Beschäftigung mit und Behandlung von ADS und anderen Entwicklungsstörungen. Diese kombiniert er in einer fantastischen Synthese mit den Energieprinzipien und Ungleichgewichtsmerkmalen der traditionellen Chinesischen Medizin. So gewinnen wir ein umfassenderes, tieferes und individuelleres Verständnis für die speziellen Probleme und Bedürfnisse jedes Einzelnen, was unsere Erfolgschancen für langfristige Veränderungen erhöht. Hervorragend."
– Woodson Merrell, MD, Leiter der Abteilung für integrative Medizin am *Beth Israel Medical Center* in New York und Autor von *Power Up*

„Dr. Cowans Feuerkind – Wasserkind ist ein frischer Wind in der derzeitigen ADS- und ADHS-Literatur. Er kombiniert seine Motivation des wahren Heilers, jahrelange erfolgreiche Praxistätigkeit, solides aktuelles medizinisches Wissen und ein vernünftiges Urteil aufgrund seiner eingehenden Beschäftigung mit altbewährtem asiatischem Medizinwissen und stellt uns eine neue Sichtweise auf ADHS vor. Seine Methode spornt uns an, Kinder als die wunderbaren Persönlichkeiten zu betrachten, die sie sind, uns jedes Einzelnen wahrhaft menschlich anzunehmen und Kinder und ihre Eltern vor einer tiefen Angst zu bewahren. Als Vater und Großvater schätze ich dieses Buch sehr und empfehle es allen, die ihre Kinder lieben und sicherstellen möchten, dass diese trotz der Schwierigkeiten, denen sie sich gegenübersehen, Erfolg haben."
– Robert Thurman, Vater, Großvater, Urgroßvater und Professor für Tibetische Buddhistische Studien an der *Columbia University*

Inhalt

Vorwort

Oft wird Eltern, bei deren Kindern ADS / ADHS festgestellt wurde, der Eindruck vermittelt, mit dem Gehirn ihres Kindes sei neurologisch irgendetwas nicht in Ordnung. Das Kind, das von Impulsen und Handlungen verwirrt wird, die nicht geltenden Maßstäben und Erwartungen entsprechen, wird als pathologisch abgestempelt. Ein solch unheilvolles Urteil bringt besorgte Eltern in die Klemme widersprüchlicher Sichtweisen – der medizinischen, der pädagogischen, der gesellschaftlichen und sogar der moralischen. Sie werden gedrängt, als qualvoll empfundene Entscheidungen zu treffen in Bezug auf Medikamente mit Nebenwirkungen und unbekannten langfristigen Folgen, die Gehirn und Bewusstsein verändern. Dazu stehen sie vor der gewaltigen Aufgabe, eine ganze Palette von Begleittherapien zu sichten, etwa eine Ernährungsumstellung bei möglichen Nahrungsmittelempfindlichkeiten, die Verabreichung von Nahrungsergänzungen sowie kognitive Interventionen und Lerninterventionen.

Dr. Stephen Cowan, ein talentierter Kinder- und Jugendarzt mit Schwerpunkt neurologische Entwicklungsstörungen, war frustriert, nachdem er über 30 Jahre Tausende von Kindern behandelt hatte. Als Reaktion darauf entwickelte er ein neuartiges Konzept, das ADS / ADHS in seine Einzelbestandteile zerlegt, entmystifiziert und neu einordnet. In diesem Buch stellt er eine Methode vor, mit der sich umfassend evaluieren lässt, *wer das jeweilige Kind ist*, das mit dem Etikett ADS / ADHS versehen wurde.

Cowan beschreibt fünf Typen von Kindern, die fünf verschiedene Typen von ADS/ ADHS zeigen. Jedem Kind wohnt ein inneres Ordnungsmuster inne, eine wahre Natur, der sogenannte *Typus* des Kindes. Jeder Typus hat an einer der fünf Grundkräfte teil, die die Chinesische Medizin beschreibt, nämlich Holz, Feuer, Erde, Metall und Wasser. Eine dieser fünf wirkt als vorherrschende Kraft, die die Veranlagungen eines Kindes hervorbringt. Diese Kraft strukturiert auch, wie das Kind seine Erfahrungen wahrnimmt, integriert und zum Ausdruck bringt.

Indem man den Typus eines Kindes ermittelt, erhält man Einblick, wie es in seinem Inneren und in seiner Welt „funktioniert". Nach diesem Modell definiert der Typus die dynamische Struktur, die uns von unserer Geburt bis ins hohe Alter prägt – er stellt das Grundgerüst des Seins dar, um das sich jedes einzelne einzigartige Leben formt.

In diesem elastischen Gerüstsystem schildert Cowan schlüssig und anschaulich die Ursachen und Diagnose dieses verwirrenden Syndroms. Die Merkmale, die er bei jedem Kind entsprechend seinem Typus beobachtet, liefern ihm die Informationen für maßgeschneiderte Behandlungsansätze. Aus der Typus-Ermittlung eines Kindes ergibt sich ein Raster, anhand dessen sich künftige Schwierigkeiten vorhersagen lassen. So lässt sich verhindern, dass sich leichte Probleme in ernsthafte, chronische Störungen verwandeln.

Cowans Vater ließ Stephen als kleinem Jungen eine Ausbildung als Künstler angedeihen. Malausflüge in die Wälder Neuenglands schärften ihm die Liebe zu Details ein sowie zu Mustern und Rhythmen in der Natur; auf diesem Paradigma gründen heute sein Denken und sein Weltbild. Aufgrund seiner Ausbildung als Arzt sowie seinen langjährigen sorgfältigen Beobachtungen konnte er einschätzen, was funktioniert und was nicht, was Sinn ergab und was nicht. Er entschied sich für die Chinesische Medizin und die taoistische Philosophie, um das menschliche Leben besser zu verstehen und um sein medizinisches Wissen zu erweitern. Wir begannen unsere Zusammenarbeit in den frühen 1990er-Jahren, weil wir Brücken schlagen wollten zwischen der Chinesischen Medizin und der westlichen Kinderheilkunde.

In Cowan vereinigen sich die unstillbare Neugier eines Gelehrten, was die Grundsätze des Lebens betrifft, die Entschlossenheit eines Klinikarztes, den einzelnen Kindern zu helfen, und das Talent eines Künstlers, eine radikal neue Herangehensweise zu formulieren. Dieses System wirkt nicht nur gut bei der Behandlung von ADS / ADHS, sondern auch beim gesamten Spektrum neurologischer Entwicklungsstörungen. Als Lernender, Lehrer, Arzt, Künstler und Heiler teilt Cowan hier großzügig sein Wissen mit, seine Erfahrung, sein Mitgefühl, seinen Scharfsinn und seinen Ideenreichtum. Eltern, Lehrer, Ärzte, Forscher, aber auch die Jungen und die Neugierigen, gewinnen alle neue Erkenntnisse und Strategien, wenn sie das kostbare Erz schürfen, das diese Seiten enthalten.

Efrem Korngold OMD, LAc
Koautor von *Traditionelle chinesische Medizin: Grundlagen – Typenlehre – Therapie*
Salmon River, Klamath National Forest, im Frühjahr 2011

Danksagung

Jedes Buch ist ein Kind. Seine Empfängnis ist einzigartig und wird aus Absichten geboren, deren Wurzeln zahlreiche Quellen speisen. Dieses Buch gäbe es nicht ohne meine Feuer-Zwillingsbrüder Frank Lipman und Larry Baskind. Larry machte mir Mut, meine bisherigen Grenzen zu überschreiten, und Frankie achtete darauf, dass ich nicht wieder zurückwich. Dieses Kind wäre natürlich nie über das Kleinkindalter, also seine Anfangsphase, hinausgekommen ohne die nährende Güte und Weisheit meiner Mentoren, Harriet Beinfield und Efrem Korngold. Sie lassen mich immer wieder zustimmend nicken, seit ich vor 18 Jahren in ihrem Workshop saß. Die Sehnen und Muskeln dieses Buches hat regelmäßig der große Kreis von praktizierenden Ärzten trainiert, denen im Laufe der Jahre zu begegnen ich das Glück hatte. Ich will nur einige nennen: Steven Aung, Thea Elijah, Nan Lu, Ed Young, Ken Cohen, Geri Brewster und Woody Merrell. Das Knochenwachstum dieses Buches unterstützte Robert Thurman, in dessen Menla Mountain House ich den Erstentwurf ans Licht brachte. Meine liebe Schwester Jill und mein Schwager und Freund Dan reicherten das Mark des Buches mit ihrer Wärme an, denn in ihrem Gästehaus TideWinds stellte ich dieses Buch fertig. Seinem Körper hat meine Familie Kraft gegeben: Ben und Kate, Reggie und Peter, Nancy, Janelle und Jamie. Dieses Projekt hätte kein Fleisch ohne die unzähligen Kinder, die mich immerzu lehren, und ihre Eltern, deren Fragen dieses Leben zu meinem Lebensweg machen. Die Haut dieses Kindes möchte sich aufrichtig bedanken: bei Jess O'Brien und Carole Honeychurch von New Harbinger, beim Team von Riverside Pediatrics und bei den vielen Freunden, durch deren Geduld sich dieses Buch organisch entwickeln konnte – eine Seltenheit heutzutage. Bedanken will ich mich auch bei den Lichtern meines Lebens, Sarah und Emily, die mit ihrer Lebensenergie, ihrem Qi, das Blut dieser Seiten zirkulieren ließen; bei George und Trudi, die als Himmel und Erde über mich wachen; mögen sie über diese kleine Heldentat lächeln. Doch das Herz dieses Buches schlägt durch die Liebe und das Lachen meiner geliebten Susan. Ohne sie wäre ich sicher meinem Schicksal überlassen, ohne eine Hand, die ich in dieser verrückten, chaotischen Welt halten könnte. Möge dieses Buch lernen, allein zu laufen, und in seinem Leben weit herumkommen.

Einführung:
Einen Weg zur Aufmerksamkeit ebnen

„ADHS ist ein Symptom, keine Krankheit." Wann immer ich Eltern diesen Satz sage, spüre ich ihre Verwirrung. „Was ist der Unterschied?", fragen sie. „Symptom oder Krankheit, mein Kind hat trotzdem ein Problem." Ja, es *ist* durchaus ein Problem, wenn man sich schwer konzentrieren kann, doch das heißt nicht, dass mit Ihrem Kind etwas nicht stimmt. Es bedeutet nicht, dass im Gehirn Ihres Kindes irgendetwas defekt ist, was in Ordnung gebracht werden muss. Begriffe wie „nicht stimmen", „defekt" und „in Ordnung bringen" stellen eine Bürde dar, denn sie implizieren ein schweres Urteil, Schuld und Angst. In diesem Buch geht es nicht um Angst. Vielmehr handelt es davon, Einfühlungsvermögen zu entwickeln für die unterschiedlichen Arten und Weisen, wie wir uns der Welt öffnen und ihr begegnen, und die Talente eines jeden Kindes zu erkennen.

Eine Lehrerin, die den Unterschied ausmachte

Es war das Jahr 1966: Die Beatles experimentierten mit neuen Klängen, die Bürgerrechtsbewegung riss alte Schranken nieder und wir machten erstmals den Schritt über unseren Planeten hinaus in den unbekannten Weltraum. Es war eine faszinierende Zeit. Ich war damals in der sechsten Klasse und starrte einen Großteil meiner Zeit aus dem Fenster oder verzierte die Ränder meiner Schulhefte mit Kritzeleien. Wenn ich zufällig etwas Lustiges malte, lachten die Kinder um mich herum. Dadurch pickte mich die Lehrerin zwangsläufig heraus und ließ mich dafür büßen, dass ich den Unterricht gestört hatte: Strafarbeiten, Nachsitzen. Ich kannte den Drill gut. In meinen Kritzeleien gab es neue und interessante Formen zu entdecken. Draußen vor dem Fenster wiegten sich die Bäume im Wind. Dort war Poesie. Und in gewisser Weise war es witzig, wenn auch respektlos, die Kinder zum Lachen zu bringen.

In der fünften Klasse hatte sich die Situation zugespitzt. Ich war vom Schulpsychologen getestet worden, weil ich mich so schlecht konzentrieren konnte. Wenn Sie mich damals gefragt hätten, warum ich zur Schule ging, dann hätte ich geantwortet wie zahlreiche Kinder, die heute zu mir kommen: „Weil ich muss." Alles gipfelte darin, dass ich eines Morgens im Klassenzimmer gedankenverloren gegen eine Wand lief. An ihr hingen die Fotos von früheren Klassen meiner Lehrerin. Diese Fotos lagen ihr sehr am Herzen – und nun fielen sie krachend zu Boden.

Doch ich hatte Glück. In diesem Schuljahr hatte ich eine Lehrerin, Miss Baggerman, die zur Gruppe meiner Lebensretter gehören sollte. Was sie damals tat, war so einfach und gleichzeitig so tief greifend, dass ich es nie vergessen habe. Unter den entsetzten Blicken meiner Klassenkameraden befahl sie mir streng, an ihr Pult zu kommen und dort stehen zu bleiben, während sie *mit roter Tinte* einen Brief schrieb, den ich meinen Eltern geben sollte. Sie trug mir auf, den Brief nicht zu lesen, in dem sicheren Wissen, dass ich ihn öffnen und lesen würde, sobald ich aus dem Klassenzimmer war. Darin stand, es gebe ein Problem: „Stephen weiß nicht, wie man sich im Klassenzimmer bewegt." Meine Eltern sollten so schnell wie möglich zu ihr kommen und mit ihr reden. Ich sollte mitkommen. Das war alles. Mehr stand nicht in dem Brief. Sofort schmiedete ich Pläne. Ich spielte mit dem Gedanken, meinen Eltern den Brief nicht zu zeigen, sondern ihn im Chaos meines schlampigen Zimmers zu verstecken und dann zu behaupten, ich hätte ihn vergessen. Ich dachte daran, ihn in eine Pfütze zu werfen, damit er unleserlich würde. Vor allem aber glaubte ich, das Problem würde sich im Laufe der Zeit einfach in Luft auflösen. Doch etwas in mir zwang mich, den Brief meinen Eltern zu zeigen. Ich bin mir nicht sicher, was es war. Vielleicht die Autorität, mit der sie ihn mir gegeben hatte. Würde ich von der Schule fliegen? Würde ich auf eine mir unvorstellbare Weise bestraft werden?

Ich ging nach Hause und beobachtete, wie sich der Gesichtsausdruck meiner Mutter veränderte, als sie den Brief las. Sie hatte Tränen in den Augen. „Das *wollte* ich nicht", versuchte ich verzweifelt zu erklären. An diesem Abend wartete ich nervös, wie sich die Enttäuschung meines Vaters äußern würde. Bevor ich ins Bett ging, hielten wir großen Familienrat. Die Frage meiner Eltern, warum die Lehrerin behaupte, ich könne mich nicht im Klassenzimmer bewegen, konnte ich nicht beantworten. Als meine Eltern an meinem Bett saßen, sprachen sie leise und sagten, wir müssten am nächsten Tag schauen, was Miss Baggerman mit mir vorhabe.

Jene Nacht war lang und ruhelos und auch der Schulweg zog sich am nächsten Tag länger hin als gewöhnlich. Aus diesem Schlamassel schien es keinen Ausweg zu geben. Während des Unterrichts machte Miss Baggerman keinerlei Andeutung, was sie für mich bereithielt. Ich hegte bereits den Gedanken, das Problem würde sich vielleicht doch einfach in Luft auflösen. Doch als der Nachmittagsgong ertönte und alle Kinder zur Tür hinausflitzten, sah ich meine Eltern im Gang stehen. Mein Vater, der früher von der Arbeit weg musste, schaute sehr ernst. Neben ihm meine Mutter, in deren mitfühlendem Lächeln sich auch Besorgnis zeigte. Ich hatte mit Tränen zu kämpfen. Als der Lärm nachließ, bat Miss Baggerman meine Eltern, sich an ihr Pult zu setzen, das zur Größe eines kleinen Nilpferdes angewachsen zu sein schien. Als Erstes zeigte sie meinen Eltern die Wand mit den zerbrochenen Bilderrahmen. Sie erkundigte sich nach den zurückliegenden Jahren, als ich in Schwierigkeiten geraten war, weil ich im Unterricht nicht aufgepasst hatte. Dann durchforstete sie das Fach unter meiner Bank und zeigte ihnen meine Kritzeleien. Eine war eine recht gute Karikatur von ihr, auf der sie wie Woodrow Wilson aussah. Ich sah zu meinem Vater hinüber und suchte nach einem Anzeichen seines typischen Humors, doch vergebens. Dann meinte sie, ich würde dieses Jahr nicht versetzt werden, wenn nicht drastische Schritte unternommen würden. Ich sei respektlos und ein Tagträumer, das lasse sie in ihrer Klasse nicht zu. Und darauf sagte sie einen Satz, der alles veränderte: Ihrer Meinung nach sei in mir irgendwo ein gescheiter Junge, und sie bat meine Eltern, „alles Notwendige" unternehmen zu dürfen, um mich zu meinen Bestleistungen anzuspornen.

Langes Schweigen. „Was meinen Sie mit ‚alles Notwendige'?", fragte mein Vater. „Sie werden ihn doch nicht schlagen?" Mein Vater war in den 1920er-Jahren in England aufgewachsen, wo Schläge an der Tagesordnung waren; davon hielt er eindeutig nichts. Ich schluckte. „Ich weiß noch nicht", sagte Miss Baggerman und blickte mich dabei direkt an. Meine Augen wurden größer. Ich wollte meinen Eltern zu verstehen geben: „Sagt ‚Nein'! Sagt ‚keinesfalls'!", doch sie schauten nicht zu mir, sondern starrten die Lehrerin mit ihrem entschlossenen und beherrschten Gesichtsausdruck an. Meine Mutter wandte sich zu meinem Vater, schaute ihm eindringlich in die Augen, ohne ein Wort zu sagen. Ich hatte keine Ahnung, was sie dachten. Ich hatte keine Ahnung, worüber die hier alle sprachen. Das war verrückt! Nach langem Schweigen räusperte sich mein Vater und sagte: „Wenn Sie glauben, meinem Sohn helfen zu können, vertrauen wir Ihnen." Darauf erwiderte Miss Baggerman lediglich: „Wir müssen es versuchen."

Ohne ein weiteres Wort gingen wir.

Die Baggerman-Taktik

Was sie von diesem Tag an tat, war recht ungewöhnlich. Nie war auch nur entfernt von Etikettierungen, Krankheiten oder Medikamenten die Rede. Wenn Medikamente damals so leicht zugänglich gewesen wären, wie es heute der Fall ist, wäre ich sicher ein Hauptkandidat gewesen. Sie setzte mich im Klassenzimmer in die erste Reihe, unmittelbar vor sich. Dann rief sie mich *bei jeder einzelnen Frage*, die sie im Unterricht stellte, als Ersten auf. Tagein, tagaus. Wochenlang und dann monatelang. Anfangs war einfach nur klar, wie „ausgeklinkt" ich war. Ich hatte keine Ahnung, *wie* man im Unterricht aufpasst. Die anderen Kinder lachten, wenn ich nicht wusste, worüber die Lehrerin sprach, doch sie wandte sich dann einfach jemand anderem zu. Nach einigen Wochen war es mir zunehmend peinlich und ich wurde sauer. Doch Miss Baggerman behielt ihre Emotionen und die Klasse absolut im Griff. Falls sie wütend oder frustriert war, so zeigte sie es jedenfalls nicht, ebenso wenig wie sie ein Wanken in ihrer Absicht erkennen ließ. Sie war nicht bereit, mich aufzugeben. Auf jede erdenkliche

Art versuchte ich, sie von ihrem Entschluss abzubringen. Ich spielte den netten Jungen – das funktionierte nicht. Ich probierte es mit Betrübtsein; auch das klappte nicht. Ich schmollte, wurde wütend, ignorierte sie – doch nichts wirkte. Nach vielen Wochen änderte sich schließlich etwas. Eines Tages stellte sie eine Frage und in dem Wissen, dass sie mich als Ersten aufrufen würde, hörte ich aufmerksam zu und antwortete richtig. Miss Baggerman lächelte. Zum ersten Mal überhaupt sah ich sie lächeln. Sie lächelte zwar flüchtig, aber es galt mir. Dann wandte sie sich einem anderen Kind zu. Eine seltsame Empfindung überkam mich. War es das, worum es beim Aufpassen im Unterricht ging? Brauchte ich lediglich dem zu folgen, was sie sagte? Konzentriert wartete ich auf die nächste Frage und beantwortete sie dann tatsächlich auch korrekt. Sie lächelte wieder! Ich erinnere mich an dieses Lächeln, als wäre es gestern gewesen. Eben dieses kurze Lächeln erfüllte mich zutiefst mit dem Gefühl, etwas geschafft zu haben. In den Tagen darauf beantwortete ich jede Frage korrekt, was sich allmählich in meinen Noten widerspiegelte. Meine Hausaufgaben waren mir zwar immer noch ein Gräuel, doch in gewisser Weise waren sie jetzt *bedeutsamer*. Sie waren für meine Lehrerin von Bedeutung. Innerhalb weniger Monate gehörte ich zu den Besten in der Klasse und plötzlich wollten andere Kinder mit mir befreundet sein. Wenn mich meine Eltern jetzt nach meinem Tag fragten, hatte ich wichtige Dinge zu erzählen, statt einfach nur „gut" zu sagen (was ich bis dahin standardmäßig geantwortet hatte). Miss Baggerman hatte mich unter ihre Fittiche genommen. Im Laufe der Zeit empfahl sie mir einige Bücher, besonders Biografien. Zu meinen Lieblingsbüchern gehörte eines über das Leben Thomas Edisons. Ebenso eines über Anton van Leeuwenhoek, den Erfinder des Mikroskops (seinen Namen sprach ich besonders gern mit holländischem Akzent aus).

In den folgenden Jahren erwarteten mich noch einige Herausforderungen, doch was ich damals erlebte, ließ mich ahnen, wer ich war. Es war eine Kostprobe für eine neuartige Aufmerksamkeit, bei der ich mich auf etwas Größeres einstimmte als auf meine kleine eigene Welt. Derart eingestimmt, „eingeklinkt", war mir auf einmal wichtig, was meine Lehrer von mir hielten und welche Noten ich hatte. Ich war darauf eingestimmt, Neues zu lernen – und es taten sich völlig neue Welten auf, die erforscht sein wollten.

Miss Baggerman hatte mich behutsam und schrittweise wieder in Einklang mit der Welt gebracht. So etwas mag einem Lehrer heutzutage unmöglich erscheinen. Er würde auf der Stelle entlassen werden[1], würde er auch nur andeutungsweise die Hand gegen einen Schüler erheben. Ich halte dieses Vorgehen auch keineswegs für eine Lösung für irgendein Problem. Außerdem, welcher Lehrer hat heute die Zeit, sich einem einzigen Kind so intensiv zu widmen, wie es Miss Baggerman mit mir tat? Nur allzu oft höre

---

1 In Deutschland müsste er mit disziplinarischen Maßnahmen rechnen; Anm. d. Ü.

ich von Lehrern: „Wenn ich das mit Johnny mache, müsste ich es mit allen Kindern in der Klasse auch machen." Auch behaupte ich nicht, dass das alles ist, was man tun muss, damit Kinder aufpassen. Genau darum geht es in diesem Buch. Miss Baggerman nahm sich die Zeit, festzustellen, mit wem sie es zu tun hatte, und reagierte entsprechend. Für unterschiedliche Kinder gibt es unterschiedliche Lösungen. Doch alles beginnt mit dem Wissen, wie das Kind ist.

Unterschiedliche Ansätze für unterschiedliche Menschen

Mein eigener Weg spiegelt die Methoden wider, mit denen ich Tausenden von Kindern mit ADHS helfen konnte. Miss Baggerman war ein Anfang, allerdings brauchte ich noch Jahre, um herauszufinden, *wie ich lerne*. Wir gehen davon aus, alle Kinder würden auf die gleiche Art und Weise lernen; doch das stimmt einfach nicht. Das ist das Kernthema dieses Buches. Ich brauchte ein Medizinstudium, um zu erkennen: Zu lernen, *wie* man sich konzentriert, ist existenziell. Ich musste den Versuch aufgeben, so zu lernen wie meine Kommilitonen, und herausfinden, was für mich am besten funktionierte. Dabei ging ich von der Frage aus, wie Informationen überhaupt in mein Gehirn gelangten. Diese Frage stelle ich auch als erste jedem Kind mit Lernschwierigkeiten, das zu mir kommt. Ich persönlich lerne aus einem Zusammenhang heraus und mit Bildern und Karten; dann geht es ganz von selbst. Selbst damals in Miss Baggermans Unterricht boten die Kritzeleien einen wichtigen Hinweis. Schon immer hatte ich ein Talent zum Malen und Zeichnen und mir Bilder zu merken. Das fällt mir einfach leicht. Im College mühte ich mich ab, im Unterricht zuzuhören, doch wenn ich ein Bild sah, verstand ich den Inhalt vollkommen und merkte ihn mir. Als visueller Lerner war ich in einer auditiven Welt gefangen. Bis heute stehen auf meinem Dachboden Schuhkartons voll Karteikärtchen mit grafischen Darstellungen voller Bilder, Pfeile und Hieroglyphen, die ich erfunden hatte. So notierte ich mir die ganze Anatomie und Pathologie, die ich im Medizinstudium lernen musste. Die Kärtchen zu erstellen bedeutete zwar Arbeit, machte mir aber Spaß. Als Assistenzarzt im Krankenhaus war ich der Star, weil ich vor meinem inneren Auge alle Verbindungen sehen konnte, während andere darüber nachdachten, auf welcher Seite die Antwort stehen könnte. Die Entdeckung, dass es unterschiedliche Arten zu lernen gibt, inspirierte mich schließlich, mich auf die Entwicklung von Kindern zu spezialisieren.

Meine spätere Tätigkeit als Facharzt für Kinder- und Jugendmedizin frustrierte mich immer mehr. Das System, in dem ich ausgebildet wurde, scheint das Kind nicht auf der Rechnung zu haben; denn es etikettiert Symptome als das Problem und verdammt Kinder zu einem Leben mit Medikamenten. Ich begann, nach einem ganzheitlicheren

Gesundheitsbild zu suchen. Diese Suche führte mich zu Harriet Beinfield und Efrem Korngold, den Autoren des Buches *Traditionelle chinesische Medizin* (2005). Sie waren die ersten Lehrer, die mir eine neue Herangehensweise zeigten, nämlich Gesundheit nach den Prinzipien der Chinesischen Medizin zu erfassen. Das entsprach völlig meinem Verständnis von Kindern. Die Chinesische Medizin erkennt unsere Verschiedenheit an, denn sie spricht in relativen Begriffen, nicht in absoluten. Dadurch reduziert sie uns nicht auf Etiketten. Über 15 Jahre beschäftige ich mich nun bereits mit Chinesischer Medizin. Und ich habe in dieser Zeit immer wieder erlebt, auf welch erstaunlichen Wegen die Kräfte der Natur (Wasser, Holz, Feuer, Erde und Metall) unser Leben prägen. Ich wandte diese Prinzipien auf die Entwicklung von Kindern an und fand einen Weg, der Tausenden von Kindern geholfen hat, ihre Konzentration zu verbessern.

Ja, ich habe dieses Buch als eine Art Straßenkarte gestaltet, mit der Sie sich Ihren Weg zu den Stärken Ihres Kindes bahnen können. In Kapitel 1 erfahren Sie, was an der Diagnose Aufmerksamkeitsdefizit-/Hyperaktivitätsstörung (ADHS) problematisch ist und warum sie heute eine Epidemie zu sein scheint. In Kapitel 2 erkennen Sie entscheidende Zusammenhänge zwischen Stress und Aufmerksamkeit. Was ich als *ganzheitliche Kinder- und Jugendmedizin mit Schwerpunkt Entwicklung* bezeichne, ist im Grunde genommen nur der umfassendere Blick darauf, welche Kräfte ins Leben Ihres Kindes hineinspielen. Besonders werden wir darauf schauen, was sein Sicherheitsgefühl fördert und was es untergräbt. In Kapitel 3 sehen wir uns die „Drei Schätze" genauer an, wie wir unser Gehirn einsetzen, um uns zu konzentrieren. Das ist der erste Schritt, um Aufmerksamkeit überhaupt zu verstehen. In Kapitel 4 steigen wir noch tiefer ein und lernen die fünf verschiedenen Arten kennen, wie sich Kinder konzentrieren und wie sie ihren Fokus verlieren. Dieser speziell auf die fünf Arten ausgerichtete Blickwinkel bildet das Kernstück und macht dieses Buch einzigartig. Die meisten Bücher über ADHS machen eher verallgemeinernde Aussagen und geben allgemeine Empfehlungen, die die individuelle Natur des einzelnen Kindes außer Acht lassen.

Dieses Buch ist allen Kindern gewidmet, die sich anscheinend schwer anpassen können, und den Eltern, die das Kind, das sie lieben, besser verstehen wollen und wirksame Methoden suchen, um ihm zu helfen, sich meisterhaft zu konzentrieren. Ich hoffe, Sie können nach der Lektüre dieses Buches über die Diagnose hinausblicken und die dynamischen Möglichkeiten erkennen, wie Ihr Kind die Freiheit findet, aufmerksam zu sein.

1. | Probleme mit der Diagnose ADHS

Ein Weiser wacht über seine Aufmerksamkeit als sein kostbarstes Gut.
Dhammapada 26

Malcolm kommt mit seinem Vater zu mir in die Praxis; ich soll seinen Sohn auf ADHS testen. „Irgendetwas ist nicht in Ordnung mit meinem Kind", sagt er. „Ich schaffe es, morgens allein aufzuwachen, mich anzuziehen, zu frühstücken, rechtzeitig an meinem Arbeitsplatz zu sein und einen ganzen Arbeitstag hineinzupacken, und er schafft es anscheinend nicht einmal, in der Früh seine Schuhe anzuziehen. Wie kann das sein?" Währenddessen sitzt Malcolm still da, starrt aus dem Fenster und fragt sich, wann das alles vorüber ist, damit er rechtzeitig zu Hause sein Lego-Raumschiff fertigbauen kann.

Seit Jahrtausenden lernen Kinder auf natürliche Art und Weise. Die angeborenen Talente eines Kindes führten früher dazu, dass jemand es zu sich in die Ausbildung nahm. Dort sah es dem Meister bei der Arbeit zu und probierte sie danach selbst. Erst in den letzten hundert Jahren stecken wir Kinder in Klassenzimmer und erwarten von ihnen, dass sie alle durch Zuhören auf exakt die gleiche Art lernen. Notgedrungen setzen wir Standards, nach denen wir allen Kindern das Recht auf Bildung garantieren können. Das ist ein wunderbarer Weg, Kinder mit ganz verschiedenen Informationen in Kontakt zu bringen, zu denen sie sonst keinen Zugang hätten, doch dieses Vorgehen hat auch eine Kehrseite. Wie können wir erwarten, dass alle Kinder auf die gleiche Art aufpassen? Das gleicht ein wenig der Erwartung, alle Tomatenpflanzen würden identisch wachsen. Angesehene Wissenschaftler wie Howard Gardner haben Pionierarbeit geleistet mit der Beschreibung, auf welch vielfältige Weisen wir lernen. Dennoch stecken wir Kinder immer noch in ein und dieselbe Schublade. Und je kleiner die Schublade wird, desto mehr Kinder fallen heraus.

1.1 Die ADHS-Epidemie

Die Vereinigung der Psychiaterinnen und Psychiater in Amerika (American Psychiatric Association) definiert die *Aufmerksamkeitsdefizit- / Hyperaktivitätsstörung* als die Unfähigkeit, sich zu konzentrieren, was sich in einer Mischung aus Ablenkbarkeit, Impulsivität und bisweilen Hyperaktivität äußert (2000). Wir wissen zwar nicht, bei wie vielen Kindern exakt ADHS diagnostiziert wurde, doch die Zahl ist eindeutig in die Höhe geschnellt. Das *Centre for Disease Control and Prevention*[2] schätzte, dass in den USA im Jahr 2007 mindestens 9,5 Prozent aller Kinder im schulpflichtigen Alter zu diesem Zeitpunkt oder früher medikamentös behandelt wurden, weil sie sich nicht konzentrieren konnten. Zwischen 2003 und 2007 stieg die Anzahl der Kinder mit dieser Diagnose jährlich im Durchschnitt um 5,5 Prozent (2010). Nichts weist darauf hin, dass sich die Zuwachsrate auf diesem Niveau einpendelt. Aus diesen Zahlen lässt sich ableiten, dass die Anzahl der ADHS-Fälle für 2011 auf 15 Prozent geschätzt wird. Das macht ADHS zur häufigsten psychiatrischen Diagnose. Als dieses Buch geschrieben wurde, war bei mindestens 10 Millionen Kindern ADHS diagnostiziert worden – eine hohe Zahl. Damit konkurriert sie mit der Anzahl der US-Bürger, bei denen eine Herzkrankheit festgestellt wurde. ADHS ist also in gleicher Weise eine Epidemie wie Herzkrankheiten.

Wirklich? Die Diagnosezahl steigt zwar eindeutig, doch unklar bleibt, ob tatsächlich mehr Kinder Konzentrationsschwierigkeiten haben oder ob mehr „Etiketten" verteilt werden. Lassen Sie uns kurz anschauen, wie die Diagnose zustande kommt.

1.2 Zirkelschluss: das Gerücht, es gäbe eine Diagnose

In meiner Praxis höre ich Geschichten wie die von Malcolm täglich. Eltern kommen und wollen ihre Kinder „auf ADHS testen" lassen, weil die Lehrkraft ihnen sagt, das Kind tue sich schwer. Diesen Eltern antworte ich: *Es gibt keinen ADHS-Test.* Die Eltern sind schockiert, wenn sie das erfahren. Die Vorstellung, es gäbe irgendeinen eindeutigen, wissenschaftlichen Test für diese Störung, ist vielleicht eines der größten Ammenmärchen in der Medizin. Vielmehr ist es so: Wenn wir Kinder auf ADHS testen, leisten wir durch eine Art Zirkelschluss der Epidemie Vorschub. In Amerika geht das üblicherweise so:

1. Eine Lehrkraft beobachtet, dass ein Kind im Unterricht nicht aufpasst.
2. Sie informiert die Eltern, dass etwas mit dem Kind nicht stimmen könnte, woraufhin diese mit dem Kind zum Arzt gehen.
3. Der Arzt drückt den Eltern einen Fragebogen in die Hand, den die Lehrkraft ausfüllen soll.
4. Die Lehrkraft, die bereits entschieden hat, dass das Kind ein Problem hat, füllt daraufhin den Fragebogen aus. Sie kreuzt alle Kästchen an, die bestätigen, dass das Kind sich schwertut, aufzupassen, und schickt das Formular an den Arzt zurück.
5. Der Arzt schaut auf die sogenannten Beweise und stellt die Diagnose ADHS.

---

2 „Zentrum für Krankheitskontrolle und Prävention", eine in den USA dem Gesundheitsministerium unterstellte Behörde, Anm. d. Ü.

6. Sobald die Diagnose „steht", geht es schlicht darum, die entsprechenden Medikamente zu verschreiben.

An dieser Vorgehensweise ist einiges problematisch: Erstens geht sie von einer Annahme aus. Diese Annahme besagt, jede Lehrerin, jeder Lehrer schätze die Aufmerksamkeit bei Kindern mit der gleichen Erfahrung ein. Nicht berücksichtigt wird dabei, wie lange die Lehrkraft bereits mit Kindern arbeitet oder mit wem sie ein Kind vergleicht. Ebenso wenig trägt der Fragebogen einer Voreingenommenheit der Lehrkraft Rechnung. Ja, er sagt mehr über die Erwartungen einer Lehrerin / eines Lehrers darüber aus, wie ein Kind *aussehen* sollte, wenn es sich konzentriert, als über das Kind selbst. Und selbst das ist absolut subjektiv. Was ein Lehrer als „zappelig" einstuft, mag für eine andere Lehrerin etwas anderes bedeuten. Dazu kommt, dass man nicht feststellen kann, ob die Antworten der Lehrkraft darauf basieren, wie sie das Verhalten des Kindes über einen gewissen Zeitraum in Erinnerung hat oder auf Beobachtungen an einem bestimmten Tag.

Was aber noch entscheidender ist: Der Fragebogen versucht nicht den Kontext zu erfassen, in dem das Kind aufmerksam sein soll. Er sagt nichts darüber aus, wie die Arbeiten und Aufgaben präsentiert werden, wer neben dem Kind sitzt, wie lang es an diesem Tag geschlafen oder was es zum Frühstück gegessen hat. Ich könnte Sie in ein Zimmer stecken, Sie zwingen, ein altes Physikbuch von mir zu lesen, und Sie litten vielleicht allem Anschein nach unter ADHS – laut diesem Fragebogen. Noch beunruhigender ist: Diese Ergebnisse genügen als Anhaltspunkte, damit ein Arzt einem Kind Medikamente verschreiben kann.

Interessanterweise wird bei Jungen weitaus häufiger ADHS diagnostiziert als bei Mädchen. Das hat mich diesem ganzen Diagnoseverfahren gegenüber schon immer etwas misstrauisch gemacht. Warum sollen Buben häufiger Probleme mit der Aufmerksamkeit haben als Mädchen? Aufgrund dieses Ungleichgewichts vermuten zahlreiche Fachleute, ADHS sei im Grunde eine genetische Störung und Jungen seien in gewisser Weise genetisch auf Konzentrationsschwierigkeiten programmiert. Warum steigt dann aber die Anzahl der Kinder mit ADHS? Genetische Störungen treten nie in epidemischem Ausmaß auf. Wenn ADHS also nicht genetisch bedingt ist, muss das Umfeld in die steigenden Diagnosezahlen mit hineinspielen. Selbst wenn wir die Tatsache außer Acht lassen, dass die Statistiken auf verzerrten Beweisen basieren, sagt der Fragebogen immer noch nichts über das Umfeld aus.

Besorgniserregend ist auch der Trend des vergangenen Jahrzehnts, als bei Kindern im Vorschulalter erheblich häufiger ADHS diagnostiziert wurde (Zito et al. 2000). Die Verwendung eines Fragebogens, der ursprünglich für ältere Kinder vorgesehen war, hat dazu geführt, dass immer häufiger stimulierende Medikamente „off label", also entgegen der vorschriftsmäßigen Anwendung, bei Kindern eingesetzt wurden, die viel jünger waren als die Testgruppen der Pharmafirmen. „Off-label" bedeutet schlicht, dass das Medikament verabreicht wird ohne die Zulassung und Untersuchung der FDA[3]. Es gibt keine Langzeitstudien über die Sicherheit dieser Medikamente bei so kleinen Kindern.

Natürlich befindet sich eine Lehrkraft in einer schwierigen Situation, wenn ein Kind in der Klasse abgelenkt ist. Wir wissen auch, wenn Kinder mit ADHS nicht behandelt werden, steigt das Risiko, dass ihr Selbstwert chronisch niedrig bleibt. Das wiederum kann zu lebenslangen Problemen mit Depression, Ängsten, gescheiterten Beziehungen, Arbeitslosigkeit, Drogenmissbrauch, asozialem Verhalten und anderem gefährlichem Risikoverhalten führen (Mannuzza et al. 2004). Was also passiert hier wirklich?

ADHS ist wie Fieber

ADHS ist ein Hilferuf. In dieser Hinsicht gleicht es Fieber. Aber Fieber ist keine Krankheit. Diese Unterscheidung ist bedeutsam. Zahlreiche Menschen glauben, eine Diagnose sei das Gleiche wie eine Krankheit. Ist sie aber nicht. Das gilt besonders bei Entwicklungsdiagnosen wie ADHS. Wichtig ist, dass wir uns über Folgendes im Klaren sind: Wir geben einfach einer Gruppe von Symptomen einen Namen, ein „Etikett". Die Behandlung von Symptomen unterscheidet sich grundsätzlich von der Behandlung einer Krankheit. Die Diagnose einer Krankheit, etwa eine Streptokokken-Infektion oder Diabetes, sagt uns etwas über ihre Ursache und besagt, dass es eine bestimmte Methode zur Lösung des Problems gibt. Ein Symptom hingegen bringt lediglich ein zugrunde liegendes Problem zum Ausdruck. In dieser Hinsicht entspricht ein Symptom einem Alarmsignal. Ein einziges Symptom kann viele Ursachen haben. Krankheiten zu behandeln ist wesentlich. Symptome zu unterdrücken ist jedoch ein wenig so, als würden wir den Körper auffordern, „die Klappe zu halten". Dann laufen wir Gefahr, das zugrunde liegende Problem zu übersehen. ADHS als genetische Erkrankung zu betrachten vermittelt den Eindruck, es gäbe eine Arznei, die das Problem heilt, während sie in Wirklichkeit lediglich das Symptom unterdrückt. Und diese Fehlannahme könnte den erschreckenden Einsatz von Anregungsmitteln weiter in die Höhe treiben. Medikamente sehen vielleicht wie eine rasche Lösung aus, doch langfristig lösen sie das Problem nicht.

---

3   FDA = Federal Drug and Food Administration; Behörde zur Lebensmittelüberwachung und Arzneimittelzulassung in den USA; Anm. d. Ü.

1.3 Schnelle Lösungen

Die Behandlung von Symptomen kann eine heikle Angelegenheit sein. Ein Beispiel: Wenn Sie Ihrem Kind etwas gegen Fieber geben, dann mag es sich manchmal wohler fühlen. Doch was, wenn ich Ihnen riete, Ihrem Kind für den Rest seines Lebens täglich Paracetamol gegen Fieber zu geben? Alle Eltern wissen, das klingt einfach nicht vernünftig. Doch eben das bekommen Eltern häufig zu hören, wenn bei ihrem Kind ADHS diagnostiziert wird und Medikamente verschrieben werden. „Geben Sie ihm das halt sein Leben lang. Das müsste das Problem lösen."

Für manche Kinder kann dieses Vorgehen sogar gefährlich sein. Wenn wir Symptome unterdrücken, verpassen wir die Gelegenheit, zu verstehen, *warum* ein Kind Schwierigkeiten hat. Kurzfristig mag das zwar das Leiden lindern, doch langfristig kann es schlechte Medizin sein. Nehmen wir einmal an, drei Kinder mit 39,5 °C Fieber kommen zu mir. Würde ich einfach nur das Symptom behandeln, so hätte ich vielleicht bei einem Kind, das einfach eine Erkältung hat und dem es am nächsten Tag besser geht, Glück. Doch die Eltern des zweiten Kindes kämen vielleicht wieder mit den Worten: „Herr Doktor, jedes Mal, wenn die Wirkung des Paracetamol nachlässt, ist das Fieber wieder da." Dann müsste ich mit weiteren Untersuchungen nach der zugrunde liegenden Fieberursache suchen. Mittlerweile könnte das dritte Kind bereits gestorben sein, weil es eine schlimme Krankheit wie z.B. Hirnhautentzündung hatte. Alle drei Kinder hatten das gleiche Symptom, eine Temperatur von 39,5 °C. Doch sie entwickelten dieses Symptom aus völlig unterschiedlichen Gründen.

Das Gleiche gilt für Kinder mit dem Symptom ADHS. Man ist versucht, nach schnellen Lösungen zu greifen, wenn man das eigene Kind leiden sieht. Teilweise mag das verstärkt werden, weil Medikamente wie Ritalin weithin verfügbar sind. Wenn es ein Mittel gegen dieses Symptom gibt, warum sollte man es dann nicht auch nehmen? Doch wenn wir den gründlichen Blick auf die Ursachen versäumen, dann haben wir hier vielleicht keine Krankheit epidemischen Ausmaßes, die über unsere Kinder hinwegfegt, sondern lediglich einen Verkaufsboom für die Pharmaindustrie.

Kindliche Entwicklung ist kein Wettrennen

Eltern werden massiv unter Druck gesetzt, die ADHS ihres Kindes rasch zu behandeln. Diesen Druck üben zum Teil die Lehrer aus, die ihrerseits unter Druck stehen, sich an einen immer strafferen Lehrplan zu halten. Ihre Leistung wird danach beurteilt, wie gut ihre Klasse diese Vorgaben erfüllt; da bleibt wenig Raum, über die besonderen Umstände im Leben eines einzelnen Kindes nachzudenken. Um fair zu sein: Weder

Lehrer noch Eltern sehen es gern, wenn ein Kind hinterherhinkt. Auch Ärzte spüren den Druck, das Problem rasch zu lösen. Ein solches Notfalldenken heizt den Bedarf an raschen Lösungen weiter an. Doch kindliche Entwicklung ist kein Wettrennen. Ob Sie es glauben oder nicht, das schnellste Kind ist nicht immer das intelligenteste. Jedes Kind entwickelt sich in seinem eigenen Tempo.

Um es klar zu sagen: In der Behandlung von ADHS haben Medikamente durchaus ihren Platz. In jedem Notfall ist die Symptomunterdrückung nützlich, um den Leidensdruck vorübergehend zu lindern. In Situationen, in denen die Lebensumstände eines Kindes so chaotisch sind und sein Selbstwert bereits so tief gesunken ist, dass es ernsthaft gefährdet ist, können ADHS-Medikamente meiner Erfahrung nach eine „Brücke" schlagen. Durch sie gewinnt eine Familie Zeit, die notwendigen Veränderungen vorzunehmen, damit ein Kind seine Aufmerksamkeit entwickeln kann. Allzu oft werden jedoch die tieferen Ursachen einfach ignoriert, sobald ein Kind die Medikamente einnimmt. Das legt ein Kind auf lebenslängliche Medikamenteneinnahme fest.

Eine Kultur der Geschwindigkeit

Als Arzt, der Kinder mit ADHS behandelt, frustrierte mich auch ein System, das die Kinder nicht auf der Rechnung hat. Wenn wir die näheren Umstände im Leben eines Kindes außer Acht lassen und es auf die Chemie reduzieren, überrascht es nicht, dass die Behandlung für alle Kinder im Grunde genommen die gleiche ist: Geschwindigkeit durch Chemie. Eltern empfinden es als seltsam, einem hyperaktiven Kind stimulierende Medikamente zu geben (siehe Liste der häufig eingesetzten stimulierenden Mittel), doch in einer Kultur der Geschwindigkeit muss sich Ihr Kind beeilen und achtgeben, um „auf Hochtouren zu kommen". Der genaue Wirkmechanismus stimulierender Medikamente ist jedoch noch nicht bekannt. Doch wie es scheint, wirken sie, indem sie eine Notsituation in der Körperchemie auslösen, und zwar in den Gehirnarealen, die für Wachheit und Wachsamkeit zuständig sind. (Das findet vor allem an den Dopamin- und Noradrenalin-Rezeptoren statt) (Kim et al. 2009). Die Medikamente sorgen dafür, dass diesen Notfallzentren so „eingeheizt" wird, sich zu konzentrieren, als ginge es um Leben und Tod.

Weitverbreitete, in den USA erhältliche stimulierende Medikamente
Ritalin, Ritalin LA, Adderall*, Adderall XR*, Concerta, Daytrana TD*, Dexadrine*, Focalin*, Focalin XR*, Intuniv*, Metadate*, Methylin, Methylphenidat, Methylphenidat ER, Ritalin SR, Vyvance*.[4]

---

4   Die mit * gekennzeichneten Mittel sind in Deutschland nicht erhältlich. Anm. d. Ü.

Notsituationen in der Körperchemie

Im Laufe der Jahre sorgte ich mich zunehmend, wie es sich auf lange Sicht auswirkt, Kinder in eine Situation zu versetzen, in der ihre Körperchemie wie in einem Notfall reagiert – und das in einer so sensiblen Entwicklungsphase. Die langfristige Sicherheit und Wirksamkeit dieser Medikamente bei Kindern ist erstaunlich wenig untersucht. Zudem ist keineswegs bewiesen, dass diese Arzneimittel das Problem beseitigen. Dazu kommt noch, dass sich die Kinder verständlicherweise an die Medikation anpassen; deshalb muss die Dosis ständig erhöht werden, um weiterhin zu wirken. Mit steigender Dosis nehmen auch die Nebenwirkungen zu (siehe Übersicht über die Nebenwirkungen). Wenn wir dann schließlich alle Möglichkeiten der schnellen Lösungen ausgeschöpft haben, stehen wir wieder am Ausgangspunkt.

Nebenwirkungen von stimulierenden Medikamenten
Nervosität und Schlaflosigkeit
Gewichtsabnahme
Überempfindlichkeiten (Nesselsucht, Fieber, Gelenkschmerzen)
Exfoliative Dermatitis (Schälrötelsucht)
Erythema multiforme (chronischer Hautausschlag)
Appetitunterdrückung
Übelkeit, Schwindel
Palpitationen (unregelmäßiger, harter oder beschleunigter Herzschlag)
Kopfschmerzen
Dyskinesie (Muskelkrämpfe)
Benommenheit
Veränderungen bei Blutdruck und Puls
Tachykardie (beschleunigter Herzschlag)
Angina (weil der Herzmuskel nicht ausreichend mit Blut versorgt wird)
Arrhythmien (unregelmäßiger Herzschlag)
Bauchschmerzen
Tourettesyndrom (Tics)
Medikamenteninduzierte Psychose
(Physician's Desk Reference 2010)

Weil ich mit dieser Herangehensweise unzufrieden war, machte ich mich auf die Suche nach einer besseren und „maßgeschneiderten" Behandlungsmöglichkeit. Ich wollte einen Ansatz, der die individuelle Entwicklung und das einzigartige Lernen eines Kindes würdigt. Als ich mich damit beschäftigte, was eigentlich auf die Aufmerksamkeit eines Kindes einwirkt, begann sich auch dieser bessere Ansatz zu zeigen.

2. | Stress und Aufmerksamkeit

*Dem aufmerksamen Auge erscheint jeder Augenblick des Jahres in seiner eigenen Schönheit,
und es erblickt in der gleichen Gegend zu jeder Stunde ein Bild,
das noch niemals zuvor gesehen werden konnte und niemals wiederkehren wird.[5]*
Ralph Waldo Emerson

Die Sommer, die wir am Strand von Cape Cod verbrachten, bescherten meinen Kindern unzählige freudige Stunden. Bei Ebbe erstreckte sich der Sand kilometerweit bis zum Horizont – mit den verbliebenen Pfützen das reinste Forschungslabor. Stundenlang spielte ich mit meinen Kindern in diesem naturbelassenen Sandkasten, fasziniert von all dem Leben, das sich in diesen kleinen Welten offenbarte. Abenteuer pur erwarteten meine Kinder jeden Morgen beim Aufwachen. Sie fingen Einsiedlerkrebse und bauten ihnen dann in Plastikeimern winzige Wohnstätten in der Nähe des Hauses. Sie gaben ihnen Namen, fütterten sie reihum und studierten die Geheimnisse ihrer Natur. Es war das reinste Vergnügen. Lange nach Sonnenuntergang riefen wir die Kinder ins Haus, doch sie hörten uns kaum, so vertieft waren sie.

2.1 Grundlegende geistige Gesundheit

Leben Sie eine Zeit lang an der See oder zelten Sie eine Weile im Wald. Sie werden feststellen, dass Ihre Aufmerksamkeit innerhalb weniger Tage oder sogar Stunden „locker lässt". Etwas passiert, wenn Sie täglich dem Sonnenauf- und -untergang zuschauen und beobachten, wie die Sterne nachts nacheinander aufgehen. Ihre Konzentration entspannt sich. Sie finden zu einer grundlegenden geistigen Gesundheit zurück und Ihre natürlichen geistigen Fähigkeiten sind voll in Funktion. Wir sind schließlich nichts anderes als Natur und Untersuchungen belegen: Das menschliche Nervensystem arbeitet am besten, wenn unser Herzschlag und Atemmuster auf den natürlichen Rhythmus der Erde eingestimmt sind (McCraty & Childre 2010). Einfach ausgedrückt, wir „funktionieren" am besten, wenn wir weniger gestresst sind. Allein dadurch, dass wir bei Sonnenuntergang schlafen gehen und bei Sonnenaufgang aufwachen, kommen in unserem Nervensystem Sympathikus (Kampf und Flucht) und

---

5   Zitiert aus: Emerson, *Natur*, übersetzt von H. Kiczka. Zürich: Diogenes Verlag, 1988.

Parasympathikus (Ruhe und Verdauung) stärker ins Gleichgewicht. So können wir uns besser an unsere sich ständig wandelnden Lebensumstände anpassen. Wenn Kinder lernen, stärker auf innere Rhythmen wie Hunger- und Schlafzyklen zu achten, dann bewältigen sie auch ihren Alltag besser, wie Untersuchungen gezeigt haben (Johnson 2000).

Aufmerksamkeit und Stress hängen auf vielfältige Weise zusammen. Kinder, die in unserer hektischen modernen Welt aufwachsen, sind möglicherweise von diesen natürlichen Rhythmen abgeschnitten. Sie verbringen Stunden vor einem Bildschirm oder sitzen in einem Klassenzimmer. Sie essen, wenn sie keinen Hunger haben. Sie gehen erst schlafen, nachdem sie schon lange müde sind, und wachen auf, bevor sie bereit dazu sind. Das alles trägt dazu bei, dass sie ihre Aufmerksamkeit nicht steuern können (Swing et al. 2010). Die Fähigkeit, unsere Aufmerksamkeit zu regulieren, ist wiederum mit unserem emotionalen Gleichgewicht gekoppelt. Bedeutende neue Untersuchungen, bei denen Menschen von der frühen Kindheit an über 30 Jahre hinweg beobachtet wurden, zeigen: Die Fähigkeit, die eigenen Emotionen zu regulieren (*Selbstregulation*), ist ebenso Vorzeichen für den langfristigen akademischen, gesellschaftlichen und wirtschaftlichen Erfolg und das körperliche Wohlbefinden eines Kindes, wie der sozioökonomische Status oder der IQ es sind (Moffitt et al. 2011).

Die Epigenetik der Aufmerksamkeit

Unsere Fähigkeit, unsere Aufmerksamkeit zu regulieren, hängt unmittelbar mit unseren Lebensumständen zusammen. Die Weltgesundheitsorganisation betonte kürzlich: Wenn man ermitteln will, wie gut ein Kind zurechtkommen wird, dann ist das sozialräumliche Umfeld ebenso wichtig wie körperliche Verfassung (Kraus de Camargo 2010). Wir leben nicht getrennt von unserer Umwelt. Das noch junge Fachgebiet der Epigenetik (sie untersucht, wie sich Veränderungen in der Umwelt auf die Genexpression auswirken) hat gezeigt, wie anpassungsfähig unsere Gene im Grunde genommen sind. Gene schalten im ständigen Austausch mit der Umgebung an und ab. Eben das ermöglicht uns als Spezies unsere erstaunliche Vielfältigkeit und erklärt, warum ähnliche ADHS-Symptome bei zwei Kindern ganz unterschiedliche Ursachen haben und sie völlig unterschiedliche Lösungen für diese Probleme brauchen können.

2.2 Stress: Warum weniger mehr ist

Wenn ich die Aufmerksamkeitsprobleme eines Kindes ganzheitlich erfassen will, betrachte ich als Erstes immer seine Lebensumstände gründlich. Das heißt nicht, dass ich jemanden oder etwas suche, dem ich die Schuld für die Probleme des Kindes in die Schuhe schieben kann. Es bedeutet einfach, dass ich das Gleichgewicht der Faktoren unter die Lupe nehme, die das Sicherheitsgefühl des Kindes entweder fördern oder untergraben. Wenn sich ein Kind unsicher fühlt, wird es nicht so unterstützt, dass seine Entwicklungsbedürfnisse befriedigt werden. Dadurch nimmt der Stress automatisch zu.

Stress ist nicht grundsätzlich schlecht. Ja, er kann sogar wichtig sein für die Aufmerksamkeit. Bei zu wenig Stress fehlt die Motivation zum Lernen – dann schaltet man ab, man klinkt sich aus. Zu viel Stress führt zu Überreaktionen, bei denen es unmöglich ist, sich in Ruhe zu konzentrieren. Deshalb schaltet man ab, man klinkt sich aus.

Optimaler Stress

Hans Selye, manchmal „Vater der Stressforschung" genannt, zeigte vor über 50 Jahren, dass Stress eine Schlüsselrolle spielt, damit wir wachsen und funktionieren (Selye 1978). Irgendwo zwischen den beiden Extremen von zu wenig und zu viel Stress gibt es einen *optimalen Stress*, bei dem Ihr Kind sich klar konzentrieren kann. Neue Untersuchungen zeigen, das optimale Stressniveau ist weit niedriger, als man erwarten würde. An der Universität von Massachusetts untersuchte Ed Calabrese die Wirkung von „niedrig dosierter Stimulation" (*Hormesis*); und zwar in so unterschiedlichen Fachgebieten wie Psychologie, Neurologie und Toxikologie (Mattson & Calabrese 2010). Die Natur scheint Wachstum zu fördern nach dem Prinzip „weniger ist mehr". Laotse, ein altehrwürdiger chinesischer Philosoph, empfahl „weniger ist mehr" als die wirksamste Art und Weise, mit den Herausforderungen des Lebens umzugehen. Diese Strategie unterscheidet sich grundlegend davon, wie wir meinen unseren Kindern helfen zu können, sich zu konzentrieren. Allzu oft neigen wir zu dem Glauben, wenn etwas gut sei, dann sei mehr vom selben besser. Wir meinen, man müsse ein Kind nur stärker antreiben oder ihm mehr geben, damit es sich konzentriert. Das wurzelt häufig in unserem eigenen Drang, die Dinge rasch in Ordnung zu bringen. Doch ich habe festgestellt: „Mehr" funktioniert einfach nicht. Wenn überhaupt, dann erhöht es den Stress und erschwert so die Konzentration. Besser scheint zu funktionieren, wenn wir uns von unserer Liebe leiten lassen und dann das Umfeld eines Kindes gestalten. Wir brauchen keine großen Veränderungen vorzunehmen; wir müssen lediglich konsequent sein und jeden Tag üben. Die Alten verglichen diese Art des Übens mit einem kleinen Bach, der zu einem Flüsschen und schließlich zu einem Fluss wird. Sie können kleine Veränderungen vornehmen, um das Sicherheitsgefühl Ihres Kindes nach und nach zu verbessern; dadurch kann sich Aufmerksamkeit als neue Gewohnheit entwickeln. Ich bezeichne das als die Kraft des „weniger ist Liebe"; es beginnt damit, dass man alle Kräfte betrachtet, die in das Leben Ihres Kindes hineinspielen.

2.3 Das Gesamtbild: Was stimmt Ihr Kind ein?

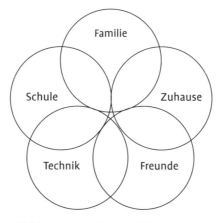

Abbildung 1: Das Lebensumfeld Ihres Kindes

Kinder konzentrieren sich auf das, wobei sie sich sicher fühlen, und vermeiden, was ihr Sicherheitsgefühl bedroht. Wir können fünf sich überlappende Sicherheitsbereiche im Leben Ihres Kindes skizzieren und auf dieser Grundlage die Art von optimalem Stress beschreiben, der eine klarere Aufmerksamkeit begünstigt.

Der Schoß der Familie

Die Familie wirkt wie ein zweiter Mutterschoß, der den Geist Ihres Kindes nährt. Hier fängt das Sicherheitsgefühl an. Vom Moment ihrer Geburt an ahmen unsere Kinder unsere Verhaltensweisen nach. Wir Menschen verfügen über „Spiegelneuronen", mit denen wir mental üben können, das zu tun, was andere tun. So lernen wir. Worauf

Sie Ihre Aufmerksamkeit richten, darauf wird Ihr Kind ganz automatisch auch seine Aufmerksamkeit richten.

Eine Familie kann auch eine Quelle der Unsicherheit sein, die die Lernfähigkeit eines Kindes behindert. Susan Anderson und Martin Teicher von der Harvard University gehören zu einer Reihe von Forschern, die untersucht haben, wie Stress in der Familie die Gehirnverbindungen eines Kindes tatsächlich verändert (Anderson & Teicher 2009). Es gibt Zeitfenster in der Kindheit, so haben sie festgestellt, in denen ein Kind besonders anfällig für seelische Verletzungen ist, etwa durch eine längere Trennung von der Mutter oder Eheprobleme. Solche Erfahrungen können sich langfristig darauf auswirken, wie sich das Nervensystem eines Kindes formt. Diese Stressoren spielen erwiesenermaßen in zahlreiche Lernprobleme mit hinein, auch in ADHS. Ich sage hiermit nicht, das Aufmerksamkeitsproblem Ihres Kindes sei Ihre Schuld – das wäre viel zu einfach. Ich sage jedoch: Sie sind ein wesentlicher Teil der Lösung.

Das Zuhause: eine sichere Basis

Ein Zuhause ist ein Nest. Die konkrete Struktur Ihres Heims bietet zahlreiche Möglichkeiten, die Aufmerksamkeit Ihres Kindes zu fördern oder zu beeinträchtigen. Mary Ainsworth, eine Pionierin auf dem Gebiet der Bindungstheorie in der Kinderpsychologie, hat das Bedürfnis nach einer sicheren Basis oder einem „sicheren Hafen" beschrieben. Dahin kann ein Kind zurückkehren, um Spannungen loszulassen, die es von seinen Erkundungen der äußeren Welt mitbringt (Ainsworth et al. 1978). Einen sicheren Hafen zu haben wirkt sich tief greifend darauf aus, wie ein Kind lernt. Wir wissen aus Studien, die in Armut lebende Kinder untersuchten: Ein unzulängliches Lebensumfeld führt bei Kindern zu schweren Entwicklungsverzögerungen (Parker, Greer & Zuckerman 1988). Doch ein Zuhause kann auch zu stark stimulieren. Einem zu nachsichtig behandelten Kind fällt es vielleicht schwer, sich ruhig zu konzentrieren.

Das Zuhause ist der Ort, an dem Ihr Kind lernt, Grenzen zu testen. Ein Umfeld, das entweder zu streng (nicht genug Freiheit bietet zum Forschen) oder zu lax ist (nicht genug Grenzen bietet, an denen es lernen kann), kann das empfindliche Gleichgewicht des optimalen Stresses gefährden. Letzteres ist aber notwendig, um gesunde Aufmerksamkeit zu fördern.

Nach meiner Erfahrung können bereits kleine Veränderungen im Zimmer Ihres Kindes seinen Stresspegel tatsächlich senken, sodass es sich uneingeschränkter konzentrieren kann. Die chinesische Praktik des *Feng-Shui* („Heilung des Hauses") ist eine altehrwürdige Tradition, die erkennt, wie tief greifend das Zuhause sich auf die

Gesundheit und Leistungsfähigkeit auswirkt. Wenn Sie eine ruhige Umgebung schaffen oder sogar einfach das Bett Ihres Kindes umstellen oder sein Zimmer in einer anderen Farbe streichen, das alles kann sich bereits auf seine Aufmerksamkeit auswirken (siehe Ressourcen).

Essen für die Seele

Essen ist die ursprünglichste Art und Weise, etwas über die Welt zu erfahren. Beim Essen geht es darum, wie wir Informationen aufnehmen, verdauen und zu einem Teil von uns machen. Mit Information meine ich das, was über Geschmack, Beschaffenheit, Farbe und Temperatur vermittelt wird, sowie die konkreten Nährstoffe, die wir aufnehmen. Dieser Prozess hängt direkt damit zusammen, wie wir uns konzentrieren. Ich erkundige mich oft nach der Einstellung eines Kindes zum Essen, denn sie gibt mir Hinweise, wie es sich auf die Welt einlässt. Ist es offen für neue Erfahrungen oder sehr unflexibel in seiner Essensauswahl? Doch es kommt nicht nur darauf an, *was* Ihr Kind isst, sondern auch, *wie viel* es isst, *wo* es isst und *wann* es isst. Das alles entscheidet über die Art von optimalem Stress, der für eine gesunde Aufmerksamkeit notwendig ist.

Was wir essen

Erinnern Sie sich, wie gewissenhaft Sie Ihr Baby anfangs fütterten. Es war wie ein großes Experiment. Alle Eltern wissen, die Qualität der Lebensmittel wirkt sich auf das Wachstum eines Kindes aus. Doch irgendetwas passiert, sobald ein Kind in die Welt hinausgeht. Eine Ernährung, die aus Fast Food besteht, wirkt sich auf die Gehirnfunktion aus, wie Studien gezeigt haben. Sie kann zu einem Mangel an bestimmten Nährstoffen führen, die für das Gehirnwachstum wichtig sind. Auch kann Fast Food im Darm ausgeschüttete Hormone verändern, die auf Nervenverbindungen einwirken, welche für die Aufmerksamkeit wichtig sind (Gómez-Pinilla 2008). Biologisch angebaute Lebensmittel produzieren mehr sekundäre Pflanzenstoffe (die die Pflanzen selbst herstellen), die auf der Ebene unserer Gene eine optimale Gehirnfunktion fördern (Mattson 2008). Das ist ein Beispiel für das Prinzip „weniger ist mehr". Weniger Zusatzstoffe in Nahrungsmitteln bedeutet mehr Gehirnleistung. Bei der Behandlung von ADHS ist wichtig, was wir essen, doch ich vermeide allgemeine Empfehlungen, weil es keine Einheitslösung gibt. Spezifische Ernährungsumstellungen für den jeweiligen ADHS-Typ bespreche ich weiter unten.

Wo wir essen

In alten Zeiten war Essen ein wesentlicher Bestandteil des täglichen Lebens. Mahlzeiten führten die Menschen als Familie zusammen. Gemeinsames Essen stärkt unsere Bindungen, baut Stress ab und bietet einen sicheren Ort, um Ideen auszutauschen und über die Geschehnisse des Tages zu reden. Wenn Ihr Kind vor dem Fernseher oder Computer isst, lernt es erstaunlich schnell, alles um sich herum auszublenden. Viele Kinder sind dann so abgelenkt, dass sie gar nicht mehr merken, wann sie satt sind. Die Werbung macht sich die hypnotisierende Wirkung des Fernsehens zunutze, um ihre Produkte zu verkaufen. Nahrungsmittel- und Getränkeunternehmen geben jährlich schätzungsweise über 20 Milliarden Dollar aus für Fernsehwerbung für Kinder. Eine einfache Möglichkeit, die Aufmerksamkeit Ihres Kindes zu verbessern, besteht darin, schlichtweg die Zeit zu verringern, die Ihr Kind vor dem Fernseher isst, und stattdessen gemeinsam zu essen.

Wann wir essen

Beim Essen ist das Timing der entscheidende Faktor. Unsere Körperuhr ist so konzipiert, dass sie uns signalisiert, wann es Zeit zum Essen ist. So bleiben wir mit dem Tages- und Jahreszeitenrhythmus verbunden. Studien belegen, unser Schlaf-wach-Rhythmus hängt mit Hormonen zusammen, die Hunger, Aufmerksamkeit und Merkfähigkeit beeinflussen (Taheri et al. 2004). Menschen, die nicht genug schlafen, haben ein stärkeres Verlangen nach energiereicher Nahrung (wie Kohlenhydrate), die Stressreaktionen in unserem Nervensystem anregen. Wenn Kinder nachts nicht genügend geschlafen haben, sind viele von ihnen nicht bereit, nach dem Aufwachen etwas zu essen. Das gilt besonders für Teenager. Heutzutage fehlt morgens einfach die Zeit zum Frühstücken. Doch Untersuchungen belegen, wie wichtig das Frühstück ist, wenn es darum geht, die schulische Leistung zu verbessern (Sibley et al. 2008). Das ist eine weitere einfache Möglichkeit, die Konzentrationsfähigkeit Ihres Kindes zu verbessern.

Manche Kinder können sich, wie es scheint, zu bestimmten Tageszeiten nicht konzentrieren. Das kann darauf hinweisen, dass die Ernährung mit hineinspielt. Kinder, die sich mit Kohlenhydraten vollstopfen, können eine *reaktive Hypoglykämie* entwickeln; hierbei sinkt der Blutzuckerspiegel einige Stunden nach dem Essen. Dieses Absinken erschwert es ihnen, sich auf irgendetwas anderes zu konzentrieren als darauf, mehr Zucker zu bekommen. Eine weitere einfache Möglichkeit: Die Aufmerksamkeit Ihres Kindes kann sich drastisch verbessern, wenn Sie Strategien entwickeln, die seine individuellen Stoffwechselbedürfnisse berücksichtigen.

Wie viel wir essen

Nach meiner Erfahrung können Sie die Aufmerksamkeit Ihres Kindes ganz unmittelbar dadurch verbessern, dass sie es darauf achten lassen, wann es satt ist oder Hunger hat. Das Hormon Leptin teilt uns mit, wann wir satt sind. Außerdem stimuliert es Verbindungen im Gehirn. Wenn wir nicht mehr auf unser Sättigungsgefühl achten, stumpfen wir auch ab für den kognitiven Nutzen von Leptin. Es besteht ein Zusammenhang zwischen ADHS und der erschreckenden Zunahme von Fettleibigkeit in unserer Kultur (Lam & Yang 2007). Ja, weniger zu essen erzeugt die Art von optimalem Stress, der gesunde kognitive Funktionen fördert (Mattson 2008). Auch hier sehen wir wieder die Wirkung des „Weniger-ist-mehr".

Sicherheit durch Freunde

Oft vergessen wir, welch wichtige Rolle Freunde für die Aufmerksamkeit unserer Kinder spielen. Während Ihr Kind heranwächst, hat es das soziale Bedürfnis, seinen Platz unter Gleichaltrigen zu finden. Deren Interessen werden zu seinen Interessen. Freundinnen und Freunde können für ein Kind zu einer sicheren Basis werden und ihm Unterstützung bieten, wenn es sie zu Hause nicht findet. Für Kinder, denen es schwerfällt, sich anzupassen, können Freundinnen und Freunde aber auch eine Quelle der Unsicherheit darstellen. Wie Untersuchungen zeigen, lehnen Gleichaltrige Kinder mit ADHS oft ab (Hinshaw & Melnick 1995). Manchmal sprechen Kinder nur zögerlich mit ihren Eltern über Probleme mit Gleichaltrigen, weil sie sich schämen oder es ihnen peinlich ist. Oder die Kinder haben vielleicht das Gefühl, ihre Eltern würden sie nicht verstehen. Das ist ein wichtiger Faktor, den es zu berücksichtigen gilt, wenn man feststellen will, was die Aufmerksamkeit Ihres Kindes beeinflusst.

Schulleben

Neben dem Zuhause ist die Schule der Ort, an dem Ihr Kind überwiegend das Aufpassen lernt. Hier sind Kinder oft am stärksten gestresst. Bedauerlicherweise ähnelt die Schule mittlerweile einer Fabrik, in der der Normierungsdruck und der Grundsatz „Kein Kind darf ins Hintertreffen geraten" Lehrer in eine Zwickmühle bringen. Unter dem enormen Druck, „den Unterricht auf den Prüfungsstoff hin auszurichten", bleibt wenig Zeit, individuelle Lernstile zu würdigen. Aus diesem Teufelskreis auszubrechen kann Eltern entmutigen. Damit Sie Lösungen für die Aufmerksamkeitsprobleme Ihres

Kindes entwickeln können, muss die Zusammenarbeit zwischen Ihnen und seinen Lehrern klappen. Je konsequenter der Plan zwischen Zuhause und Schule abgestimmt ist, desto schneller wird Ihr Kind neue Gewohnheiten in puncto Aufmerksamkeit entwickeln. Spezielle Empfehlungen für Lehrer führe ich an, wenn wir die verschiedenen ADHS-Typen betrachten.

Das Netz der Technik

Die digitale Revolution beschert uns eine stets wachsende Zahl raffinierter und faszinierender Dinge, denen wir unsere Aufmerksamkeit schenken können. Vom Moment ihrer Geburt an sind Kinder von einer Welt superschneller visueller Reize umgeben. Ich sehe Einjährige, die bei ihren Müttern auf dem Schoß sitzend angestrengt mit Spielen auf deren Handys beschäftigt sind, während sie darauf warten, dass ich sie untersuche. Kinder werden als „digital natives", „digitale Eingeborene" bezeichnet, während Erwachsene „digital immigrants", „digitale Einwanderer" bleiben, die die Sprache des digitalen Zeitalters zwar sprechen, aber nicht fließend. Wir sind stolz auf die erstaunlichen Fähigkeiten unserer Kinder, mehrere Aufgaben gleichzeitig zu erledigen. Doch es mehren sich die Hinweise, dass die wachsenden Anforderungen dieses Multitasking ihren Preis haben, den sie mit ihrer Lernfähigkeit bezahlen. Der Begriff *kognitive Flexibilität* beschreibt, wie wir unsere Aufmerksamkeit von einem Schwerpunkt zum nächsten verlagern. Für eine gute Aufmerksamkeit ist das von höchster Bedeutung. Neuere Untersuchungen, die in Stanford durchgeführt wurden, belegen: Der Verstand (mind) mag Multitasking im Grunde überhaupt nicht (Ophir, Nass & Wagner 2009). Es sieht vielleicht so aus, als würde Ihr Kind mehrere Aufgaben praktisch gleichzeitig ausführen, wenn es vor dem Fernseher sitzend isst, chattet und Hausaufgaben macht. Doch in Wirklichkeit springt der Verstand nur sehr schnell von einer Beschäftigung zur nächsten, oft auf Kosten der Qualität und Effizienz. Dieses „Multitaskingverhalten" kann den Stress im Grunde noch erhöhen. Untersuchungen, die an so stressigen Orten wie in Flugsicherungszentren und den Notaufnahmen von Krankenhäusern durchgeführt wurden, ergeben: Multitasking führt in Wirklichkeit zu „interruptgesteuerten" Fehlern, die fatale Folgen haben können (Rubinstein, Meyer & Evans 2001).

Weil Technik und Technologie in unserem Leben nun einmal gegeben sind, erkundige ich mich eingehend nach ihren Auswirkungen auf Familien. Eltern berichten mir oft, ihr Kind könne in der Schule nicht aufpassen, scheine aber zu Hause mühelos stundenlang an Videospielen zu kleben. Manche Eltern glauben sogar, Videospiele würden die Aufmerksamkeit eines Kindes fördern. Tatsächlich bestätigen Untersuchungen, dass das Spielen von Videospielen das räumliche Denken verbessern kann (Spence & Feng 2010). Meiner Erfahrung nach trägt der Umgang mit der Technik bei manchen Kindern eben zu ihren Schulproblemen bei.

Langsames-Modem-Syndrom

Mit folgendem kleinen Experiment können Sie zu Hause nachvollziehen, wie sich Ihr Kind als „digitaler Eingeborener" fühlt. Falls Sie eine wirklich schnelle Internetverbindung haben, dann verwenden Sie mal wieder ein altes 56k-Modem. Erinnern Sie sich noch an die Anfangszeit, als Sie ein solches Modem hatten? Damals waren die meisten von uns fasziniert, wie schnell es war. Doch jetzt empfinden wir es als Folter, wenn wir zuschauen müssen, wie sich auf dem Bildschirm laaangsaaam ein Bild aufbaut. Die meisten von Ihnen werden sich das nicht einmal trauen. Worauf will ich hinaus? Es ist einfach zu frustrierend, zu langweilig und zu langsam. Genau so empfindet es Ihr Kind, wenn es sich zu Hause an Videotechnik gewöhnt hat und nun gezwungen ist, sich in der Schule auf einen sprechenden Lehrer zu konzentrieren. Wo sind all die tollen visuellen Reize? Wo sind die 200-Punkte-Belohnungen alle paar Sekunden, die die Aufmerksamkeit bei der Stange halten? Das Gehirn kann sich eigentlich nur an die schnellere und wirksamere Art und Weise gewöhnen, Dinge zu erledigen; der Rückwärtsgang fühlt sich einfach nur frustrierend und langweilig an.

Wir können unseren Kindern keinen Vorwurf machen, wenn sie sich an ihre Umgebung anpassen. Sie überleben einfach. Der Unterricht im Klassenzimmer scheint im Zeitlupentempo abzulaufen und deshalb brauchen Kinder, wie es scheint, die Geschwindigkeit, um ihn interessanter zu machen.

2.4 Die fünf Kräfte der Aufmerksamkeit

Die Digitaltechnik wirft ein Licht darauf, wie wir uns konzentrieren. John Carlton beschäftigte sich als einer der ersten Forscher mit der Spielsucht (gemeint sind hier Videospiele). Er klassifizierte Aufmerksamkeit nach Merkmalen, die ich abgewandelt habe. So lassen sich die verschiedenen Arten nachvollziehen, wie Kinder ihre Aufmerksamkeit einsetzen und wie sie sie verlieren (Carlton & Danforth 2007). Ich nenne sie die *fünf Kräfte der Aufmerksamkeit*, sie werden später in diesem Buch noch eine Rolle spielen.

- *Sich-Versenken* bezeichnet die Fähigkeit, sich so in das Spiel zu vertiefen, dass man die Zeit vergisst und sich buchstäblich von der realen Welt getrennt erlebt.

- *Flow* ist das Gefühl, „in der Zone" zu sein, wenn die Herausforderung knapp über den eigenen Fähigkeiten liegt.
- *Hohe Motivation* ist das Hochgefühl, das sich einstellt, wenn man jedes Mal belohnt wird, wenn man Punkte bekommt. Durch eben dieses „Hoch" macht das Spielen so leicht süchtig.
- *Präsenz* ist das Realitätsgefühl, das wir beim Spielen bekommen, das Gefühl, tatsächlich im Spiel zu sein, als wäre es real.
- *Genauigkeit* bezeichnet den Zustand, in dem wir uns tief in das Spiel hineindenken, weil wir seine Logik begreifen wollen. In diesem Zustand können wir Gewinnstrategien entwickeln.

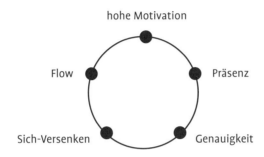

Abbildung 2: Die fünf Kräfte der Aufmerksamkeit

Man kann sich leicht vorstellen, wie wertvoll diese Fähigkeiten für unsere Vorfahren waren, als sie im Wald auf der Jagd waren. Sich-Versenken, Flow, hohe Motivation, Präsenz und Genauigkeit sind genau die Eigenschaften, die wir uns für unsere Kinder im Unterricht oder bei den Hausaufgaben wünschen würden. Falls sie über diese Kräfte verfügen, um sich beim Fernsehen oder bei Videospielen „einzuklinken", warum können sie es dann in der Schule nicht? Um diese Frage zu beantworten, müssen wir uns genauer anschauen, welcher Teil des Gehirns die Aufmerksamkeit Ihres Kindes dominiert.

3. | Unter die Lupe genommen: die drei Schätze

Ein angespannter Geist kann sich auf nichts lang konzentrieren.
Zenmeister Sheng-Yen

Das erste Mal kam Max zu mir, als er zehn Jahre alt war. Er hatte gerade erneut die Schule gewechselt. Von seiner letzten war er verwiesen worden, weil er nach Aussage seiner Lehrer den Unterricht störte. Er platzte mit Bemerkungen heraus wie „Ist das ätzend", wenn ihm etwas nicht gefiel. Manchmal hatte er scheinbar aus heiterem Himmel Wutausbrüche. Diese Launenhaftigkeit machte seinen Lehrern und Mitschülern Angst. Er war bereits bei verschiedenen Ärzten gewesen und hatte diverse ADHS-Medikamente ausprobiert, doch alle hatten ein paar Wochen lang geholfen und wirkten dann nicht mehr. Als er zu mir kam, hatte er Schlafschwierigkeiten und ernährte sich hauptsächlich von Brot und Limonade. Er war unruhig und reagierte ungeduldig auf meine Fragen, auf die er kurze Antworten schnauzte. Schließlich brüllte er „Das ist Zeitverschwendung!" und stürmte aus meiner Praxis. Wir, seine Mutter mit Tränen in den Augen und ich, saßen da und starrten uns an. Das war vor zwölf Jahren. Schließlich kam er zu mir zurück, um mit mir zu arbeiten. Jetzt ist er in seinem zweiten Collegejahr. Es sieht so aus, als befinde er sich auf dem Weg zu einem erfolgreichen Juristen.

In dieser Welt zu leben ist ein großartiges Abenteuer. Man muss schon ein heller Kopf sein, um in so einer Umgebung, die sich ständig verändert, zu überleben. Wir Menschen sind wirklich begnadet. Tatsächlich haben wir nämlich drei Gehirne, nicht nur eines. Wenn ich das Eltern sage, dann schauen sie mich an, als hätte ich drei Köpfe. In gewisser Weise habe ich die auch!

Damals in den 1960er-Jahren beschrieb Dr. Paul MacLean als Erster die Theorie der drei Gehirne (das „Modell des dreieinigen Gehirns", wie er es nannte), als er an den National Institutes of Health, der amerikanischen Gesundheitsbehörde, die neurologische Grundlage von Emotionen untersuchte (1973). Dabei stellte er fest: Unsere neuralen Strukturen spiegeln unsere Entwicklung als Spezies von den Reptilien über die Säugetiere zum Menschen wider. Diese erstaunliche Entdeckung ist außerordentlich wichtig, um zu verstehen, warum Ihr Kind abgelenkt scheint. Wir sind alle auf Aufmerksamkeit programmiert. Doch wie wir uns konzentrieren, hängt davon ab, welcher dieser drei Schätze in unserem Leben dominiert.

3.1 Mit dem Herzen wissen

Bei meinem Studium der Chinesischen Medizin begeisterte mich gleich zu Beginn, dass für Geist (mind) und Herz dasselbe Wort verwendet wird: *xin*. Das finde ich erstaunlich. Im Englischen und Deutschen sagen wir, wir fühlen mit unserem Herzen, aber wir verstehen Dinge mit unserem Gehirn. Doch wir können etwas auch mit dem Herzen wissen (know by heart; häufig mit „auswendig können" übersetzt; Anm. d. Ü.) und unser Gehirn kann sich verwirrt *anfühlen*. Doch wenn ich in der Arbeit mit Kindern „Herz" statt „Geist / Verstand" verwende, passiert etwas Wunderbares: Plötzlich kommt die Liebe in die Neurologie.

Das kleine Froschherz

Stellen Sie sich einen Frosch vor, der in seinem heimischen Tümpel sitzt. Eine Mücke fliegt vorbei und *schnapp*! Der Frosch fängt sie, ohne eine Miene zu verziehen. Probieren Sie als Nächstes, Ihren Atem anzuhalten. Irgendwann übernimmt etwas die Regie und lässt Sie ausatmen. Sie können gar nicht anders. Tief im Hirnstamm jedes Menschen liegt ein Schatz, dank dessen wir auf die Grundrhythmen achten können, die uns am Leben erhalten. Ihr Herz schlägt, Sie atmen ein und aus, Sie werden müde und müssen ein Nickerchen machen, Sie bekommen Hunger und müssen essen. Das Reptiliengehirn oder der „R-Komplex", wie ihn MacLean nannte, wacht gewissenhaft über diese Grundfunktionen. Über diese Aufmerksamkeit bleiben wir mit der Quelle der natürlichen Lebenszyklen verbunden. Ich nenne sie das *kleine Froschherz*. Wie der Frosch, der auf die Fliege wartet und dann zuschnappt, regulieren wir Menschen irgendwo im Hintergrund unseres Bewusstseins unseren Alltagsrhythmus, um das homöostatische Gleichgewicht aufrechtzuerhalten. Wenn wir versuchen, unseren Atem willentlich zu kontrollieren, dann merken wir erst, wie machtvoll dieses kleine Froschherz ist. Ausgerichtet auf den grundlegenden Circadianrhythmus von Schlafen, Essen, Atmen und Ausscheiden, kann die Urkraft des kleinen Froschherzens unseren bewussten Willen außer Kraft setzen, um uns am Leben und mit unserer Umgebung verbunden zu halten.

Manche Kinder mit ADHS zeigen Anzeichen dafür, dass ihr kleines Froschherz in Schwierigkeiten steckt: Sie können vielleicht nicht einschlafen oder sie schlafen zu viel. Sie können nichts essen oder essen zu viel. Sie hyperventilieren oder halten den Atem an. Sie haben Verstopfung oder Durchfall. Das können ernste Anzeichen sein, dass der Stress im Leben eines Kindes sogar über ganz elementare Aufmerksamkeitsreflexe die Oberhand gewonnen hat.

Das Herz des wilden Hundewelpen

Stellen Sie sich nun einen Hundewelpen vor, der an der Gartentür den Briefträger anbellt: „Notfall! Notfall! Achtung, Eindringling! Briefträger! Briefträger!" Hundewelpen haben die Energie und Spontaneität, die das zweite unserer drei Gehirne kennzeichnen.

Unmittelbar über dem Froschgehirn finden wir das „limbische System", wie MacLean es nannte. Es ist verantwortlich für viele ausdrucksstarke emotionale Reaktionen auf die Welt, die für unser Überleben so wichtig sind. Ganz anders als das kleine Froschherz steuert das limbische System unsere starken Wünsche und Abneigungen. Dieser Schatz bewahrt unsere emotionalen Erinnerungen, die uns drängen, nach Sicherheit zu suchen, wenn wir uns bedroht fühlen. Ich nenne ihn das *Welpenherz* wegen der tiefen Gefühle, die wir in dem Moment haben. Viele Eltern lachen über diesen Vergleich, weil sich ihre Kinder manchmal wie junge Hunde verhalten. Gerade das macht sie so süß und manchmal so wild. Sind die Umstände jedoch nicht optimal und fühlt sich Ihr Kind zu unsicher, dann muss es dies auf dramatische Art und Weise zum Ausdruck bringen. In solchen Momenten fällt es ihm schwer, an irgendjemand anderen zu denken. Alles, was wir hören, ist ein gleichsam hingeschnauztes, herausgebelltes „Erst ICH!", das seine wahre Konzentrationskraft in übertriebene ADHS-Symptome umwandeln kann.

Lassen Sie uns betrachten, wie das Welpenherz die Konzentrationsfähigkeit eines Kindes verändern kann.

Von hoher Motivation zur Impulsivität

„Das will ich! Das will ich! Das will ich *jetzt*!" Manchmal ist ein Kind von etwas so begeistert, dass es einfach keine Sekunde länger warten kann. Sein Augenmerk gilt nur den Genüssen des Lebens. Das Spielen von Kindern ist oft von dieser wunderbaren Freude erfüllt. Deshalb macht die Kraft der hohen Motivation so viel Spaß. Das Kind wird buchstäblich high vom Leben. Doch wenn die Umgebung zu stark stimuliert, können manche Kinder diese Impulse nicht mehr kontrollieren. Dann fängt das Welpenherz an zu bellen.

Ein Welpe lebt „im Jetzt". „Wow! Wir gehen Gassi!", und schon pinkelt der junge Hund auf den Fußboden. Dieser Kontrollverlust ist ein Anzeichen dafür, dass das Welpenherz zu wild geworden ist und sich über das hinwegsetzt, worauf sich das Froschherz konzentriert. Im Unterricht platzt ein Kind vielleicht mit der Antwort heraus, weil es so aufgeregt ist. Manche Kinder sind so empfindsam, dass sie völlig durchbrennen, wenn sie zu stark stimuliert werden. Anderen, die süchtig sind nach hochgradiger Stimulation, fällt es eventuell schwer, sich auf irgendetwas zu konzentrieren, was ihnen nicht den Kick des Neuen bietet. Dann beklagen sich Kinder, ihnen sei die ganze Zeit langweilig. Diese Abhängigkeit von Stimulation kann einen Teufelskreis in Gang setzen – je gelangweilter sie sind, desto leichter lassen sie sich selbst durch Kleinigkeiten ablenken. Wenn diese Dynamik zur Gewohnheit wird, ist alles Lernen schwierig.

Vom Flow zur Feindseligkeit

„He, das ist mein Spielzeug; Finger weg!" Wenn wir uns sicher fühlen, können wir uns aufmachen und Herausforderungen angehen, indem wir uns dem Flow hingeben. Für das Welpenherz fühlt sich das so an, dass wir „in der Zone" sind. Doch wenn uns die Situation zu stark herausfordert, wankt unser Vertrauen und Frustrationen schlagen um in Wutausbrüche. Manche Kinder werden dann scheinbar aus dem Nichts heraus handgreiflich. Wie ein Hund knurrt, wenn man seinem Knochen zu nahe kommt, so löst auch das Welpenherz Alarmbereitschaft aus: Die Sinne werden schärfer, wodurch Situationen noch bedrohlicher erscheinen, als sie vielleicht sind. Hier geraten Kinder in einen Teufelskreis, weil dieses „Bellen und Anschnauzen" im Klassenzimmer nicht toleriert wird. In Wirklichkeit versucht uns das Welpenherz nur mitzuteilen, dass eine Situation bedrohlich ist. Für die Lehrerin ist das Kind hyperaktiv oder, noch schlimmer, aggressiv. Ich betrachte dieses Verhalten als Hilfeschrei, doch weil es bei einem Kind so explosiv und unvorhersagbar ist, gehen besorgte Eltern deswegen zum Arzt und wollen Medikamente.

Von der Genauigkeit zur Unbeweglichkeit

„Ich muss erst das fertig machen, bevor ich mit dem anderen anfange!" Wir sind alle Gewohnheitstiere. Sommer wie Winter geht meine Hündin den gleichen Weg vom Haus in den Wald, um ihr Geschäft zu machen, und bahnt sich da ihren Trampelpfad in meinen Rasen. Routine vermittelt uns ein Gefühl von Sicherheit, wodurch wir vorhersagen können, was als Nächstes geschieht. Das Welpenherz konzentriert sich auf Muster, um die Welt zu verstehen. Wenn die Dinge jedoch nicht nach Plan laufen, wenn sie sich zu schnell ändern, dann verstärken sich die Gefühle und die Kraft der Genauigkeit schlägt um in den starren Zustand des Hyperfokussierens. Wir bleiben in unserem Bemühen stecken, zu große Veränderungen zu verhindern. Bei etlichen Kindern wird diese Form von Unbeweglichkeit zu Zwanghaftigkeit. Manche Kinder mit ADHS sind nicht ablenkbar, vielmehr haben sie Schwierigkeiten, ihre Aufmerksamkeit auf etwas anderes zu richten. Sie verrennen sich in Details und sehen vor lauter Bäumen den Wald nicht mehr. Auch das ist ein Hilferuf. Übergänge erscheinen bedrohlicher, als sie sind. Das Bedürfnis nach Stabilität angesichts von Widersprüchen erschwert die natürliche Flexibilität, die man braucht, um in der Schule aufzupassen.

Vom Sich-Versenken zum Rückzug

„Das mach ich nicht! Du kannst mich nicht zwingen!" Unsere Fähigkeit, uns bei Gefahr zurückzuziehen, gehört ebenso zu den Schätzen des Welpenherzens wie unsere Fähigkeit, für unser Überleben zu kämpfen. Wenn ein Hund es donnern hört, verkriecht er sich unter dem Bett und rührt sich nicht vom Fleck. Einige Kinder sind so in ihr jeweiliges Tun vertieft, dass sie überhaupt nicht mitbekommen, was um sie herum vorgeht. Wenn sie übermäßig gestresst sind oder zu viel Angst haben, dann scheint es, als würden sie „dichtmachen", indem sie sich in ihre eigene Welt zurückziehen. Dann verwandelt sich die Kraft des Sich-Versenkens in Rückzug. Kinder können diesen Bewältigungsmechanismus einsetzen, wenn sie sich unsicher fühlen, indem sie sich aus jeglichem Kontakt mit anderen zurückziehen. Das eine oder andere Kind mit ADHS weigert sich stur, im Unterricht mitzumachen. Andere verlieren sich in ihren Tagträumen. Wieder andere kann man einfach nicht dazu motivieren, ihre Schularbeiten zu erledigen. Und je mehr man sie drängt, desto bedrohter fühlen sie sich und desto stärker ziehen sie sich zurück. Diese Form des Welpenbellens ist zwar nicht explosiv, doch sie wirkt sich auf das Lernen genauso zerstörerisch aus. Wenn es zur Gewohnheit wird, kann es zu Apathie und sogar Paranoia führen, was Eltern und Lehrer außerordentlich beunruhigt.

Von der Präsenz zur Sorge

„Wenn du's nicht machst, mach's ich." Wir Menschen sind soziale Wesen und können gar nicht anders, als auf das Tun anderer zu achten. In den Verbindungen, die wir mit anderen eingehen, finden wir Sicherheit. Nach MacLean ist der „Trennungsschrei" – etwa wenn Welpen bellen, wenn sie vom Rudel getrennt werden – vielleicht die wichtigste Entwicklung in der Evolution, die Säugetiere von Reptilien unterscheidet (1985). Das Schreien bei Trennung ist an Familienzusammenhalt, Sprache und sogar Spielfähigkeit gekoppelt. So bleiben wir verbunden. Vollzieht sich die Trennung zu abrupt oder dauert sie zu lange, so verstärkt das Welpenherz das Gefühl der Unsicherheit und der Angst und kann sich dann nur noch darauf konzentrieren, diesen Kontakt wiederherzustellen. Dann verliert ein Kind das Gefühl, präsent zu sein. Manche Kinder mit ADHS haben Bindungsprobleme (Marazziti et al. 2008). Ihre Sorge macht es ihnen unmöglich, im Unterricht etwas zu lernen.

Ein Haus in Flammen

Um es ganz klar zu sagen: Am Welpenherz ist nichts verkehrt. Es bereichert das Leben und macht es spannend. Durch diese intensiven Wahrnehmungen und Ausdrucksformen können wir die Welt über unsere Gefühle verstehen. Das ist überlebensnotwendig. Wenn das Haus brennt, muss man raus. Doch wenn das Welpenherz dominiert, selbst wenn es nicht brennt, ist man mit dem Geschehen ringsum nicht mehr in Einklang. Dann lässt sich die verstärkte Wahrnehmung nicht abbringen vom „ICH zuerst", was es enorm erschwert, sich ruhig zu konzentrieren, zuzuhören und von jemand anderem zu lernen. Falls Sie ein Kind mit ADHS haben, dürften Sie diese Ausdrucksformen des Welpenherzens erkennen. Denken Sie daran: Dieses Bellen ist ein natürlicher Hilferuf. Es spiegelt den Grad der Unsicherheit Ihres Kindes wider. Außerdem kann es den Teufelskreis eines schwachen Selbstwertgefühls verstärken, doch dieser Hilferuf bedeutet nicht, dass ein Kind krank ist. Sein Welpe bellt nur. Allerdings sind wir nicht nur Frösche und Hunde. Wir alle besitzen noch einen anderen Schatz, dem es um viel mehr geht als darum, sich selbst an die erste Stelle zu setzen.

Das große Herz

Aus dem limbischen System haben wir den *Neokortex* entwickelt. Wörtlich bedeutet *Neokortex* „das neue Gehirn"; es macht den überwiegenden Teil der Gehirnsubstanz aus. Dieses neue Gehirn prägt großenteils unsere Individualität, während wir heranwachsen. Dank des neuen Gehirns können wir umfassendere Parallelen ziehen und Erinnerungen mit einem breiteren Spektrum von Emotionen verknüpfen, ohne uns in begrenzten Reaktionsmustern zu verfangen. Eben dieses neuere Gehirn gibt uns die Freiheit, einen Schritt zurückzutreten und die Welt mit neuen Augen zu sehen. Der Neokortex ist der Schatz, in dem unsere Kreativität ihren Sitz hat. Ist er mit dem limbischen System verbunden, kann der Neokortex die Impulse unseres Welpenherzens regulieren; dadurch können wir einen Schritt aus der unmittelbaren „Gefahrenzone" zurücktreten und „die größeren Zusammenhänge" sehen. Und dadurch wiederum können wir auch an die Bedürfnisse anderer denken, nicht nur an „ICH zuerst". Auf diese Weise entwickeln wir Toleranz für die Andersartigkeit anderer. Wenn wir sehen, wie andere ihre Erfahrungen zum Ausdruck bringen, können wir Ideen kreativer austauschen. Mithilfe des Neokortex können wir ein breiteres Spektrum emotionaler Zustände differenzierter und tiefgründiger auszudrücken; und so besteht die Chance, dass uns andere besser verstehen. Diesen Schatz nenne ich *das große Herz* und ich kann alle seine Merkmale mit einem Wort zusammenfassen: Vorstellungskraft.

Schließen Sie einen Moment lang die Augen und stellen Sie sich vor, Sie wären am Strand. Sofort sehen Sie vielleicht den goldgelben Sand, sehen die Sonne am blauen Himmel und hören sogar das Geräusch der Wellen. Und dann, im nächsten Moment, sind Sie wieder hier und lesen diesen Satz. Was für ein Wunder! Carl Sagan sagte: „Die Vorstellungskraft bringt uns oft in Welten, die nie existierten. Doch ohne sie kommen wir nirgendwohin" (1985, S. 4). Kein anderes Tier hat diese Kraft, sich in seinen Gedanken an einen anderen Ort zu begeben.

Doch Vorstellungskraft ist weitaus mehr als eine „Besichtigungstour". In ihr wurzelt auch unser Erfindungsreichtum als Spezies. Wir Menschen haben die Kraft, uns vorzustellen, was jemand anders gerade denkt oder fühlt, und uns mit der Erfahrung des anderen zu identifizieren, als ob seine Gedanken oder Gefühle unsere eigenen wären. Daraus entspringt Mitgefühl. Wir können uns die Folgen unseres Handelns vorstellen und Pläne für die Zukunft schmieden. Daher rührt unser Mut, Entscheidungen zu treffen. Wir haben die Kraft, uns kreative Möglichkeiten auszudenken, um unsere Gefühle in Metaphern und Vergleichen auszudrücken. Hierin wurzeln Dichtung und Geschichtenerzählen. Wir können uns die verborgenen Gründe vorstellen, warum Dinge geschehen, und so die einzelnen Punkte verbinden, um die Welt zu verstehen. Hierauf beruhen ethisches Verhalten und Vernunft. Wir können uns vorstellen, uns selbst in einem Kontext zu sehen, um uns neue Lösungen für alte Probleme auszudenken und um den tieferen Sinn im Leben zu finden. Hierin wurzeln unsere Selbstreflexion und Selbstbewusstheit.

Psychologen bezeichnen diese Fähigkeiten als *exekutive Funktionen*. Wie Führungskräfte auf der höchsten Ebene eines Unternehmens so erkennen diese Funktionen, in welche Richtung das Geschäft laufen muss, um möglichst erfolgreich zu sein. Sie sind imstande, die größeren Zusammenhänge zu erkennen und einen schlüssigen Aktionsplan zu erstellen.

Der Neokortex eines Kindes wird im Laufe der Zeit von seinen Erfahrungen geprägt. Kinder kommen nicht mit komplexen exekutiven Funktionen zur Welt. Das ist das Herzstück einer entwicklungsorientierten Sichtweise. Deshalb ist es unangemessen, von einem drei- oder vierjährigen Kind zu verlangen, es solle sich konzentrieren wie ein älteres Kind. Wenn die Umstände die Natur eines Kindes während seiner Entwicklung unterstützen, lernt das Kind, seinen Körper zu kontrollieren, seine emotionalen Erfahrungen zu erweitern und sich so auszudrücken, dass es seiner selbst stärker gewahr wird. Durch Selbstreflexion erkennt es sich selbst in seinem umfassenderen Lebenszusammenhang und kann über die Wirkung nachdenken, die es auf andere ausübt. Indem ein Kind sein großes Herz entwickelt, bringt es die Impulse seines Welpenherzens ins Gleichgewicht und ist so in der Lage, sich in Stresssituationen ruhig zu konzentrieren. Tatsächlich belegen Untersuchungen: Bei ADHS fehlen keineswegs irgendwelche neurologischen Strukturen oder chemischen Stoffe, vielmehr ist der Entwicklungsprozess des Neokortex verzögert (Shaw et al. 2007). Das wiederum heißt: Jedes Kind kann Konzentrationsfähigkeit entwickeln. Es erfordert nur Zeit und Übung.

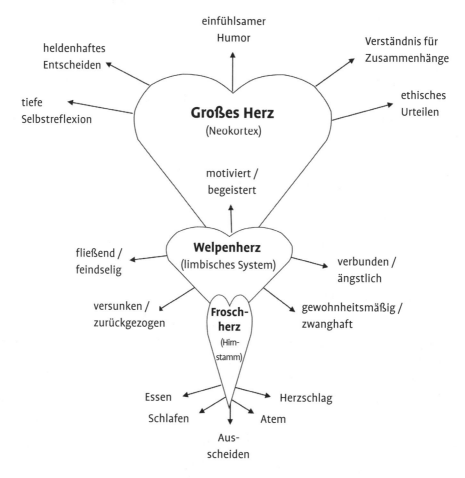

Abbildung 3: Die drei Schätze

Big Sam

Die Kräfte des großen Herzens erlebte ich persönlich, als ich in den 1980er-Jahren als idealistischer junger Kinderarzt in einem Krankenhaus in New York City Praktikum machte. Da fand ich mich von Grausigem umgeben: missbrauchten Kindern,

Schusswunden, Tod und Leiden. Mein erster Impuls war, weinend davonzulaufen. Ich musste lernen, ruhig und konzentriert zu bleiben, um meinen Patienten helfen zu können. Ich hatte Glück, denn ich hatte ein wunderbares Vorbild.

Als ich eines Nachts in der Notaufnahme Dienst hatte, sah ich, wie zwei kleine Kinder eingeliefert wurden, beide hatten einen lebensbedrohlichen Asthmaanfall. Ein Kind wurde von einem Arzt behandelt, der den Krankenschwestern Anweisungen zuraunzte, die hysterisch in den Raum hinein- und wieder hinausrannten. Das andere Kind wurde von einem Arzt behandelt, der als „Big Sam" bekannt war. Das war ein imposanter, etwa 140 Kilo schwerer Mann, der ganz leise und sanft sprach und eine Art hatte, alle zu beruhigen, wenn er nur einen Raum betrat. Was ich in dieser Nacht sah, sollte mein Leben für immer verändern. Im ersten Raum, in dem diese Hektik herrschte, wurden Fehler gemacht und der zusätzliche Stress, dem das Kind durch den Arzt ausgesetzt war, verschlimmerte dessen Atemnot. Das Mädchen starb. Sams Patient hingegen schien sich auf wundersame Weise zu erholen und brauchte nicht einmal im Krankenhaus zu bleiben. Dank seines großen Herzens konnte sich Sam in der Stresssituation auf den größeren Zusammenhang konzentrieren, was sich auf alle Menschen um ihn herum ganz erstaunlich auswirkte. Big Sam lehrte mich, mein eigenes großes Herz zu entwickeln und es in diesen aufreibenden Jahren der Ausbildung, die vor mir lagen, einzusetzen.

3.2 Drei Herzen sind besser als eins

Je mehr wir üben, unsere „Großherzigkeit" zu entwickeln, desto sicherer wird unser wildes Welpenherz und desto vertrauter wird unser kleines Froschherz mit den natürlichen Rhythmen der Welt. Das ist der Schlüssel, um zu verstehen, wie man allen Kindern, die unter ADHS-Symptomen leiden, helfen kann. Doch damit Ihr Kind seine Konzentrationsfähigkeit wirklich beherrschen lernt, müssen wir eingehender schauen, wer *Ihr* Kind ist und welche ADHS-Symptome es hat.

4. | Die fünf Arten der Konzentration

Alles hat seine Zeit und ein jegliches Vorhaben unter dem Himmel hat seine Stunde.
Koheleth, 3:1-8

Die Natur favorisiert Vielfalt. Sich wandelnde Umstände rufen unterschiedliche Reaktionen hervor, die wiederum den Wandel in Gang halten. Die Menschen haben vielfältige Talente, dank derer sie unter ganz unterschiedlichen Bedingungen überleben können. Falls eine Form der Adaption nicht funktioniert, hat vielleicht jemand anders in der Sippe eine, die möglicherweise funktioniert. Darin wurzeln schon immer unsere erstaunliche Kreativität, unser Einfallsreichtum und unsere Macht, uns die Erde untertan zu machen.

Die Gesellschaft favorisiert Konformität. Um die Ordnung in großen Gruppen zu gewährleisten, müssen wir uns an Gesetze und Vorschriften halten. So funktioniert unser Zusammenhalt und so begegnen wir gemeinsamen Herausforderungen, die unser Überleben bedrohen. Und eben dieses Gleichgewicht zwischen unserer naturgegebenen Verschiedenheit und unserem Bedürfnis nach Konformität bestimmt unser Wohlergehen und unsere Sicherheit.

4.1 Schütten Sie das Kind nicht mit dem Bade aus

Bedauerlicherweise hat uns unser Bedürfnis nach Wohlergehen Institutionen mit zunehmend künstlichen Strukturen beschert (wie die Schule), die nicht immer auf die unterschiedlichen Lernstile der Kinder eingehen. Wird ein Kind in seiner Natur ignoriert, so löst das zwangsläufig übertriebene Welpenherzreaktionen aus, die eine ruhige Aufmerksamkeit beeinträchtigen. Auch die herkömmliche Beurteilung von ADHS scheint diesem Trend zu folgen, denn sie konzentriert sich auf Symptome und hat die Talente des einzelnen Kindes nicht auf der Rechnung. Frustriert über dieses Fließbanddenken, machte ich mich vor fünfzehn Jahren auf die Suche nach einer anderen Methode, Kinder zu beurteilen, eine, die ihre persönliche Natur respektiert. Die fand ich schließlich in der Chinesischen Medizin. Dieses altehrwürdige Medizinsystem hatte ein ökologisches Verständnis entwickelt: Danach spiegeln Gesundheitsprobleme das Zusammenspiel der Naturkräfte in der eigenen Persönlichkeit wider. Im Laufe der

Jahre habe ich dieses System abgewandelt. Dadurch sehe ich die Entwicklung von Kindern aus einem neuen Blickwinkel und habe eine wunderbare Vorgehensweise gefunden, Tausende von Kindern zu unterstützen, ihre ADHS-Symptome zu überwinden.

Nicht alle Kinder werden auf genau die gleiche Art und Weise abgelenkt. Wie ein Kind sich konzentriert, hängt mit seinem individuellen Anpassungsstil zusammen, also mit seinem Temperament. Meine lieben Lehrer und Freunde Harriet Beinfield und Efrem Korngold haben mir vor vielen Jahren mit ihrem Buch *Traditionelle chinesische Medizin* (2005) die Augen geöffnet für ein tieferes Verständnis des Temperaments. Darin beschreiben sie die „Fünf-Phasen-Theorie" und die Entsprechungen der Fünf Wandlungsphasen, denen zufolge unsere emotionalen Veranlagungen mit unserem äußeren Erscheinungsbild verknüpft sind. Gemeinsam bestimmen diese beiden Faktoren unsere einzigartige Reaktion auf unser Lebensumfeld. Diese ganzheitliche Sichtweise steht in krassem Gegensatz zu den Temperamentsmodellen der westlichen Psychologie, die nicht wirklich versucht, Geist und Körper zu verbinden.

4.2 Die fünf Arten des Herzens

Wir gehen alle auf unsere individuelle Art durchs Leben. Die Sprache der Chinesischen Medizin beruht auf den Metaphern der Jahreszeiten: Frühling, Sommer, Erntezeit, Herbst und Winter. Jede Jahreszeit hat ihre besonderen Eigenschaften und Bewegungsrichtungen, die die fünf Naturkräfte widerspiegeln: Holz, Feuer, Erde, Metall und Wasser. Holz drängt hinaus, Feuer leuchtet auf, Erde integriert, Metall zerteilt und Winter geht in die Tiefe. Diese Eigenschaften bestimmen unsere körperlichen und geistigen Neigungen und sind wesentlicher Bestandteil unserer grundlegenden geistigen Gesundheit, das heißt, wie wir uns mit den natürlichen Lebenszyklen und -rhythmen verbinden (siehe Abbildung 4).

Hier kommen wir zum Herzstück dieses Buches. Diese Sprache mag Ihnen erst seltsam erscheinen, doch mit ihr werden Sie Ihr Kind natürlicher beschreiben lernen. Diese Sprache vermeidet die unpersönlichen Etiketten der Pathologie, die auf der westlichen Schulmedizin lasten. Statt nur zu schauen, was mit Ihrem Kind nicht in Ordnung ist, können wir einen Weg skizzieren. Damit unterstützen wir Ihr Kind, seine Konzentrationsfähigkeit zu entwickeln, sodass seine Schätze wirklich strahlen können.

Jede Jahreszeit hat ihren besonderen Reiz. Falls Ihr Kind unkonzentriert (distracted; wörtlich „auseinandergezogen"; Anm. d. Ü.) ist, setzt man meiner Ansicht nach am besten bei der Frage an, wozu es sich hingezogen (attracted) fühlt. Attraktionen bzw. Faszinationen werden nur dann zu Ablenkungen, wenn das Welpenherz die Aufmerksamkeit beherrscht. Überlegen Sie beim Lesen der folgenden Abschnitte, welcher Naturkraft Ihr Kind am stärksten ähnelt. Bitte bedenken Sie dabei: Jede und jeder von uns verkörpert einige Aspekte aller fünf Jahreszeiten, abhängig von den Umständen und von unserem jeweiligen Entwicklungsstadium. Doch nach meiner Erfahrung gibt es in der Regel bei jedem Kind ein vorherrschendes Thema, das richtig klingt. Das ist wichtig, damit Sie mit Ihrem Vorgehen Ihr Kind „maßgeschneidert" unterstützen. Häufig sehen Eltern die Natur ihres Kindes durch die „Brille" ihrer eigenen Natur. Das fördert oft wichtige Informationen über die Beziehungen innerhalb der Familie zutage. Deshalb bitte ich üblicherweise beide Eltern, falls möglich, beim Erstgespräch des Kindes dabei zu sein. Da Sie eine wesentliche Rolle im Umfeld Ihres Kindes spielen, überlegen Sie beim Lesen dieses Kapitels auch, welche der fünf Naturen Sie sind. Dadurch erkennen Sie, wie Sie zur Lösung beitragen können, indem Sie in sich Eigenschaften kultivieren, die Ihrem Kind die Konzentration erleichtern.

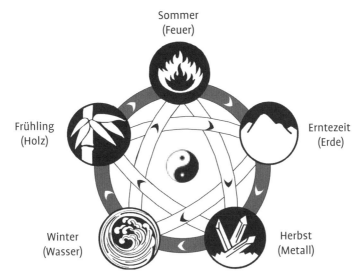

Abbildung 4: Grundlegende geistige Gesundheit der Fünf Wandlungsphasen

4.3 Das Holz-Kind

Holz entspricht der Jahreszeit Frühling, wenn das Leben mit unglaublicher Kraft aus dem tiefsten Winter hervorbricht. Nichts kann den Frühling aufhalten. Die Pflanzen schieben sich kraftvoll durch den Erdboden ans Licht. Selbst winzige Grashalme drücken sich durch Ritzen im Gehsteig. Über Nacht brechen grüne Blätter durch die dicke Rinde. Ranken schlängeln sich am Boden und klettern Wände hoch. Alles ist in Bewegung. Vögel zwitschern, während sie eifrig ihre Nester bauen. Im Frühling können wir gar nicht anders, als die Kraft der Natur zu spüren. Nach den Entsprechungen der Fünf Wandlungsphasen ist die Bewegung des durch die Erde brechenden Holzes Sinnbild der Kraft des Frühlings. Das Geräusch des Frühlings ist der Wind, der durch die Bäume streicht. Seine Farbe ist grün. Das Grün des Frühlings signalisiert uns (auf Ampeln) „Geh!" Wir finden den Frühling in den Bewegungen unserer Muskeln, Sehnen und Nerven. Er öffnet sich in unseren Augen jeden Morgen bei Sonnenaufgang, wenn wir aufstehen und uns strecken, um den Herausforderungen des Tages zu begegnen.

Das Holz-Kind, wenn es eingeklinkt ist

Das Holz-Kind spiegelt diese Frühlingsenergie in allen Facetten. Es wacht zeitig auf und kann gleich loslegen. Schon bevor sie laufen können, sind Holz-Kinder fasziniert davon, wie sich Dinge bewegen. Eifrig erkunden sie ihre Welt, indem sie Grenzen überwinden und erweitern. Wir bezeichnen sie als „kinästhetischen Lerntyp" und als „auf der Suche nach Sinnesreizen". Sie müssen Dinge anfassen und mit ihnen hantieren, um sie zu verstehen. Wenn sie eingeklinkt sind, strahlt der Schatz ihres großen Herzens. Sie werden unsere wahren Helden. „In der Zone" ist ihre Konzentrationskraft im Fluss, wenn sie aufstehen, um sich Herausforderungen mutig und flexibel zu stellen.

Der Archetyp des Holz-Kindes ist der Pionier, der Forscher. Neugier motiviert das Kind, immer weiter vorwärtszugehen und neue Grenzen zu durchbrechen. Thomas Edison verkörperte den Holz-Typus. Wegen seines unabhängigen Geistes flog er in jungen Jahren von der Schule, doch ohne seine Erfindungsgabe säßen wir im Dunklen.

Holz-Kinder verlangen nach dem Nervenkitzel des Abenteuers, manchmal ohne jegliches Angstgefühl (sehr zum Entsetzen ihrer Eltern). Vielleicht lieben sie deshalb Videospiele so sehr – je schneller und je gewalttätiger, desto besser.

Von ihrem Körperbau her sind Holz-Kinder häufig schlank und muskulär; ihre Beweglichkeit und Koordination machen sie zu natürlichen Sportlern. In alten Zeiten hatten sie in der Sippe die wichtige Funktion der Späher und der geschickten Jäger.

Holz-Kinder sind ungemein stolz. Ehrgeizig wollen sie Erste werden und gewinnen; äußerst ungern verlieren sie. Als Erwachsene macht diese Kühnheit sie zu erfolgreichen Unternehmern. Amerika ist eine Holz-Kultur. Unsere Helden sind die Pioniere, die dieses Land besiedelten. Wir verehren unsere Wegbereiter, die krassen Individualisten, deren Freiheitsliebe die Vereinigten Staaten von Amerika so reich und mächtig gemacht hat. Wir schätzen diese Eigenschaften zwar an unseren Erwachsenen, doch alle Eltern oder Lehrer, die mit einem heranwachsenden Holz-Kind fertig werden müssen, können sie entmutigen. Nicht zufällig werden Holz-Kinder oft als Erste wegen ADHS-Symptomen überwiesen.

Faszination und Ablenkung für Holz

Das Holz-Kind fühlt sich von Natur aus zur Bewegung hingezogen und wird davon abgelenkt. Alles, was sich bewegt, fördert den Wunsch zu forschen. Wenn sich folglich nichts um das Kind herum bewegt oder, noch schlimmer, wenn das Holz-Kind selbst sich nicht bewegen darf, kann es das Gefühl haben, seine Natur werde ignoriert. Da kann man zuschauen, wie das gleichbleibende Sitzen im Unterricht das Welpenherz des Holz-Kindes bedrohen könnte und es jede kleinste Bewegung in eine Ablenkung übersteigert.

Das Holz-Kind, wenn es ausgeklinkt ist

Wenn die Bewegungsfreiheit des Holz-Kindes eingeschränkt ist, kann die Kraft des Fließens in Frustration, Hyperaktivität und Feindseligkeit umschlagen. Das sind Anzeichen dafür, dass das Welpenherz bellt. Wenn das Holz-Kind davon abgeschnitten ist, seine Welt zu erkunden, indem es sich bewegt, verhält es sich wie ein eingesperrtes Tier. Es kann nicht mehr still sitzen und sich ruhig konzentrieren. Vielleicht schreit es: „Das ist unfair!" Ja, wenn sich ein Holz-Kind unsicher fühlt, schreit es; das ist die typische Ausdrucksform.

In der Schule empfindet das Holz-Kind diese Einschränkungen oft am stärksten. Es stellt sich das „Kreisritual" so vor, dass man wie im Kindergarten *um den* Kreis *herum*rennt. Oft hören Eltern dann, ihr Kind sei zu „aufgedreht" und müsse auf ADHS getestet werden.

Das sind Anzeichen dafür, dass ein Holz-Kind sich aus einer bedrohlichen Welt ausklinkt. Es verlangt nach starken Sinnesreizen, die es anfällig machen für die Intensität, etwa von Videospielen. Häufig machen diese Spiele dem Holz-Kind nicht nur Spaß – sie werden zu einer Sucht. Je mehr es spielt, desto weniger gern geht es in die Schule. So kommt ein Teufelskreis in Gang, der die Unsicherheit im Unterricht noch verstärkt. Weil das Holz-Kind keine Angst vor Autoritätspersonen zeigt, macht es die Erfahrung, von frustrierten Eltern und Lehrern bestraft zu werden. Es wird immer empfindlicher gegenüber Kritik und seine Verhaltensweisen werden immer übertriebener und störender.

Das Welpenherz des Holz-Kindes drückt sich vor allem in Ärger aus. Wenn es lernt, indem es gegen Grenzen drückt und Grenzen sprengt, dann wird – wenn es sich unsicher fühlt – das Drücken zum Schubsen. Mit der Zeit entwickeln diese Kinder häufig Spannungskopfschmerzen und Muskelzucken – so manifestiert sich ihr Schmerz körperlich.

Das Holz-Kind und der Schlaf

Bei chronischer Unsicherheit dominiert das Welpenherz das Froschherz. Einschlafschwierigkeiten und unruhiger Schlaf sind typische Anzeichen eines überforderten Holz-Kindes. Manche Holz-Kinder haben anhaltende Probleme mit Bettnässen. Sie sind so in ihren Träumen gefangen, dass sie die Verbindung zu ihrem Reflex verloren haben, nachts das Wasser zu halten. Das kann für Kind und Eltern frustrierend und demütigend sein. Weil Holz-Kinder in der Regel so früh aufwachen, schlafen sie oft nicht genügend. Mit der Zeit beeinträchtigt das ihre Aufmerksamkeit immer weiter.

Wegen der Hyperaktivität ist man vielleicht versucht zu glauben, das Holz-Kind habe die klassischen ADHS-Symptome. Doch, wie wir gleich sehen werden, gibt es auch Kinder mit ganz anderen Anzeichen, die sich nur schwer konzentrieren können.

EINGEKLINKT (DAS GROSSE HERZ DOMINIERT)	AUSGEKLINKT (DAS WELPENHERZ DOMINIERT)	KÖRPERLICHE ANZEICHEN DES SICH-AUSKLINKENS
„der wahre Held, die wahre Heldin"	„der Wildfang"	Sich-Winden, Zucken
fasziniert von Bewegung, vom Forschen	abgelenkt durch Stille	Muskelkrämpfe
die Kraft des „Fließens"	gibt sich nicht „dem Fluss" hin	häufige Kopfschmerzen
körperlich geschickt	hyperaktiv, zappelig	wandernde Nervenschmerzen
heldenhafte Liebe zum Forschen	lässt sich äußerst ungern einschränken	häufiges Bettnässen
bereit für Herausforderungen	leicht frustriert	Verlangen nach: Wachmachern, Zucker, Limonade, Butter
lernt kinästhetisch	übertrieben selbstsicher, möchte keine Hilfe	Angst vor: Beurteilung, Eingesperrtsein, Verlust des Stolzes; davor, nicht zu gewinnen
zielorientiert, verliert ungern	hastiges Arbeiten	schreit: *„Ich mach's, wie ich will!"*
risikofreudig	auf dem „Sprung"	
sprengt Grenzen	streitlustig	
geschickte Argumentation	cholerisch, leicht zu provozieren	
Archetyp: der Pionier, die Pionierin	kein Respekt vor Autoritätspersonen	

Tabelle 1: Kennzeichen des Holz-Kindes

4.4 Das Feuer-Kind

Feuer entspricht der Jahreszeit Sommer. Im Gegensatz zum Drängen des Frühlings sind die Pflanzen nun ausgewachsen und haben sich zu Blumen geöffnet. Sie zeigen sich in ihrer Farbenpracht, verströmen ihren Duft und locken so Bienen und Schmetterlinge an. Der Sommer ist die Zeit der großen Vollendung, der Bestäubung. Es ist Partyzeit! Das Wetter ist recht heiß und zwingt uns, langsam zu machen und die Dinge gemütlich anzugehen. Die Menschen fahren in den Urlaub und vertreiben sich die Zeit mit Besichtigungen. Der Sommer ist eine Zeit, Spaß zu haben und etwas Neues auszuprobieren. Feuer verleiht all unseren Feiern Leuchten und Begeisterung. Denken Sie an das Feuerwerk am 4. Juli, dem amerikanischen Nationalfeiertag, mit seinen blumenähnlichen Lichtexplosionen am Himmel. Im Sommer füllt das Licht die langen Tage. In unserem Tagesrhythmus entspricht das Feuer der Mittagssonne. Seine Farbe ist rot, die Farbe des Blutes. Das auffallende rote Licht vermittelt uns „Stopp" und „rieche die Rosen". Körperlich spüren wir Feuer beim Erröten, an unserem beschleunigten Herzschlag und in unserer Durchblutung.

Das Feuer-Kind, wenn es eingeklinkt ist

Schon im Babyalter ist der aufgeweckte Geist des Feuer-Kindes leicht zu erkennen. Wie eine Sommerblume zieht es andere an mit seiner Begeisterung. Eingeklinkt strahlt der Schatz seines großen Herzens, wodurch das Kind zu einer wahren Führungspersönlichkeit werden kann. Die Kraft seiner Aufmerksamkeit ist eine starke Motivation für alles Neue auf der Welt. Martin Luther King Junior war ein typisches Feuer-Temperament mit seiner Kraft, Berge zu versetzen mit seinen Worten.

Feuer-Kinder sind ausgesprochen intuitiv; sie spüren Dinge, die uns anderen vielleicht entgehen. Wie eine einzige Kerze, die im Dunkeln brennt, belebt das Feuer-Kind einen ganzen Raum mit seinem Charme, doch schon der leiseste Lufthauch kann es ins Wanken bringen. So empfindlich reagiert das Feuer-Kind auf Veränderungen.

Wie das Holz-Kind ist auch das Feuer-Kind extrovertiert und sucht nach Sinnesreizen. Allerdings überschreitet es keine Grenzen, sondern es nimmt die Reize auf. Wenn es älter wird, ist es wegen seines unbeschwerten Wesens überall beliebt. Das Feuer-Kind albert gern und gibt sich alle Mühe, andere damit anzustecken. Autoritäten fordert es nicht in dem Maß heraus wie das Holz-Kind. Sein Charisma macht es zu einer geborenen Führungspersönlichkeit. Es fühlt sich zwar im Rampenlicht nicht immer wohl, außer es geschieht spontan, doch es kann gar nicht anders, als der Entertainer zu sein. Der Archetyp des Feuers ist der Zauberer, der allem Anschein nach spontan Magie herbeizaubert, wo immer er hinkommt. Das Feuer-Kind verlangt nach Intensität, erschrickt aber auch leicht, wenn die Dinge zu schnell oder unerwartet geschehen. Dann ist das übermäßige Bellen des Welpenherzens zu hören.

Faszination und Ablenkung für Feuer

Das Feuer-Kind fühlt sich von neuartigen Reizen angezogen. Alles, was sich neu anfühlt, fühlt sich lebendig an und fasziniert es zutiefst. Diese Faszination kann zur Sucht werden, selbst wenn eine plötzliche Veränderung das Kind manchmal überwältigt. Das kann die Voraussetzung schaffen für eine spezielle Art von Unsicherheit, wenn entweder zu viel Stimulation geboten wird oder zu wenig. Das Feuer-Kind erträgt keine Langeweile. Dann lässt es sich vom winzigsten Reiz ablenken, was es ihm unmöglich macht, sich lang auf etwas zu konzentrieren.

Das Feuer-Kind, wenn es ausgeklinkt ist

Das Feuer-Kind neigt zu starken Gefühlsschwankungen. In einem Moment lacht es, im nächsten weint es. Das kann seine Unsicherheit verstärken und in Panik gipfeln. Nichts fürchtet das Feuer-Kind mehr als die Ermahnung, ernst zu sein. Um das auszuschalten, wird es nicht selten zum Klassenclown in dem Versuch, die Situation aufzulockern. Es lebt die winzigsten Launen aus und wirkt deshalb vielleicht impulsiv. Das kann einen Teufelskreis in Gang setzen: Das Kind hat das Gefühl, die Kontrolle zu verlieren, seine Sinne werden schärfer und es springt vielleicht auf, wenn es erschrickt, oder klagt, dass es die Etiketten in seinen T-Shirts stören. Das sind alles Anzeichen eines Hilferufs – das Welpenherz hat das Heft in der Hand.

Im Unterricht kann das Feuer-Kind (wie das Holz-Kind) hyperaktiv sein. Doch statt die Lehrer herauszufordern, versucht es, mit möglichst geringem Aufwand Spaß zu haben. Wie ein Kolibri im Sommergarten sucht es immer etwas zum Spielen. Dabei hüpft es von einem Gegenstand zum nächsten und vergisst darüber völlig, dass da vorn im Raum ja der Lehrer redet. Meine Erfahrung ist: Je unsicherer sich das Kind fühlt, desto impulsiver verhält es sich. Diesem gedankenlosen Handeln folgt oft Reue, weil das Feuer-Kind im Grunde genommen von allen gemocht werden will. Doch je mehr es das versucht, desto frecher wird es. Manche Feuer-Kinder reißen sich in der Schule noch zusammen und rasten dann zu Hause völlig aus.

Wenn es die Kontrolle verliert, läuft der Stoffwechsel des Feuer-Kindes oft auf Hochtouren,. Das kann zu Blutzuckerschwankungen führen, die die massiven Stimmungsschwankungen noch verschlimmern. Feuer-Kinder haben das Verlangen nach Kohlenhydraten; so versuchen sie, ihren Bärenhunger zu stillen. Sie neigen zu explosionsartigem Durchfall, zu Schwitzen, Erröten, Hautausschlägen oder Reflux, wenn sie zu lange aufgedreht sind. Als Kleinkinder können Feuer-Kinder so sehr vom Augenblick fasziniert sein, dass sie vergessen, zur Toilette zu gehen. Das zeigt, dass das

Welpenherz sich über das kleine Froschherz hinwegsetzt, was zu chronischer Verstopfung und zu *Enkopresis,* Einkoten, führen kann.

Das Feuer-Kind und der Schlaf

Das Feuer-Kind brennt so hell, dass es zur Schlafenszeit oft zusammenbricht oder sich ins Drama hineinsteigert, wenn es übermüdet ist. Vielleicht spricht es im Schlaf und neigt, wie auch das Holz-Kind, zum Bettnässen. Ohne ausreichenden Schlaf wird sein Verhalten extrem; ausreichender Schlaf kann sich tief greifend auf seine Aufmerksamkeit auswirken.

Achtung: Risikoverhalten und das Feuer-Kind

In der Pubertät neigt das Feuer-Kind zu Suchtverhalten, weil es sich von intensiven Gefühlen so angezogen fühlt. Im Gegensatz zum Holz-Kind, das sich wegen des Kitzels der Regelüberschreitung eher zu Drogen und Alkohol hingezogen fühlt, reizt das Feuer-Kind, wenn es älter wird, die Euphorie, die Drogen hervorrufen. Sie bieten eine Möglichkeit, sich dem Druck der Welt zu entziehen.

EINGEKLINKT (DAS GROSSE HERZ DOMINIERT)	AUSGEKLINKT (DAS WELPENHERZ DOMINIERT)	KÖRPERLICHE ANZEICHEN DES SICH-AUSKLINKENS
„die wahre Führungspersönlichkeit"	„Klassenclown"	Erröten
fasziniert von allem Neuen	lässt sich von Veränderung ablenken	übermäßiges Schwitzen
die Kraft hoher Motivation	neigt zu Suchtverhalten	Hypoglykämie
charismatisch, charmant	provozierend, impulsiv, unberechenbar	Dramatische Symptome kommen und verschwinden wieder.
liebt Spaß	überempfindlich	Neigung zu explosionsartigem Durchfall und Einkoten
nie gelangweilt	klagt über Langeweile	Neigung zu Herzklopfen, Reflux
begeistert	erschrickt leicht und gerät leicht in Panik	Einschlafschwierigkeiten

EINGEKLINKT (DAS GROSSE HERZ DOMINIERT)	AUSGEKLINKT (DAS WELPENHERZ DOMINIERT)	KÖRPERLICHE ANZEICHEN DES SICH-AUSKLINKENS
intuitiv	überreizt, überspannt	Verlangen: Süßigkeiten, scharfe Speisen, Eis
springen, tanzen, singen	rasche Stimmungsschwankungen	Ängste: Dunkelheit, nicht gemocht zu werden
liebt das Drama, der Entertainer		Schrei: *„Ich kann mir nicht selbst helfen!"*
Archetyp: der Zauberer, die Zauberin		

Tabelle 2: Kennzeichen des Feuer-Kindes

4.5 Das Erde-Kind

Erde entspricht im Jahreszyklus der Erntezeit. In der modernen, industrialisierten Welt vergessen wir oft, wie wichtig die Ernte ist. Und doch ist diese Zeit die besondere Übergangsphase von den heißen zu den kühleren Monaten, wenn alles reif wird. In der Ernte erreicht die Arbeit des heißen Sommers ihren Höhepunkt, dann, wenn die Blüten zu Früchten werden. Denken Sie daran, mit welcher Sorgfalt im Weinberg genau der richtige Tag für die Traubenlese gewählt wird. Zu früh oder zu spät und die Ernte ist ruiniert.

In alten Zeiten kamen in dieser „fünften Jahreszeit" die Familien zusammen, um die Ernte einzubringen und die Früchte ihrer Arbeit zu feiern; so bedankten sie sich mit einem großen Erntefest. Wir ziehen dann Bilanz aus den Ereignissen des Jahres, erzählen uns gegenseitig Geschichten aus unserem Leben und schmieden Pläne für die folgenden Monate. Von dieser demütigen und bescheidenen Jahreszeit ist in unserer Kultur heute nur noch Thanksgiving (und Erntedank Anm. d. Ü.) übrig geblieben, das ursprünglich im Altweibersommer stattfand.

Die Erde steht für das Zentrum unseres Alltagslebens, wie die Ernte in der Mitte der Jahreszeiten stattfindet. Obwohl wir alle von der Erde abhängig sind, betrachten wir sie manchmal als selbstverständlich. Die Erde nimmt unsere Bepflanzung und unseren Müll auf. Im Tageszyklus entspricht sie dem Nachmittag. In den Mittelmeerländern hat sie noch ihre Bedeutung in der Siesta, eine Zeit der Pause inmitten der Arbeit. Wir spüren die Erde in unserem Magen, wenn wir eine Pause einlegen, um die Welt zu verdauen. Die Farbe der Erde ist das gelbe Licht des Abbremsens.

Das Erde-Kind, wenn es eingeklinkt ist

Das Erde-Kind ist süß wie die reifende Frucht. Es ist gern mittendrin und sorgt sich sehr um die soziale Gruppe. Doch das Erde-Kind hält sich lieber im Hintergrund und bleibt manchmal unbemerkt. Ist es eingeklinkt, dann strahlt der Schatz seines großen Herzens und es kann wahrhaft für die Welt Sorge tragen. Die Kraft seiner Aufmerksamkeit besteht darin, präsent zu sein und sich den Bedürfnissen der Menschen zu widmen. Es ist aufmerksam und zuverlässig und ihm ist wirklich daran gelegen, Verbindungen aufrechtzuerhalten, sei es in der Familie oder zu Freunden. Erde-Kinder wollen anderen eine Freude machen. Der Archetyp der Erde ist der Friedensstifter. Das Erde-Kind interessiert sich von Natur aus dafür, wie die Dinge zusammenhängen. Menschen mit einer Erde-Natur werden nicht immer berühmt, weil sie lieber im Hintergrund wirken. Mutter Teresa ist ein Erde-Vorbild. In unseren Geschichten sind die Erde-Figuren die treuen Kumpels.

Erde-Kinder lernen über den Zusammenhang. Wenn Informationen ohne Zusammenhang dargeboten werden, wird es dem Erde-Kind unmöglich, ihre Bedeutung und Wichtigkeit zu verstehen oder es kann sie nicht behalten. Erde-Kinder fühlen sich im Kontakt mit anderen sicherer. Sie lieben den Austausch in Gesprächen und ihre Verbindung zur Familie, zu Freunden, Vereinen und Mannschaften zeigt sich in ihrer Loyalität. Es ist ihnen nicht wichtig, ob ihr Team gewinnt oder verliert, solange alle beieinanderbleiben. Ja, manchmal tut es ihnen sogar leid, wenn die Gegenseite verliert.

Von ihrem Körperbau her sind Erde-Kinder oft korpulent und rund in ihrer Gestalt, als Kleinkinder werden sie manchmal als „Buddhababys" bezeichnet. Wenn sie unsicher sind, neigen sie zu Verdauungsproblemen.

Faszination und Ablenkung für Erde

Erde-Kinder sind davon fasziniert, Verbindungen aufrechtzuerhalten. Folglich wird Trennung ihre große Ablenkung. Wenn sich das Erde-Kind sicher fühlt, konzentriert es sich darauf, die scheinbar unvereinbaren Aspekte der Welt zu einem stimmigen

Ganzen zusammenzufügen. Wenn es sich unsicher fühlt, kann es die Orientierung verlieren; dadurch wird es verwirrt und unentschlossen. Das ist ein Anzeichen dafür, dass das Welpenherz bellt und es ihm unmöglich ist, aufmerksam zu sein.

Das Erde-Kind, wenn es ausgeklinkt ist

Wenn Erde-Kinder sich getrennt fühlen, werden sie noch unsicherer. Sie können dann an nichts anderes mehr denken und bringen ihre übertriebene Sorge zum Ausdruck. Aufgrund dieser Reaktion können sie sich gar nicht mehr konzentrieren. Zu Hause macht sich der geborene Friedensstifter Sorgen, wenn andere nicht miteinander auskommen. Das Kind sieht sich oft in Streitereien hineingezogen und kann sich für keine Seite entscheiden. Weil das Erde-Kind seine Eltern nicht beunruhigen will, verbirgt es vielleicht seine Sorgen und macht sich innerlich selbst Vorwürfe wegen der Probleme anderer. Anhaltende Trennungsangst kann das erste Anzeichen übermäßiger Unsicherheit sein.

In der Schule macht das Erde-Kind gern Gruppenarbeit. Je stärker es gezwungen ist, für sich zu arbeiten, desto schwerer fällt es ihm, sich zu konzentrieren, was einen Teufelskreis von zwanghaften Ängsten auslöst.

Das unsichere Feuer- oder Holz-Kind ist schwer zu übersehen, doch Erde-Kinder schlüpfen oft jahrelang durch die Maschen. Manchmal sehen sie auch so aus, als würden sie aufpassen, weil sie es dem Lehrer recht machen möchten. Doch wenn ihr Lernstil ignoriert wird, haben sie oft keine Ahnung, worum es geht. Erst in der dritten oder vierten Klasse, wenn die Anforderungen steigen, wird offensichtlich, dass sie überfordert sind. Die ersten Anzeichen sind häufig unklare körperliche Beschwerden, besonders Magenschmerzen. Im Gegensatz zu den Feuer- und Holz-Kindern, die sich nach außen zum Ausdruck bringen, wird das Erde-Kind von inneren Gedanken abgelenkt, weil es sich sorgt, jemand könne wütend auf es sein. Die zunehmende Distanz lässt es noch anhänglicher werden; so missachtet es Grenzen und entfremdet sich dadurch weiter von Gleichaltrigen. Im Alter zwischen zehn und zwölf Jahren, wenn Zugehörigkeiten zu sozialen Gruppen sich verfestigen, sind Erde-Kinder besonders anfällig für alle Gefahren des Gruppendrucks.

Wenn das Welpenherz die Aufmerksamkeit des Erde-Kindes dominiert, dann äußert sich das als Schwierigkeit, Prioritäten zu setzen. Unentschlossenheit und schlechte Organisation kennzeichnen diesen ADHS-Typ. „Wenn ich neben dir sitze, ist sie beleidigt; wenn ich neben ihr sitze, bist du beleidigt." Ebenso: „Wenn ich jetzt mit der Mathehausaufgabe anfange, dann habe ich keine Zeit für Englisch, aber wenn ich jetzt

Englisch mache, dann schaffe ich Mathe nicht." Was ihre Unsicherheit noch verstärkt: In einer Gesellschaft, in der Individualität und Unabhängigkeit hoch im Kurs stehen, werden Erde-Kinder wegen ihres Bedürfnisses nach Bindung oft scharf verurteilt.

Das Erde-Kind und der Schlaf

Dem Erde-Kind fällt das Einschlafen schwer, wenn es gedanklich nicht abschalten kann. Das ist ein Anzeichen dafür, dass das Welpenherz sich über den Rhythmus des Froschherzens hinwegsetzt. Je länger das Kind wach bleibt, desto mehr Gedanken macht es sich darüber, nicht ausreichend zu schlafen. Gar nicht so selten kommen Erde-Kinder nachts um 2 Uhr in Ihr Schlafzimmer mit den Worten: „Mami, ich kann nicht schlafen", nur um Kontakt aufzunehmen.

EINGEKLINKT (DAS GROSSE HERZ DOMINIERT)	AUSGEKLINKT (DAS WELPENHERZ DOMINIERT)	KÖRPERLICHE ANZEICHEN DES SICH-AUSKLINKENS
„der wahre ‚Kümmerer', die wahre ‚Kümmerin'"	„der Pessimist, die Pessimistin"	Verdauungsstörungen
die Kraft der Präsenz	besessenes Denken	unklare Magenschmerzen
fasziniert von Bindungen	abgelenkt durch Trennung	Überessen
nicht-lineares Denken	schlecht organisiert, unentschlossen	Gewichtsprobleme
natürliche Sorge um andere	übermäßiger Kontakt mit anderen	Verlangen nach: Süßem, Kohlenhydraten
lernt durch Beziehungen	hat Schwierigkeiten mit Grenzen	Ängste: Trennung, nicht dazuzupassen
entscheidet in Gruppen	Schwierigkeiten, allein zu arbeiten	Schrei: *Ich mache es, wenn du es machst.*"
Archetyp: der Friedensstifter, die Friedensstifterin	klammernd, weinerlich, bedürftig	

Tabelle 3: Kennzeichen des Erde-Kindes

4.6 Das Metall-Kind

Auf die Erntezeit der Erde folgt die Jahreszeit Herbst. Das ist die Zeit, in der die Früchte, die nicht gepflückt oder gegessen wurden, zu Boden fallen, austrocknen und ihre Haut oder Schale verdicken, um die wertvollen Samen im Inneren zu schützen. In der Entsprechung der Fünf Wandlungsphasen spiegelt Metall diese Kraft der Oberfläche wider, zum Schutzschild zu werden. Wir spüren die kühlere, trockenere Luft auf unserer Haut. Die Blätter werden hart und fallen von den Bäumen und offenbaren so die komplexe Struktur des Waldes. Plötzlich erkennen wir die Logik der Verzweigungsmuster der Bäume. Mehrjährige Pflanzen sterben ab und geben den Blick frei auf die Muster von Mauern und Wegen im Garten. Die Muster, die im Herbst zum Vorschein kommen, gewähren uns einen Einblick in Sinn und Zweck der Natur. Die Farbe des Herbstes ist das helle weiße Licht, das die genauen Muster und Grenzen klar zutage treten lässt. Wir spüren den Herbst im zuverlässigen Rhythmus unseres Atems. Wenn die Nächte länger und die Tage kürzer werden, erinnert uns das an die Vergänglichkeit der Zeit. Im Mikrokosmos unseres Tages spiegelt sich der Herbst in der Schönheit des Sonnenuntergangs. Mit einem Anflug von Traurigkeit sagen wir dem Tag Lebewohl.

Das Metall-Kind, wenn es eingeklinkt ist

Das Metall-Kind versteht die Welt durch ihre Rhythmen und Ursachen. Es erkennt Muster, wo andere vielleicht keine erkennen. Denn Muster bergen eine Wahrheit, die das Metall-Kind schätzt. Im eingeklinkten Zustand strahlt der Schatz seines großen Herzens und gestattet ihm, ein wahrer Richter zu werden, weil es alle Seiten eines Konflikts abwägt. Die Kraft seiner Aufmerksamkeit liegt in der Genauigkeit. Weil es stark auf Details achtet, kennt es die Welt durch ihre Struktur, Form und Logik. Schwarz, weiß, schwarz, weiß, das Nächste *muss* schwarz sein. Das Metall-Kind fühlt sich wohl mit Routine und Beständigkeit. So verarbeitet es die Geschehnisse ringsum. Metall-Kinder haben einen erstaunlichen Sinn für Ästhetik. Muster und Puzzles faszinieren sie, je mehr Teile, desto faszinierender. Im Babyalter fühlen sich Metall-Kinder am sichersten, wenn die Abläufe gleich bleiben. Nicht selten sieht man ein Metall-Kind vor der nächsten Entwicklungshürde zögern, bis es die vorherige „Stufe" vollkommen beherrscht. Metall-Kinder spielen auf ihre eigene Art, unabhängig davon, was andere

Kinder ringsum tun. Dieser unabhängige Geist, der großen Respekt vor Grenzen hat, steht im Gegensatz zu dem des Holz-Kindes, das Grenzen sprengt, und zu dem des Erde-Kindes, das dazu passen muss. Der Metall-Archetyp ist der Alchemist, der Materie transformieren kann, weil er die Logik im Detail erkennt. Architekten wie Frank Lloyd Wright und Wissenschaftler wie Sir Isaac Newton verkörperten das typische Metall-Gespür, das Schönheit aus Mustern heraus entwickelt.

Körperlich können Metall-Kinder steif wirken, weil sie souverän seltsame Körperhaltungen einnehmen. Mitunter meiden sie direkten Blickkontakt. Ihr Geschmack erscheint vielleicht wählerisch, doch für kleine Kinder ist er ausgesprochen kultiviert.

Metall-Kinder brillieren oft in Schulfächern, in denen es darum geht, Muster zu erkennen und in eine Reihenfolge zu bringen, wie Schreiben, Zeichnen, Musik und Mathematik. Viele fühlen sich schon im frühen Kindesalter besonders zu Buchstaben hingezogen. Das Metall-Kind hat einen angeborenen Sinn für Richtig und Falsch und denkt in konkreten Vorstellungen, die die Dinge auf Schwarz und Weiß reduzieren. Da das Leben und die Welt nur selten nach Plan verlaufen, ist das der Moment, in dem Metall-Kinder leicht stecken bleiben.

Faszination und Ablenkung für Metall

Metall-Kinder fühlen sich von Ordnung angezogen und werden durch Unordnung abgelenkt. Sie sind darauf fokussiert, die Punkte zu verbinden und Muster zu finden. Das kann ihnen wichtiger sein als das, was um sie herum stattfindet, vor allem wichtiger als Sozialkontakte, die ihnen einfach als zu wechselhaft erscheinen, als dass man sich darum bemühen müsste. Und eben die Wechselhaftigkeit und Unordnung können ihr Sicherheitsgefühl untergraben.

Das Metall-Kind, wenn es ausgeklinkt ist

Wenn sich das Metall-Kind unsicher fühlt, wird es oft noch rigider. Bei zu großer Unstimmigkeit bellt sein Welpenherz nach Ordnung. So wird die Kraft der Genauigkeit zwanghaft. In der Schule ist das Metall-Kind mit neuen Regeln konfrontiert, die sein eigenes Gefühl für Richtig und Falsch infrage stellen können. Manche Metall-Kinder kommen nur schwer mit dem Chaos der Gruppendynamik in der Klasse zurecht. Im Gegensatz zu den anderen ADHS-Typen neigt das Metall-Kind dazu, sich bei allzu großem Stress übermäßig zu konzentrieren. Dann fällt es ihm zunehmend schwerer, den Wald vor lauter Bäumen zu sehen. Es bleibt in den Widersprüchen stecken, kann sie nicht loslassen und klinkt sich aus dem Geschehen in der Gruppe aus. So kann ein Teufelskreis in Gang kommen: Je mehr sich das Kind konzentriert, desto stärker wird es wegen seiner Rigidität ausgegrenzt. Dieses Gefühl, missverstanden zu werden, macht es nur noch starrer. Wenn das Metall-Kind mühsam ein Ordnungsgefühl aufrechterhält, werden Übergänge immer bedrohlicher. In einem derart intensivierten Zustand ist es über die winzigsten Unstimmigkeiten enttäuscht. Und in seinem verzweifelten Kompensationsversuch führt die Enttäuschung zu Selbstgerechtigkeit. Das kann Eltern und Lehrer extrem frustrieren. Mit wachsender Unsicherheit wird das Kind überempfindlich gegenüber Kritik. Fehler führen dann schnell zu dem Gefühl, verurteilt zu werden und sich schämen zu müssen. Eine Lehrerin, die im Unterricht Tempo macht, stellt vielleicht fest, dass das Metall-Kind mit seinem Perfektionsdrang die Klasse aufhält. Derart konzentriert, ist es dem Kind unmöglich, seine Aufmerksamkeit ganz natürlich auf etwas anderes zu richten.

Unter Umständen legt das Metall-Kind mit der Zeit ritualisierte Verhaltensweisen an den Tag, um angesichts des wahrgenommenen Chaos überhaupt ein Ordnungsgefühl zu bewahren. Im Extremfall können sich diese Verhaltensweisen körperlich als Tics manifestieren, die sich mit zunehmenden Kontrollversuchen des Kindes verschlimmern. Andere körperliche Anzeichen, dass sich das Metall-Kind mit seiner Umgebung im Ungleichgewicht befindet, sind Ekzeme, Atemgeräusche und Verstopfung – alles Zeichen einer Unfähigkeit, sich zu entspannen und loszulassen. Im Jugendalter können für unsichere Metall-Kinder besonders zwanghafte Verhaltensweisen wie Essstörungen zur Gefahr werden.

Das Metall-Kind und der Schlaf

Bei Übergängen geraten Metall-Kinder leicht in Stress, was den Schlaf für sie zu einer besonderen Herausforderung macht, falls es da keine Routine gibt. Je unsicherer das Metall-Kind ist, desto komplizierter werden häufig die Bett-Rituale – sehr zur Frustration der Eltern.

EINGEKLINKT (DAS GROSSE HERZ DOMINIERT)	AUSGEKLINKT (DAS WELPENHERZ DOMINIERT)	KÖRPERLICHE ANZEICHEN DES SICH-AUSKLINKENS
„der wahre Richter, die wahre Richterin"	„der Perfektionist, die Perfektionistin"	steife Gelenke, harte Muskeln
angezogen von Ordnung und Mustern	abgelenkt durch Unordnung	trockene Haut oder trockenes Haar
die Kraft der Genauigkeit	Rigidität	Atemgeräusche oder Verstopfung
Liebe zum Detail	übermäßige Konzentration	Überempfindlichkeiten
liebt Zahlen und Buchstaben	bleibt an Fehlern hängen	schlechte Durchblutung, friert leicht
angeborener Sinn für Ästhetik	leicht beleidigt	geruchs- und geschmacksempfindlich
angeborenes Gefühl für Richtig und Falsch	selbstgerecht	Verlangen: ungewöhnliche Vorlieben, Verlangen nach schwerem Essen
natürliches Gefühl für Rhythmus und Timing	leicht enttäuscht	Ängste: sich zu täuschen, Fehler zu machen, vor Grenzüberschreitungen
ausgeprägtes Gerechtigkeitsgefühl	gibt anderen die Schuld	Schrei: „Das stimmt nicht!"
Routine vermittelt Sicherheit	ritualistisch, zwanghaft	
konkretes Denken	kann sich nur schwer Wahlmöglichkeiten vorstellen	
Archetyp: der Alchemist, die Alchemistin	sieht den Wald vor lauter Bäumen nicht	

Tabelle 4: Kennzeichen des Metall-Kindes

4.7 Das Wasser-Kind

Im Winter wendet sich die Welt vollkommen nach innen, es scheint, als wäre sie schlafen gegangen. Beim Blick in den Garten sieht man nur Schnee und ein paar tote Äste. Doch unter der Oberfläche geht das Leben vielschichtig weiter. Wurzeln wachsen, Tiere überwintern, Blumenzwiebeln speichern ihre konzentrierte Energie für das Wachstum im nächsten Jahr. Allerdings haben wir dazu keinen Zugang. Der Winter ist die Zeit für ruhige Erholung und Innenschau. Es ist die Jahreszeit, in der man am Kamin sitzt und ein gutes Buch liest. Es ist eine Zeit der persönlichen Kontemplation; deshalb ist es kein Wunder, dass so viele heilige Feste mitten im Winter liegen. Zur Wintersonnenwende, der längsten Nacht, feiern wir das Mysterium der Lebensessenz und denken über tiefsinnige Fragen nach: Woher kommen wir? Wohin gehen wir? Das Wasser repräsentiert dieses ganze tiefe Mysterium. Alles liegt unter dem Schnee verborgen. Am Meeresgrund ist es dunkel und ruhig. Die Farben des Wassers sind Dunkelblau oder Schwarz. Sein Licht gleicht dem schwarzen Licht, dessen unheimliches Leuchten seltsame Formen und Schatten zum Vorschein bringt. Wenn wir im Dunkel tappen, führt dieses Wunder dazu, dass sich – mit einem Anflug von Grauen – uns die Nackenhaare aufstellen. Wir sagen, wir spüren etwas instinktiv (wörtlich: „in den Knochen", „im Mark", Anm. d. Ü.).

Das Wasser-Kind, wenn es eingeklinkt ist

Wie bei den Vorgängen, die den Winter ausmachen, ist auch nicht immer leicht zu erkennen, was im Kopf des Wasser-Kindes vorgeht. Wasser-Kinder sind unsere tiefsinnigen Denker, unsere Träumer. Sie haben eine tiefgründige Fantasie – so tief wie das blaue Meer. In die Welt eingeklinkt, strahlt der Schatz ihres großen Herzens und so können sie die wahren Weisen der Welt werden. Die Kraft ihrer Aufmerksamkeit liegt in ihrem völligen „Eintauchen", dem „Sich-Versenken" in Dinge. Wasser-Kinder können sich so in ihren inneren Erkundungen verlieren, dass sie völlig die Zeit vergessen. Als Babys werden sie manchmal als „alte Seelen" bezeichnet. Wir können uns nicht vorstellen, was sie hinter diesen tiefen, durchdringenden Blicken denken. Wenn sie älter werden, folgen sie ihrem eigenen inneren Rhythmus. Sie suchen Sinn in inneren Erkundungen. Der Archetyp des Wassers ist der Philosoph, der Mensch der Renaissance. Leonardo da Vinci ist ein typisches Beispiel für das Wasser-Temperament. Nach seinem Tod fand man bändeweise Notizen, von hinten beschrieben, zu seinen Untersuchungen zur Botanik und Anatomie, zum Zeichnen und Vogelflug, zu fantasievollen Erfindungen und natürlich zu der Herausforderung, ein geheimnisvolles Lächeln auf dem Gesicht einer Frau zu erhaschen. Doch er dachte nie daran, diese Schriften und Skizzen zu veröffentlichen. Das waren seine persönlichen Untersuchungen. Seine innere Welt war ihm das Wichtigste.

Wasser-Kinder entwickeln sich mitunter langsam, laufen spät („Wozu laufen, wenn ich doch meinen Nabel untersuchen kann?"), sprechen spät („Wozu sprechen, wenn Wörter die grenzenlosen Wahrheiten des Lebens nicht ausdrücken können?") und wachsen vielleicht sogar langsam. Das kann Eltern stark beunruhigen. Zahlreiche Wasser-Kinder werden untersucht, ob sie irgendwelche Förderprogramme brauchen, mit denen sie sich leichter an unsere Welt anpassen können. Manchmal brauchen sie Hilfe von außen, um mit unserem modernen, durchgeplanten Leben im Einklang zu bleiben. Wenn Wasser-Kinder sich sicher fühlen, können sie seltsamerweise in ihrer eigenen Welt versunken sein und doch genau wissen, was um sie herum vorgeht.

Zeit ist die Herausforderung schlechthin für das Wasser-Kind. Es sieht Zeit als grenzenlos. Das Leben nach der künstlichen Uhr setzt Wasser-Kinder massiv unter Druck. Dinge rechtzeitig zu erledigen kann bei Wasser-Kindern Unsicherheit hervorrufen. Und dieser Druck wird nirgends intensiver empfunden als in der Schule. Dann klinkt sich das Wasser-Kind immer stärker aus.

Faszination und Ablenkung für Wasser

Wasser-Kinder sind vom unendlichen Mysterium der Zeit fasziniert und werden durch die Dringlichkeit des Alltags abgelenkt. Sie haben ungewöhnliche und eigenartige Interessen, Gleichaltrigen können sie deshalb komisch erscheinen. Weil sie tief in ihre Erkundungen versunken sind, ist es für andere oft schwierig, Kontakt zu ihnen aufzunehmen, was massiven Stress bei Wasser-Kindern auslöst.

Das Wasser-Kind, wenn es ausgeklinkt ist

Sich am eigenen inneren Rhythmus zu orientieren ist in Ordnung, es sei denn, dieser Rhythmus ist so langsam und kaum vernehmbar, dass ihn niemand anders hört. Missverstanden zu werden kann dem Wasser-Kind enormen Stress bereiten. Diese Wahrscheinlichkeit steigt in einem hektischen Klassenzimmer. Wie sich ein Bach seinen

Weg den Berg hinunter bahnt, scheint das Wasser-Kind nie geradeaus zu laufen, denn es nimmt sich Zeit und lässt sich von äußerem Druck nicht stören. Seine Arbeit führt es vielleicht nie zu Ende, zum großen Entsetzen der Lehrer. Unter dem Druck der Welt tauchen diese Kinder einfach noch weiter in ihre eigene Welt ab. Je mehr das Wasser-Kind mit dem Zeitdruck im Unterricht zu kämpfen hat, desto weiter fällt es zurück. Es besteht das Risiko, dass es letztlich in der Arbeitsbelastung „untergeht" und apathisch wird. Seine eigene blühende Fantasie wird dann zur Ablenkung. Es gibt sich seinen Tagträumen hin oder schaut aus dem Fenster und hat dabei keine Ahnung, worum es im Unterricht gerade geht. Seine Sturheit unterscheidet sich von der eher selbstgerechten Weigerung des Metall-Kindes, Dinge anders zu machen. Das Wasser-Kind ist eigensinnig entschlossen, in seiner eigenen Welt zu bleiben. Das ist ein sicheres Anzeichen dafür, dass das Welpenherz das Zepter in der Hand hat. Wie Wasser dazu neigt, zur Ruhe zu kommen, so verlieren Wasser-Kinder oft jegliche Motivation, wenn sie sich unsicher fühlen. Ihre Kraft, sich zu versenken, kann zu Rückzug werden; das wiederum bringt leicht alle Eltern oder Lehrer zur Weißglut, die versuchen, das Kind anzutreiben. Schon das Anziehen am Morgen kann ewig dauern. In der Schule stehen die Lehrkräfte selbst unter enormem Druck, die Klasse voran-zubringen, deshalb scheinen Wasser-Kinder die Klasse hinunterziehen. Aus diesem Missverständnis heraus werden sie oft zur neurologischen Untersuchung geschickt, ein Schritt, der selten hilfreich ist. Im Grunde gibt es keine Standards, an denen das Wasser-Kind gemessen werden kann!

Für Wasser-Kinder selbst ist die Zeit der Stressor schlechthin im Leben. Selbst die kleinste Aufgabe zu Ende zu führen scheint ewig zu dauern. Konventionell arbeitende Psychiater klassifizieren diese Kinder oft als „unaufmerksamen ADS-Typ". Sie sind nicht hyperaktiv oder impulsiv; im Gegenteil, sie bewegen sich kaum.

Als alten Seelen fällt es Wasser-Kindern schwer, die albernen Spiele zu spielen, denen sich andere Kinder widmen. Weil es oft missverstanden wird, neigt das Wasser-Kind zum Rückzug. Unfähig, Kontakte zu knüpfen, wird es zum Einzelgänger. Und weil es sich nur schwer anderen anschließen und Feedback bekommen kann, sinkt sein Selbstwertgefühl, was zu langfristiger Verweigerung, Depression und Isolation führt.

Das Wasser-Kind und der Schlaf

Wasser-Kinder wachen morgens oft nur mühsam auf. Sie ziehen ihr eigenes Zimmer vor und verbringen dort viele Stunden allein. Oft werden sie „Nachteulen" und arbeiten am besten, wenn alle anderen schon lange schlafen. Manche Wasser-Kinder sind von tief sitzenden Ängsten, die sie wachhalten, wie gelähmt, doch sie können mit niemandem über diese Ängste reden.

EINGEKLINKT (DAS GROSSE HERZ DOMINIERT)	AUSGEKLINKT (DAS WELPENHERZ DOMINIERT)	KÖRPERLICHE ANZEICHEN DES SICH-AUSKLINKENS
„der / die wahre Weise"	„der Tagträumer, die Tag-träumerin"	schwache Konstitution
die Kraft, sich zu versenken	zurückgezogen, distanziert	entwickelt sich nicht
tiefgründiges Denken	schwebt in höheren Sphären	Zähne werden schlecht, Zahnfleisch geht zurück
früh entwickeltes Wissen, Gedächtnis	negative Gedanken	Rückenschmerzen
orientiert sich an seinem eigenen Rhythmus	vergesslich	Verlangen: Salziges, Fleisch, scharfe Speisen
willensstark	oppositionell	Ängste: Tod, Verletzlichkeit
ist gern allein	sozial isoliert	Schrei: „Du kannst mich nicht zwingen!"
interessiert sich für Geheim-nisse und Magie	griesgrämig, düster, unausgeglichen	
ist eher ruhig	Schwierigkeiten, Ideen auszudrücken	
braucht lang für Dinge	unfähig, etwas zu Ende zu führen	
hervorragende Vorstellungs-kraft	hoffnungslos, Depressions-neigung	
Archetyp: der Philosoph, die Philosophin	apathisch, schwer zu motivieren	

Tabelle 5: Kennzeichen des Wasser-Kindes

4.8 Die fünf ADHS-Typen

Sinn und Zweck dieses Kapitels sind, unsere Verschiedenheit wertzuschätzen und die einzigartige Art und Weise zu ermitteln, wie Ihr Kind der Welt Aufmerksam-keit schenkt. Wenn die äußeren Umstände die Natur Ihres Kindes unterstützen, kann es sich erfolgreich konzentrieren. Dadurch erweitert sich sein großes Herz und ein tieferes Verständnis, Mitgefühl, Vorstellungskraft und seine Fähigkeit zur Selbstregulierung werden gefördert. Alle Eltern, denen ich begegne, wünschen sich das für ihr Kind.

HOLZ-KIND	FEUER-KIND	ERDE-KIND	METALL-KIND	WASSER-KIND
frustriert	impulsiv	besorgt	rigide	zurückgezogen
hyperaktiv	albern	obsessiv	hyperfokussiert	tagträumend
wütend	faul	unorganisiert	steckt fest	langsam
aufbrausend	gelangweilt	unentschlossen	zwanghaft	apathisch

Tabelle 6: Die fünf ADHS-Typen

Es gibt keine Einheitslösung

Alle fünf ADHS-Typen zu behandeln, als wären sie gleich, ist schlechte Medizin und sehr gefährlich. Das Holz-Kind kann nicht aufpassen, weil es weg muss und nicht still sitzen kann. Das Feuer-Kind kann nicht aufpassen, weil seine gesteigerte Sensibilität es impulsiv macht. Das Erde-Kind kann nicht aufpassen, weil es sich solche Sorgen macht, dass es sich gar nicht entscheiden kann. Das Metall-Kind kann nicht aufpassen, weil es sich so an Einzelheiten festbeißt und nicht mit der Klasse fließen kann. Und das Wasser-Kind kann nicht aufpassen, weil es sich in seine eigene innere Welt zurückgezogen hat. Jede dieser Verhaltensweisen ist ein Hilferuf.

Wenn man allen die gleichen Medikamente verordnet, passiert Folgendes:

Beim Holz-Kind mag das Medikament wie ein Wunder erscheinen – vorübergehend. Plötzlich kann sich das Kind vollkommen darauf konzentrieren, was der Lehrer gerade sagt. Warum? Weil Holz-Kinder die *Geschwindigkeit* lieben. Sie lieben das Gefühl, das stimulierende Medikamente vermitteln. Die Medizin erzeugt eine Art „Notsituation in der Körperchemie", wodurch es im Unterricht um Leben und Tod geht, vielleicht so packend wie die Videospiele, die das Kind so gern spielt. Das Problem daran ist: Die Kinder gewöhnen sich sehr schnell an die Wirkung und die Dosis muss erhöht werden, um den gleichen Grad an Erregung aufrechtzuerhalten, damit die Kinder konzentriert bleiben. Diese zunehmende Dosissteigerung kann zu Einnahmemengen führen, bei denen Vergiftungserscheinungen wie Kopfschmerzen, Herzklopfen, Gewichtsverlust und Schlaflosigkeit andere Medikamente erforderlich machen.

Wenn Feuer-Kinder stimulierende Medikamente einnehmen, können diese eine moderate Wirkung haben, doch niemandem gefallen die Auswirkungen auf die

Persönlichkeit des Kindes. Eltern klagen, die Mittel nähmen ihrem Kind seinen Charme, genau das Wesensmerkmal, das alle so lieben. Das Feuer-Kind selbst mag oft nicht, wie es sich nach der Einnahme fühlt. Vielleicht klagt es, das Mittel mache es fahrig und verursache Herzklopfen. Die Medikamente können das Licht des Feuer-Kindes dämpfen. Ein Kind drückte es so aus: „Es nimmt den Karneval weg; alles erscheint dann so langweilig."

Das Erde-Kind kann sich nicht konzentrieren, weil es zu viel denkt. Wenn man ihm diese Medikamente verordnet, macht es sich nur noch mehr Sorgen, was vermehrt körperliche Stressanzeichen hervorruft wie Schlaflosigkeit und Magenschmerzen.

Geben Sie dem Metall-Kind Aufputschmittel, dann verstärkt das nur seine bereits vorhandene übermäßige Konzentration. Falls es vorher den Wald vor lauter Bäumen nicht sah, sieht es jetzt vor lauter Bellen die Bäume nicht! Die Medikamente intensivieren nur seine Rigidität; sie führen zu motorischen Tics und verschlimmern zwanghafte Verhaltensweisen.

Wenn Sie dem Wasser-Kind stimulierende Mittel geben, kann der chemische Speed die gegenteilige Wirkung auslösen und es noch weiter in seine eigene Welt drängen. Unter Umständen verstärkt er die Gleichgültigkeit gegen die Welt und setzt das Kind der Gefahr einer Depression oder von Selbstmordgedanken aus.

Faszinierend ist, zur Kenntnis zu nehmen, dass diese Symptome alle in den Packungsbeilagen der stimulierenden Medikamente aufgeführt sind, die bei ADHS zum Einsatz kommen. Bei einem gewissen Prozentsatz der Kinder treten Kopfschmerzen auf, Herzklopfen, Persönlichkeitsveränderungen, Magenschmerzen, zwanghafte Verhaltensweisen, Tics oder sogar Suizidgedanken. Doch niemand sagt einem, *welche* Kinder für welche Nebenwirkungen anfällig sind! Das ist, als würden eben ein paar bedauernswerte Kinder vom Blitz getroffen. Das ist schlicht nicht wissenschaftlich und stellt ein unannehmbares Risiko dar. Wenn man einem Kind Medikamente verordnet und die spezifischen Risiken für dieses Kind nicht kennt, dann ist das so, als würde man Fieber behandeln, ohne die zugrunde liegende Ursache zu kennen – einfach schlechte Medizin. Sobald Ihnen hingegen die Natur Ihres Kindes klar ist, können Sie persönlichere und praktischere Möglichkeiten finden, die Aufmerksamkeit Ihres Kindes zu verbessern.

Das Modell der Fünf Wandlungsphasen ist so schön, weil es unsere Verschiedenheit erfasst. Ein Anpassungsstil ist nicht zwangsläufig besser als die anderen. Wir brauchen sie alle auf der Welt. Kinder haben unterschiedliche Vorlieben und entwickeln sich in unterschiedlichem Tempo; und jeder Anpassungsstil erfüllt eine wichtige Funktion in unserer Gesellschaft. Unsere Vorfahren wussten um diese Bedeutung. Jedes Kind hat etwas zu bieten. Wenn ich mit einem Kind arbeite und es entdeckt seine verborgenen

Kräfte, dann eröffnet sich eine ganz neue Möglichkeit, dass es seine Bedeutung in der Welt erkennt. Der Trick besteht darin, diese Kräfte optimal zu kultivieren und eine solche emotionale Regulierung zu finden, dass die Talente Ihres Kindes ans Tageslicht kommen. Wie wir im nächsten Kapitel sehen werden, können wir, sobald Ihnen die Natur Ihres Kindes klar ist, Wege aufzeigen, wie Sie Ihrem Kind helfen können.

Ist Ihnen die Natur Ihres Kindes nicht klar?

Manchen Eltern fällt es schwer, herauszufinden, welche der fünf Naturen ihrem Kind am ehesten gleicht. Anderen ist es vielleicht offensichtlich. Denken Sie daran: Wir alle tragen Aspekte aller fünf Naturkräfte in uns. Letztlich macht ihre Mischung unsere Individualität aus. Niemand ist nur Feuer oder nur Wasser. Die äußeren Gegebenheiten bringen die Merkmale einer bestimmten Natur zum Ausdruck. Manche Kinder (und Eltern) zeigen vielleicht Anzeichen von zwei Naturkräften; das ist eine wichtige Information, die ein Schlaglicht auf die Konflikte in ihrem Leben wirft. „Mischnaturen" treten besonders deutlich zutage, wenn wir älter werden und lernen, uns andere Eigenschaften anzueignen, die uns zu überleben helfen. Zu Beginn schauen Sie jedoch am besten auf die vorherrschende Art und Weise, wie Ihr Kind sich an die Stressoren anpasst, auf die es in der Welt stößt. Sie können auch die Empfehlungen für die anderen Anpassungsstile nutzen. Falls Sie immer noch Schwierigkeiten haben, die Natur Ihres Kindes zu ermitteln, hier einige Tipps:

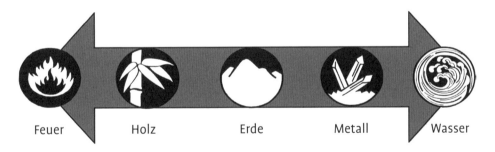

Abbildung 5: Das Spektrum der fünf Naturen

Was ist die Natur meines Kindes?

1. Die Jahreszeiten erstrecken sich über ein Spektrum: Der Sommer hat die längsten Tage und ist am heißesten, der Winter hat die längsten Nächte und ist am kältesten. Wie Sie in Abbildung 5 sehen, spiegeln die fünf Naturen dieses Spektrum ebenfalls wider. Dabei befindet sich Feuer (am stärksten nach außen gerichtet)

am einen Ende und Wasser (am stärksten nach innen orientiert) am anderen. An welchem Ende des Spektrums steht Ihr Kind? Wird es eher durch äußere oder durch innere Reize abgelenkt? Holz und Feuer werden eher durch das Außen angeregt. Am anderen Ende richten Wasser und Metall ihre Aufmerksamkeit eher auf innere Reize. Das Erde-Kind befindet sich irgendwo in der Mitte, manchmal gefangen von der äußeren Welt und manchmal durch innere Gedanken abgelenkt. Weil Erde-Kinder so bemüht sind, dazuzupassen, sind sie gelegentlich schwer zu identifizieren. Wie ein Chamäleon nehmen sie oft die Merkmale der Menschen in ihrem Umfeld an. Welchem Ende des Spektrums neigt Ihr Kind zu? Falls Sie es wirklich nicht feststellen können, ist es vielleicht ein Erde-Kind.

2. Lassen Sie sich nicht verwirren, wenn Ihr Kind einige Charakterzüge hat, die nicht perfekt in eine einzige Kategorie passen. Wie wir in den folgenden Kapiteln sehen werden, kann das ein Hinweis darauf sein, wo Ihr Kind Schwierigkeiten hat. Schauen Sie nach den auffälligsten Wesenszügen Ihres Kindes.

3. Denken Sie auch an das, was Ihr Kind interessiert, nicht nur an das, was es ablenkt. Seine Vorlieben bieten einen Anhaltspunkt und Hinweis, die Kraft seiner Aufmerksamkeit zu ermitteln. Erinnern Sie sich, die fünf ADHS-Typen sind lediglich diese Kräfte in übersteigerter Form.

4. Noch ein Hinweis: Als Eltern beeinflussen wir unseren Eindruck vom Wesen unseres Kindes gern durch unsere subjektive Sichtweise. Vielleicht hegen wir bestimmte Erwartungen, wie sich ein Kind verhalten sollte. Gar nicht so selten erwarten wir, dass unsere Kinder Miniaturausgaben von uns selbst sind. Doch unsere Kinder werden nur selten Fotokopien von uns; wenn wir übersehen, wo und wie sie sich von uns unterscheiden, kann das zu viel Verwirrung und Missverständnissen führen.

5. Falls Sie immer noch Schwierigkeiten haben, die Natur Ihres Kindes zu bestimmen, dann überlegen Sie, ob Sie sich die Tabelle nicht gemeinsam mit einer Freundin, einem Freund oder einem anderen Familienmitglied als Unterstützung anschauen wollen. Unter ↗ http://www.junfermann.de können Sie auch einen Fragebogen für Lehrerinnen und Lehrer und einen für Eltern herunterladen.

6. Mit den nachstehenden Vergleichen lassen sich die fünf Naturen leichter unterscheiden.

Wasser und Holz eingeklinkt Beide haben einen starken Forscherdrang.	**Wasser** Klinkt sich ruhig ein, nach innen gewandt.	**Holz** Klinkt sich aktiv ein, nach außen gewandt.
Wasser und Holz ausgeklinkt Beide werden zu Einzelgängern.	Zieht sich zurück.	Drängt zurück.
Holz und Feuer eingeklinkt Beide sehnen sich nach „Action".	**Holz** Auf das Gewinnen ausgerichtet.	**Feuer** Auf Spaß ausgerichtet.
Holz und Feuer ausgeklinkt Beide regen sich leicht auf.	Es ist nie genug. Leicht frustriert.	Leicht überstimuliert, neigt zu Panik.
Feuer und Erde eingeklinkt Beide lieben den Kontakt.	**Feuer** Sucht den Kontakt aktiv.	**Erde** Zufrieden mit bestehendem Kontakt.
Feuer und Erde ausgeklinkt Beide geraten bei Trennung in Panik.	Geht impulsiv weiter. Leicht abgelenkt durch Empfindungen.	Sorge darüber, Kontakte aufrechtzuerhalten. Verrennt sich leicht.
Erde und Metall eingeklinkt Beide mögen Berechenbarkeit.	**Erde** Sicherheit durch den Zusammenhang	**Metall** Sicherheit durch Routine
Erde und Metall ausgeklinkt Beide denken zu viel.	Besessen in Bezug auf das Ganze (den Zusammenhang), leicht durcheinander durch Details.	Detailversessen, verliert das Ganze aus dem Blick.
Metall und Wasser eingeklinkt Beide sind gern allein.	**Metall** Braucht Rhythmus und Routine.	**Wasser** Braucht freie Zeit, keine Routine.
Metall und Wasser ausgeklinkt Beide werden sehr ruhig.	Grübelt über Richtig und Falsch nach, verliert sich in Details, leicht zwanghaft, bleibt stecken.	Flüchtet sich in die Fantasie, verliert sich in seiner eigenen Welt, verliert die Motivation, verliert die Orientierung und wird ängstlich.

Tabelle 7: Vergleiche zwischen den fünf Naturen

Feuer und Metall	**Feuer** Sucht die Intensität, fasziniert von Neuartigem, leicht gelangweilt durch Monotonie.	**Metall** Verabscheut Intensität, will die Dinge gleich, überwältigt durch Veränderungen.
Wasser und Feuer	**Wasser** Ist gern allein.	**Feuer** Ist ungern allein.
Metall und Holz	**Metall** Hält zurück.	**Holz** Muss vorwärtsgehen.
Holz und Erde	**Holz** Drängt in Kontakten.	**Erde** Zufrieden in Kontakten.
Erde und Wasser	**Erde** Will Kontakte.	**Wasser** Neigt dazu, sich zu isolieren.

Tabelle 8: Stark entgegengesetzte Naturen

5. | Lösungen für Ihr Kind entwerfen

Wie wir gesehen haben, lebt niemand von uns im luftleeren Raum. Unser Wesen, unsere Beziehungen und unsere Erfahrungen sind prägend dafür, wie und worauf wir uns konzentrieren. Das zentrale Anliegen dieses ganzheitlichen Ansatzes ist, das Leben Ihres Kindes im Kontext zu erfassen. Die fünf ADHS-Typen geben Ihnen einen Hinweis, welche Natur Ihr Kind ist. Wenn Sie für diese ein Verständnis entwickeln, erkennen Sie auch leichter, wie Sie es unterstützen können, sich besser zu konzentrieren. Ein Beispiel: Angenommen, die Impulsivität Ihres Kindes und seine drastischen Stimmungsschwankungen stimmen mit dem Feuer-ADHS-Typus überein, dann können wir eine Strategie ausarbeiten, die Ihrem Kind hilft, die Aufmerksamkeit aus dem großen Herzen eines Feuer-Kindes zu entwickeln.

Sobald Sie ein Gespür für die Natur Ihres Kindes haben, können Sie Schritt für Schritt Wege planen, das Umfeld Ihres Kindes so zu gestalten, dass es seine Aufmerksamkeit in jeder Situation beherrscht. Denken Sie daran: Die Natur liebt die Vielfalt. Wenn sein Umfeld Ihr Kind anregt, größere Zusammenhänge zu sehen, dann kann es auf sich verändernde Umstände aus einer größeren Bandbreite emotionaler Reaktionen heraus reagieren. Das meine ich mit „Vielfalt". Ihr Kind hat dann die Freiheit, aus verschiedenen Reaktionsmöglichkeiten auf einen Stressor eine auszuwählen. So kann es sich kreativ an eine Situation anpassen und bleibt weniger wahrscheinlich in einer einzigen Welpenreaktion stecken. Wir können uns die Gleichung so vorstellen:

> Optimaler Stress = sich in das „große Bild" einklinken = Vielfalt schätzen
> Nicht-optimaler Stress = sich aus der Welt ausklinken = der Welpe bellt

Die Beziehung zwischen Umfeld und Aufmerksamkeit wirkt in beide Richtungen. Die Unfähigkeit, vielfältige emotionale Zustände zu erleben, erzeugt auch Stress im Umfeld, beispielsweise indem ein Kind im Unterricht stört. Wenn wir diesen Teufelskreis durchbrechen wollen, müssen wir die Sicherheit des Welpenherzens fördern und gleichzeitig das große Herz entwickeln. Das ist der Schlüssel dafür, dass Ihr Kind glücklich und erfolgreich ist. In diesem Kapitel werden wir im Großen und Ganzen die Vorgehensweise besprechen, wie Ihr Kind die Aufmerksamkeit seines großen Herzens entwickeln kann. In den folgenden Kapiteln stelle ich die jeweiligen Strategien für jeden der fünf ADHS-Typen vor.

5.1 Kennen Sie Ihr eigenes Herz

Der Prozess beginnt damit, dass Sie als Hauptbezugsperson um Ihre eigenen Stärken wissen. Wer sind *Sie* im großen Bild? Eltern und Lehrer spielen eine Schlüsselrolle, wenn ein Kind seine einzigartigen Fertigkeiten und Talente entwickelt. Nehmen Sie sich Zeit, Ihre eigene Natur zu beleuchten. Ich finde es erstaunlich, wie oft Eltern genau die Eigenschaften haben, die ihre Kinder für ihre Entwicklung brauchen. Vielleicht müssen Sie sie nur erkennen. Mitunter sagen Eltern, es gehe nicht um sie, ihr Kind habe Konzentrationsschwierigkeiten. In diesem Buch geht es nicht darum, Eltern Vorwürfe zu machen wegen der Probleme ihrer Kinder, sondern darum, sie in die Lösung einzubeziehen. Wenn Sie herausfinden, wie Sie Ihre eigene Natur kultivieren können, nehmen Sie aktiv an der Zukunft Ihres Kindes teil. So werden Sie zur perfekten Medizin für Ihr Kind. Doch es erfordert Zeit und Übung, sich selbst zu betrachten.

5.2 Ein Zusammenspiel der Kräfte

Das Zusammenspiel der fünf Naturkräfte war Vorbild für das Gesundheitsverständnis der alten Chinesen. Keine der Kräfte existiert unabhängig von den anderen, genau wie keine Jahreszeit für sich allein besteht. Nichts ist je absolut oder aus dem Zusammenhang gerissen. Mithilfe dieser Beziehungen finden wir praktische Vorgehensweisen, Ungleichgewichte im Verhalten Ihres Kindes zu korrigieren.

Zahlreichen Hauptbezugspersonen genügt es bereits, die einzigartigen Qualitäten ihres Kindes zu entdecken, damit sie ihre Erwartungen verändern. Sie sehen ihr Kind dann in einem anderen Licht und verstehen immer besser, was notwendig ist, um diesem Kind ein sicheres Umfeld zu bieten. Die wahre Kraft der Liebe zeigt sich darin, Toleranz für unsere Verschiedenheit zu entwickeln. Erinnern Sie sich: Es geht darum, Ihr Kind da abzuholen, wo es gerade steht, und seine einzigartige Natur anzunehmen. Dann lässt sich ein Umfeld gestalten, das die Sicherheit bietet, die Ihr Kind braucht. Erst danach können Sie es nach und nach darin stärken, sein großes Herz zu entwickeln. Dafür empfehle ich folgende vier Schritte:
1. Das Welpenherz nähren.
2. Das Welpenherz trainieren.
3. Das große Herz entwickeln.
4. Das große Herz meistern.

Das Welpenherz nähren: Sicherheit verbessern

Bevor Sie von Ihrem Kind ruhige Konzentration erwarten können, gilt es zu erkennen: Was braucht es für eine sichere Basis, auf der Ihr Kind wachsen kann? Wie die Jahreszeiten aufeinanderfolgen, so „ernähren" sich auch die fünf Kräfte gegenseitig in einem vorhersagbaren Kreislauf, der Wachstum und Sicherheit gewährleistet. Um das Welpenherz Ihres Kindes zu nähren:

Holz nährt Feuer: Holz ist der Brennstoff für Feuer (wie der Frühling zum Sommer wird).

Feuer nährt Erde: Asche wird zu Erde (wie der Sommer zur Erntezeit wird).

Erde nährt Metall: Die Erde nährt Metalle (wie die Erntezeit zum Herbst wird).

Metall nährt Wasser: Vom Berggipfel fließt das Wasser herab (wie der Herbst zum Winter wird).

Wasser nährt Holz: Der schmelzende Schnee lässt die Wälder wachsen (wie der Winter zum Frühling wird).

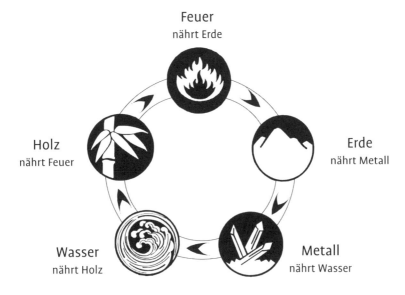

Abbildung 6: Der Ernährungszyklus

Das bezeichnet man als den *Ernährungszyklus* des Lebens (siehe Abbildung), der sich auch ohne komplizierte Experimente nachweisen lässt. Alle Beweise sehen Sie, wenn Sie aus dem Fenster schauen. Jede Jahreszeit nährt die nächste. Indem Sie die Natur Ihres Kindes ermitteln, finden Sie ganz einfach die Kraft, die diese nährt (die ihr in der Abbildung vorangeht). Diese Kraft können wir heranziehen, um die Beziehung Ihres Kindes zu seinem Umfeld zu vertiefen. Oft können nonverbale Hinweise, z.B. aus der Körpersprache, das Sicherheitsgefühl verbessern; so bekommt Ihr Kind einen Eindruck, wie sich ruhige Aufmerksamkeit konkret anfühlt. Auf diese Weise kann es nach und nach eine Verbindung herstellen zwischen seinen Gefühlen und Reaktionen. Dazu ein Beispiel: Feuer nährt Erde. Ein übermäßig besorgtes Erde-Kind braucht die Unterstützung des Feuers (in Form von einfühlsamem Humor), um seine Stimmung zu verbessern und sein Gefühl der Verbundenheit zu stärken (sein natürliches Interesse). Damit wird dem „Zuerst-ICH" Rechnung getragen, bevor Sie erwarten können, dass Ihr Kind seinem großen Herzen die Führung überlässt.

Das Welpenherz trainieren: einen sicheren Weg vorgeben

Im Leben geht es nicht nur darum, genährt zu werden. Das ausschließliche Nähren kann dazu führen, dass die Dinge außer Kontrolle geraten. Der Sinn ist, das Welpenherz Ihres Kindes nicht zu verhätscheln. Ein Welpe muss auch erzogen werden, wenn er bei Ihnen im Haus leben soll. In der Natur gibt es immer regulierende Kräfte, die übermäßiges Wachstum ausgleichen. Sie sind außerordentlich machtvoll und deshalb behutsam einzusetzen. Doch im Training wollen wir den Geist Ihres Kindes nicht brechen. An diesem Punkt wird die wahre Kraft des „Weniger-ist-Liebe" außerordentlich wichtig. Die ausgleichenden Kräfte im Leben Ihres Kindes lassen sich so darstellen:

Wasser kontrolliert Feuer: Ein wenig Wasser kontrolliert das Feuer, sodass es gut brennen kann. Zu viel Wasser löscht Feuer.

Holz kontrolliert Erde: Ein wenig Holz durchsetzt die Erde und verhindert so Erdrutsche. Zu viel Holz zersetzt sie, sodass nichts wachsen kann.

Feuer kontrolliert Metall: Ein wenig Feuer härtet Metall, sodass man es in eine nützliche Form bringen kann. Zu viel Feuer verwandelt Metall in einen zerschmolzenen Klumpen.

Erde kontrolliert Wasser: Ein wenig Erde lässt Wasser in Kanälen und Bewässerungsgräben fließen. Zu viel Erde trübt die Klarheit des Wassers und blockiert sein Fließen.

Metall kontrolliert Holz: Ein wenig Metall schneidet einen Baum zurück, gibt ihm Form und steigert so seinen Ertrag. Zu viel Holz fällt ihn wie eine Axt.

Das ist der *Kontrollzyklus* des Lebens. Sobald Sie begonnen haben, eine sichere Basis zu schaffen, können Sie auch anfangen, die Natur Ihres Kindes auf einem sicheren Pfad zu lenken, damit es nicht einfach in gewohnten Überreaktionen stecken bleibt. Wir haben also Gelegenheiten geschaffen, bei denen Ihr Kind Momente ruhiger Aufmerksamkeit erlebt. Nun schaffen wir Gelegenheiten für emotionalen Austausch.

Einen Welpen zu erziehen bzw. zu trainieren heißt, mittels Wiederholung und Belohnung zuverlässiges Verhalten zu fördern. Wenn das Welpenherz unsicher ist, braucht es positives nonverbales Feedback, um die Vertrautheit zu fördern und den Belldrang auszugleichen. Das vertieft das Vertrauen in Beziehungen und eröffnet Möglichkeiten, mit Übergängen und Austausch umzugehen. Doch das ist eine knifflige Angelegenheit. Drücken Sie nicht einfach nur Ihren Plan durch. Zu viele Einschränkungen unterdrücken nur die natürlichen Neigungen Ihres Kindes. Vielmehr können wir seine Interessen nutzen, um es schrittweise vielfältigere emotionale Zustände erleben zu lassen. Ein Beispiel: Ein Holz-Kind, das sich gern bewegt, aber hyperaktiv ist, braucht im richtigen Maß die Struktur des Metalls als beständiges Feedback. Dadurch kann es erkennen, dass es nicht der Nabel der Welt ist, ohne sich bedroht zu fühlen. Indem es seine enorme Energie innerhalb vorhersagbarer Folgen (Metall) kanalisiert, wie im Wettkampfsport, kann es andere an seinen Stärken teilhaben lassen.

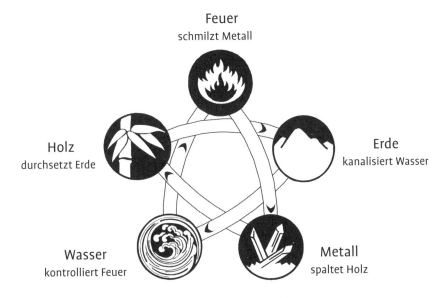

Abbildung 7: Der Kontrollzyklus

Ihre Liebe zu Ihrem Kind, aus Ihrem eigenen großen Herzen heraus, lässt Sie das rechte Gleichgewicht zwischen Nähren und Trainieren finden. Haben Sie Geduld. Beides kann einige Zeit dauern. Ihre Liebe gewährleistet, dass Sie die Welt aus der Sicht Ihres Kindes betrachten und Ihre Kraft richtig dosieren, um seine Natur für Sie zu gewinnen.

Das große Herz entwickeln: ein Ventil in Richtung Vielfalt öffnen

Wenn ein Kind unsicher ist, kann es sich emotional in der Falle fühlen. Der bellende Welpe braucht einen Auslass, ein Ventil. Nähren und Trainieren zielen nicht darauf ab, die Emotionen Ihres Kindes zu unterdrücken. Denken Sie daran, Emotionen sind nicht schlecht. Sie bringen nur zum Ausdruck, wie sicher sich Ihr Kind fühlt. Doch Ihr Kind ist auch nicht nur ein Hund. Sobald es gelernt hat, Ihre nonverbalen Hinweise zu deuten, die eine ruhige Aufmerksamkeit begünstigen, können Sie Gelegenheiten schaffen, um sein großes Herz zu entwickeln. Dazu machen Sie es mit Worten darauf aufmerksam, seinen emotionalen Zustand zu ändern. Das können Sie, indem Sie seine unterschiedlichen emotionalen Zustände benennen, wenn sie auftreten. Wenn Ihr Kind gerade lacht oder traurig ist, frustriert ist oder ängstlich, dann benennen Sie diese Zustände, ohne sie zu bewerten; so sieht es seine wechselnden Gefühle aus einem umfassenderen Blickwinkel. Dadurch wiederum nimmt es feinere Gefühlsnuancen bereits im Ansatz wahr, statt einfach ins Extrem zu gehen. Es beginnt damit, dass Sie Ihrem Kind ein Ventil bieten, sodass es sein großes Herz erleben kann.

Das Ventil für Ihr Kind finden Sie, wenn Sie die Kraft betrachten, die auf die Natur Ihres Kindes folgt. Das ist die Richtung im Leben Ihres Kindes. In gewissem Sinn ist es seine Bestimmung und vermittelt seiner Natur die tiefere Bedeutung und Absicht.

Das Ventil für **Holz** ist **Feuer**.
Das Ventil für **Feuer** ist **Erde**.
Das Ventil für **Erde** ist **Metall**.
Das Ventil für **Metall** ist **Wasser**.
Das Ventil für **Wasser** ist **Holz**.

Wir wissen beispielsweise, dass es dem Holz bestimmt ist, Brennstoff für Feuer zu sein und so der Welt Licht und Wärme zu spenden. Ebenso kann der immense Drang eines Holz-Kindes ein Ventil in Feuer-Aktivitäten finden, wie z.B. Auftritten. Hier lernt es, sich weniger ungehobelt zum Ausdruck zu bringen, und bekommt Feedback, ohne dass es überreagieren muss. Indem Ihr Kind übt, sein großes Herz zu entwickeln, lebt es immer stärker seine Bestimmung; so erlebt es, wie es sich anfühlt, ein wahrer Held zu sein.

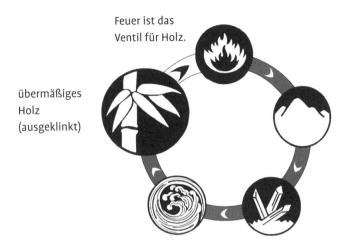

Feuer ist das
Ventil für Holz.

übermäßiges
Holz
(ausgeklinkt)

Abbildung 8: Ein Ventil schaffen: das Gesamtbild entwickeln

Das große Herz meistern: Selbstreflexion lernen

Sobald sich Ihr Kind sicherer fühlt und Sie ihm ein Ventil geboten haben, sein großes Herz zu erkennen und vielfältige Emotionen zu erleben, ist es jetzt bereit, sich selbst immer bewusster wahrzunehmen. Diese Meisterschaft des großen Herzens ist ein schrittweiser Prozess. Mithilfe seiner Vorstellungskraft kann Ihr Kind sich selbst in einem größeren Zusammenhang sehen. Zu diesem Stadium gehören wesentlich Aktivitäten, bei denen Ihr Kind seine Wirkung auf andere erkennt. Diese umfassendere Sichtweise wird Ihnen klar, wenn Sie wissen, welche Beziehungsgefüge Ihr Kind jeweils stört und überwältigt, wenn es außer Rand und Band ist:

Holz überwältigt **Erde.**
Feuer überwältigt **Metall.**
Erde überwältigt **Wasser.**
Metall überwältigt **Holz.**
Wasser überwältigt **Feuer.**

Auch dazu Beispiele: Ein Feuer-Kind neigt dazu, die Ordnung (Metall) im Unterricht zu stören, indem es zu stark auf Reize reagiert. Ein Wasser-Kind neigt dazu, die Albernheit (Feuer) bei einer Gruppenarbeit zu stören, indem es zu ernst ist. Damit Ihr Kind besser versteht, wie man auf andere wirkt, muss es zunächst erkennen, wie sich seine eigenen Emotionen von Tag zu Tag ändern. Geben Sie Ihrem Kind deshalb die Gelegenheit, seine Emotionen von gestern mit denen von heute zu vergleichen. Davon ausgehend, kann es sich vorstellen, wie es sich morgen fühlen könnte. Dann stellt es nach und nach eine Verbindung her zwischen bestimmten Situationen und Menschen und seinen eigenen Stimmungen und Verhaltensweisen. Mithilfe solcher Selbstreflexionen kann Ihr Kind Begebenheiten auch aus einem anderen Blickwinkel betrachten. Mithilfe von Methoden wie Rollenspiel, Malen, Schreiben und Achtsamkeitsmeditationen kann Ihr Kind lernen, seine Gefühle in einen Kontext zu setzen und seine Emotionen klarer und kreativer auszudrücken, wodurch andere es besser verstehen. Mit besserer Kommunikation wächst das Vertrauen und lässt das Bedürfnis nach, die intensiven Welpenherz-Impulse und ADHS-Reaktionen auszuagieren. Dadurch, dass Ihr Kind sein großes Herz zu meistern lernt, beherrscht es seine Talente virtuos und löst Probleme unabhängiger und kreativer. Konkrete Anwendungsmöglichkeiten dieser vier Schritte bei jedem der fünf ADHS-Typen finden Sie in den folgenden Kapiteln.

5.3 Die Fünf Wandlungsphasen therapeutisch nutzen

Im Laufe der Jahre habe ich neue Wege gefunden, die Entsprechungen der Fünf Wandlungsphasen in praktische Therapiemaßnahmen umzusetzen, mit denen Kinder ihre Aufmerksamkeit entwickeln können. Jede der fünf Phasen hat ihre eigene Wandlungskraft. Sobald Ihnen die Natur Ihres Kindes klar ist, können Sie aus jeder Wandlungsphase bestimmte Aktivitäten einsetzen zum Nähren, Trainieren und Entwickeln und Ihr Kind so unterstützen, seine Aufmerksamkeit zu beherrschen. Denken Sie daran, die Kernaussage dieses Buches lautet: Es gibt keine Einheitslösung. Holz-Aktivitäten beispielsweise eignen sich, um das Welpenherz des Feuer-Kindes zu nähren oder um das Welpenherz des Erde-Kindes zu trainieren. Zwar profitieren alle Kinder von vielen dieser Vorschläge, doch die Reihenfolge muss speziell auf die Natur Ihres Kindes abgestimmt sein. Ausgangspunkt ist dabei immer, das Sicherheitsgefühl Ihres Kindes zu verbessern (das Welpenherz nähren), bevor wir uns Gedanken machen, wie es seine Selbstreflexion entwickeln kann (das große Herz meistern). Nachstehend eine schnelle Übersicht für Eltern mit Beispielen für vielfältige Aktivitäten, die den einzelnen Wandlungsphasen zugeordnet sind. Sie können sie in das Gesamtkonzept einbeziehen, das speziell auf Ihr Kind zugeschnitten ist.

HOLZ-KIND	FEUER-KIND	ERDE-KIND	METALL-KIND	WASSER-KIND
Wasser nährt	Holz nährt	Feuer nährt	Erde nährt	Metall nährt
Metall trainiert	Wasser trainiert	Holz trainiert	Feuer trainiert	Erde trainiert
Feuer entwickelt	Erde entwickelt	Metall entwickelt	Wasser entwickelt	Holz entwickelt
Erde meistert	Metall meistert	Wasser meistert	Holz meistert	Feuer meistert

Tabelle 9: Strategien, um die Aufmerksamkeit zu beherrschen

Holz-Aktivitäten

Sie regen an zu körperlicher Bewegung, zum Forschen, dazu, sich in unwegsamem Gelände einen Weg zu bahnen, Grenzen zu überwinden, Entscheidungen zu treffen, zu Mut und zur Entschlossenheit, Ziele zu erreichen und die Kraft des Fließens zu entwickeln.

- **Sportliche Betätigung:** fördert kinästhetisches Lernen. (Probieren Sie es mit Wandern, Kampfsportarten oder Yoga.)
- **Physiotherapie:** fördert das Körperbewusstsein und den Bewegungsumfang.
- **Sehtherapie:** Untersuchungen belegen, dass Probleme mit den Augenbewegungen zu ADHS beitragen können (Granet et al. 2005). Mit einfachen Übungen lassen sich das Fokussieren und das visuelle Verfolgen verbessern.
- **Spiel „Ich sehe was, was du nicht siehst":** hilft manchen Kindern, die Vielfalt im Raum, in seiner Umgebung bewusster wahrzunehmen.
- **Zeit in der Natur verbringen:** Mehrere Untersuchungen haben gezeigt, wenn Kinder Zeit draußen in der Natur verbringen, kann ihnen das helfen, sich zu konzentrieren (Kuo & Taylor 2004). Es zeigen sich auch positive Auswirkungen darauf, wie sich ein Kind auf nicht-lineare, räumliche Beziehungen mit der Welt einlässt.
- **Ernährung:** Holz steht für die Muskeln. Eiweißreiche Nahrungsmittel eignen sich am besten für Kinder, deren Stoffwechsel lang wirkenden Brennstoff braucht.
- **Abenteuerspiele:** Alles, was den Abenteuergeist fördert (Reisen, Zelten), hilft manchen Kindern, leichter kinästhetisch zu lernen.
- **Bauen:** Einige Kinder profitieren davon, mehr mit ihren Händen zu arbeiten. Das fördert ihr Raumbewusstsein.

Feuer-Aktivitäten

Probieren Sie folgende Aktivitäten, die Ihr Kind unterstützen, seine Stimmung mit Wärme, Humor und Freude aufzuheitern. Sie fördern die Vielfalt durch Spiel, die Kontrolle durch Sinneserfahrungen und die Ausdruckskraft durch intensives Einlassen auf die sich verändernde Welt.

- **Schauspielerei und Auftritte:** helfen, sich vielseitiger ausdrücken zu lernen.
- **Humor und Rumalbern:** helfen, rigide Verhaltensweisen zu lockern, und bauen Stress ab.
- **Sprachtherapie:** Verbale Kommunikation ist der Wandlungsphase Feuer zugeordnet.
- **Biofeedback (emWave):** Das Herz gehört zum Feuerelement. Das Feedbackgerät emWave bringt Puls und Atmung in einen kohärenten Rhythmus, was Studien zufolge die Aufmerksamkeit fördern kann (Lloyd, Brett & Wesnes 2010).
- **Sensorische Integration:** Wenn das Welpenherz die Aufmerksamkeit dominiert, dann ist die sensorische Wahrnehmung auf „eng und laut" eingestellt. Mit Techniken der Sensorischen Integration kann ein Kind seine Sinneseindrücke besser regulieren und so seine sensorische Wahrnehmung erweitern, was für eine ruhige Aufmerksamkeit entscheidend ist.
- **Der Intuition vertrauen:** Wenn man lernen will, seinen eigenen Gefühlen zu vertrauen, ohne von ihnen überwältigt zu werden, dann muss man seine Gefühlszustände regulieren können. Das eröffnet auch die Möglichkeit, Probleme kreativer zu lösen.
- **„Ich sehe was, was du nicht siehst, und das ist neu":** Schauen Sie in einem bekannten Raum abwechselnd, wie viele neue Dinge Sie entdecken, selbst wenn nur ein Gegenstand ein klein wenig verrückt wurde. Das lässt uns Veränderungen in unserer Umgebung schärfer wahrnehmen, bietet einen neuen Blickwinkel, verbindet Ihr Kind mit seinem Umfeld und eröffnet ihm eine neue Beziehung zur Welt.
- **Reisen:** hilft dem Kind, Vielfalt wertzuschätzen, und macht ihm größere Zusammenhänge bewusst.

Erde-Aktivitäten

Sie unterstützen Ihr Kind, Informationen über die Welt zu integrieren, Beziehungen zu entwickeln, Kontakte zu pflegen und die Harmonie zu fördern.

- **Essen (was, wo, wann und wie):** Essen ist die Informationsverarbeitung schlechthin. Versuchen Sie, mit Ihrem Kind vor dem Essen (oder bei der Essenszubereitung) ein Spiel zu spielen, bei dem Sie abwechselnd auf die Beschaffenheit, den Geschmack, die Farben und den Geruch der Nahrungsmittel achten. Wer ein Merkmal wahrnimmt, bekommt einen Punkt. Dadurch schärft Ihr Kind seine Aufmerksamkeit, zudem regt das Spiel das Hungergefühl an.

- **Das Spiel „Ich habe Hunger, 1-2-3":** Fragen Sie zu Beginn einer Mahlzeit, wie viel Hunger Ihr Kind hat (1 = großen Hunger, 3 = gar keinen Hunger). Fragen Sie Ihr Kind während der Mahlzeit, ob es Ihnen sagen kann, ob sein Magen 1 = noch leer ist, 2 = halb voll oder 3 = voll. Lassen Sie es üben, seine Empfindungen immer aufmerksamer wahrzunehmen. So lernt man erwiesenermaßen auch, Emotionen zu regulieren.
- **Kochen:** fördert die Aufmerksamkeit für Abfolgen und Prozesse (Rezepte) und lässt Ihr Kind verschiedene Muster, Beschaffenheiten und Gerüche immer besser wahrnehmen.
- **Geschmacksrichtungen der Fünf Wandlungsphasen:** Die Chinesische Medizin hat ein ausgeklügeltes System entwickelt, nach dem jeder Wandlungsphase eine Geschmacksrichtung und bestimmte Nahrungsmittel zugeordnet werden (Holz – sauer, Feuer – bitter, Erde – süß, Metall – scharf, Wasser – salzig). Die lassen sich in bestimmten Situationen therapeutisch einsetzen, um das Erleben von Vielfalt zu fördern und die Konzentration zu verbessern. (Im Anhang finden Sie weitere Informationen über Nahrungsmittel und die Fünf Wandlungsphasen.)
- **Miteinander singen (harmonisieren):** Der Erde ist der Klang des Gesangs zugeordnet. Dieses Harmonisieren fördert die Aufmerksamkeit für vielfältigere Ausdrucksmöglichkeiten. Beim Singen lernt Ihr Kind, seine eigene Stimme zu regulieren und sie mit den Stimmen anderer zu harmonisieren. Damit ist die Voraussetzung geschaffen für differenzierte Formen des Gedankenaustauschs.
- **Lernen durch Beziehungen:** Im Zusammenhang dargebotene Informationen kann man sich besser merken. Eben durch die Verbindungen zwischen den Einzelinformationen erfasst man die tiefere Bedeutung.
- **In Analogien denken:** Zu den Aufgaben des großen Herzens gehört wesentlich, Metaphern verwenden zu können. Anhand von Analogien kann ein Kind Zusammenhänge zwischen scheinbar grundverschiedenen Ideen erkennen. Entwickelt jemand diese Fertigkeiten mithilfe von Metaphern, dann verbessert das die Konzentration, das Verständnis und die Problemlösung, wie sich gezeigt hat (Weatherholt et al. 2006).
- **Kurse für soziale Kompetenz:** festigen Beziehungen und helfen, Vertrauen und Toleranz zu entwickeln.
- **Chanten:** verbessert die Konzentration und baut Stress ab. Viele traditionelle Kulturen nutzen diese uralte Praktik, um Geist und Körper in Einklang zu bringen. Das Wiederholen von Tönen verbindet die Elemente Rhythmus (Metall) und Resonanz (Erde). Gleichzeitig baut es den Stress durch übermäßiges Denken ab

und ermöglicht, Intuition zu erleben (Feuer). (Ich gehe auf Chanten in den folgenden Kapiteln zu den einzelnen Naturen noch genauer ein.)

Metall-Aktivitäten

Diese Techniken, Spiele und Methoden fördern ein Gefühl für Ordnung, Beständigkeit und Rhythmus. Die Kraft des Metalls basiert auf Struktur und Abfolge, mit besonderem Augenmerk auf Muster und Details.

- **Das Zeit-Spiel:** Ich sage oft, die Metall-Naturen haben die Minuten erfunden, damit wir leichter organisiert bleiben. Lassen Sie Ihr Kind die Zeit stoppen, die einfache Tätigkeiten im Haus in Anspruch nehmen, etwa das Zähneputzen. Schauen Sie dann, ob Ihr Kind weiß, wie sich fünf Minuten ganz konkret anfühlen. Nach und nach wird es auch längere Zeiträume präzise empfinden können. Dieses Spiel verbessert die Organisationsfähigkeit und hat sich als nützlich erwiesen für Aktivitäten, bei denen es einen zeitlichen Rahmen gibt, wie bei Prüfungen.
- **Den Tag aufzeichnen:** Wenn Sie den Tag Ihres Kindes aufzeichnen, kann es sich leichter am größeren Bild orientieren; das verbessert seinen Ordnungssinn und baut dadurch Angst ab. Werfen Sie einen Blick auf das Beispieldiagramm, wie der aufgezeichnete Tagesablauf Ihres Kindes aussehen könnte. Hausaufgaben können Sie genauso aufzeichnen.

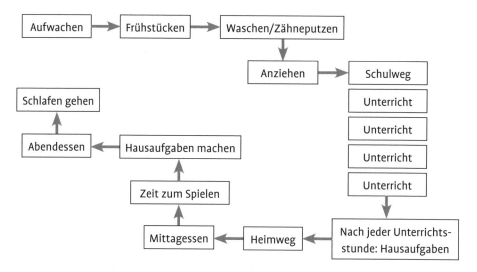

- **Belohnungstafeln:** Jede Hundeerziehung braucht Wiederholungen und Belohnungen. Führen Sie eine positive Belohnungstafel ein, bei der der Schwerpunkt auf der Fähigkeit Ihres Kindes liegt, von einem wilden Zustand zu einer ruhigeren Aufmerksamkeit umzuschwenken. Das hilft, das große Herz zu entwickeln und die Gefühle besser zu regulieren. (Weitere Informationen zu positiven Belohnungen finden Sie in den folgenden Kapiteln.)
- **Das Hausaufgaben-Spiel:** Nichts lässt das Welpenherz lauter bellen als Hausaufgaben. Ohne Motivation sind Hausaufgaben nicht zu erledigen. Und um Ihr Kind zu motivieren, sind Konsequenz (Metall) und Belohnungen (Feuer) erforderlich.
  1. *Fangen Sie mit etwas Einfachem an.* Niemand beginnt ein Spiel auf Level 4, denken Sie daran. Überfordern Sie Ihr Kind nicht. Versuchen Sie, es für einen Punkt nach dem anderen zu motivieren. (Belohnen Sie Ihr Kind beispielsweise, wenn es einschätzen kann, wie lange es für jedes Fach braucht.) Bei diesem Spiel geht ums Gewinnen, nicht ums Verlieren.
  2. *Entscheiden Sie sich für eine Belohnung.* Alle Beteiligten sollten sich vor Spielbeginn auf die Belohnung einigen. Dadurch sinkt das Risiko, dass am Ende gefeilscht wird. Die Belohnungen sollen attraktiv sein, doch möglichst nicht (nur) aus materiellen Dingen bestehen. Sie könnten das egozentrische Handeln des Welpenherzens weiter anregen. Bei Aktivitäten, die Sie gemeinsam mit Ihrem Kind unternehmen, kann es sein großes Herz entwickeln, weil sie die Bindung zwischen Ihnen und Ihrem Kind vertiefen und deshalb langfristig besser im Gedächtnis bleiben.
  3. *Arbeiten Sie mit „Stellvertretern" für Etappenziele.* Mit Stickern, Buttons, Pokerchips oder einem anderen „Stellvertreter", der für die Belohnung steht; bieten Sie Ihrem Kind die Chance, auf die eigentliche Belohnung hinzuarbeiten. Dann tauscht es seine „Stellvertreter" gegen den Preis ein.
  4. *Belohnen Sie Ihr Kind.* Die richtige Belohnung kommt, wenn das Kind zwei Etappenziele in Folge erreicht hat. Wenn Ihr Kind an einem Tag erfolgreich ist, am darauffolgenden jedoch nicht, dann muss es am dritten Tag wieder von vorn beginnen. Indem Sie Wert auf den Belohnungsaufschub legen, bringen Sie Ihrem Kind bei, seine Impulse zu steuern.
  5. *Vereinbaren Sie schriftlich, worum es bei dem Spiel geht,* wie viele Chips oder Sticker das Kind verdienen muss und was die Belohnung ist. Wenn Sie beide diese Vereinbarung unterschreiben, dann bestätigen Sie damit Ihrem Kind, dass für Sie beide dieselben Regeln gelten.
  6. *Brechen Sie die Regeln nicht.* Seien Sie konsequent, wenn Sie wollen, dass Ihr Kind Ihnen vertraut.
  7. Sobald Ihr Kind gezeigt hat, dass es auf Level 1 durchweg gewinnt, kann es *zu höheren Schwierigkeitsstufen übergehen.* Sie können die Schwierigkeit steigern,

indem es nun etwa drei aufeinanderfolgende Stellvertreter für die eigentliche Belohnung braucht oder indem Sie eine weitere Fertigkeit hinzunehmen.

- **Rhythmen und Muster finden:** Sowohl visuelle Muster (Modellbau, Legos, Basteln, Töpfern, Schmuckherstellung, Bücher mit Mustervorlagen) als auch auditive Muster (Musizieren, Schlagzeug spielen bzw. Trommeln, Tanzen) fördern das Vertrauen in einen Ablauf. Sie helfen, Spannungen abzubauen, und steuern die Aufmerksamkeit.

- **Interaktives Metronom:** Diese neuromotorische Therapie synchronisiert die Körperbewegungen (Holz) und den Rhythmus (Metall), wodurch sich Körperbewusstsein und Timing verbessern. Mehr über das Interaktive Metronom erfahren Sie auf der Website, die in den Ressourcen am Ende des Buches aufgeführt ist.

- **Aromatherapie:** Der Geruchssinn ist der Phase Metall zugeordnet. Verschiedene ätherische Öle, eingesetzt im Badewasser, in einem Zerstäuber oder zur Massage (in Pflanzenölen oder Lotionen), helfen, die Merkfähigkeit anzuregen, die Emotionen zu regulieren und eine ruhige Aufmerksamkeit zu fördern. (Im Anhang finden Sie spezielle Aromatherapie-Empfehlungen für die Fünf Wandlungsphasen bei ADHS.)

- **Atemübungen:** In der Chinesischen Medizin wird die Lunge dem Metall zugerechnet. Der Atemrhythmus ist der Grundrhythmus unseres Lebens. Die Konzentration auf den Atem begünstigt erwiesenermaßen eine ruhige Aufmerksamkeit und reduziert die Ablenkbarkeit. „Die Bauchatmung" (siehe unten) kann vor dem Schlafengehen geübt und dann in allen Situationen angewandt werden, wenn das Kind außer Kontrolle gerät. Mit ihr kann Ihr Kind seine Aufmerksamkeit wieder neu ausrichten und seine Emotionen regulieren.

- **Bauchatmung – Grundübung:** Wenn ich Kindern die Bauchatmung erkläre, bezeichne ich sie als eine altbewährte Übung aus den Kampfkünsten, die ihnen geheime Kräfte verleiht. Anfangs ist es am besten, zu einer ruhigen Zeit zu üben, etwa vor dem Schlafengehen. Bei der grundlegenden Bauchatmung dehnt sich der Bauch beim Einatmen aus und beim Ausatmen lässt man los. Dadurch kann Ihr Kind beim Atmen seine Aufmerksamkeit vom Brustkorb weg verlagern (so lässt die Kampf-oder-Flucht-Reaktion nach). Manchmal lege ich Kindern einen kleinen Ball auf den Nabel, damit sie leichter auf ihren Bauch konzentriert bleiben. In Qigong-Übungen wird der Bereich um den Nabel *Dantian* genannt (das „Zinnoberfeld"). Diese Region ist ausgesprochen wichtig für die Bildung und Bewegung des Qi, der Lebensenergie. (Auf Qigong gehen wir weiter unten in diesem Kapitel näher ein.)

1. Ihr Kind soll im Liegen seine eine Hand auf den Bauch legen, die andere auf den Brustkorb.
2. Nun soll es einatmen (am besten durch die Nase) und dabei seinen Bauch wie einen Ballon aufblasen.

3. Jetzt soll es durch den Mund ausatmen und dabei einfach den Atem loslassen, als würde es einen Ballon loslassen. Dieses Gefühl des Loslassens ist wichtig, um Spannung abzubauen.

4. Seien Sie geduldig. Ihr Kind ist das nicht gewohnt, weshalb es vielleicht anfangs frustriert ist. Beginnen Sie mit ein oder zwei erfolgreichen Bauchatmungen und hören Sie dann auf. Versuchen Sie, die Anzahl der Bauchatmungen nach und nach auf zwanzig pro Abend zu steigern.

5. Diese Übung kann auch im Stehen durchgeführt werden. Nützlich ist es, wenn Ihr Kind die Bauchatmung auch im Stehen beherrscht, denn dann können Sie es unterstützen, sich damit während eines Streits oder danach zu beruhigen. (Diese Technik könnten Sie auch an den Lehrer Ihres Kindes weitergeben. Sie kann im Unterricht eine große Hilfe sein, sofern der Lehrer sie diskret mit Ihrem Kind anwendet.)

Wasser-Aktivitäten

Sie fördern die „Kraft des Sich-Versenkens", die ruhige Kontemplation, den tieferen Sinn, die Fantasie und Vorstellungskraft.

- **Schlaf:** In der Chinesischen Medizin entspricht die Nacht der Wandlungsphase Wasser und nährt die parasympathischen Funktionen des Ruhens und Verdauens. Diese gleichen die Kampf-oder-Flucht-Reaktionen des Sympathikus aus. Für ausreichenden Schlaf zu sorgen dürfte eine der wichtigsten Maßnahmen sein, wenn Sie Ihr Kind unterstützen wollen, seine Konzentrationsfähigkeit zu entwickeln. Träume integrieren die Tagesaktivitäten, wodurch sie die Exekutivfunktion verbessern und zu einer neuen Sichtweise verhelfen. Auf die unterschiedlichen Schlafbedürfnisse von Kindern wird in den folgenden Kapiteln näher eingegangen.

- **Fischöle und Wasser:** Wie unser Planet bestehen auch wir zu ungefähr 70 Prozent aus Wasser. Alle Zellen brauchen Wasser, um optimal zu arbeiten, und für eine gute kognitive Leistungsfähigkeit ist ausreichendes Wassertrinken unerlässlich. Omega-3 Fischöle fördern Verbindungen zwischen der Großhirnrinde und dem limbischen System; dadurch lässt sich das Welpenherz leichter steuern. Studien zufolge wirken diese Öle bei vielen Kindern mit ADHS so gut wie stimulierende Medikamente (aber es gibt nie Angaben darüber, *welche* Kinder am meisten profitieren) (Sinn & Bryan 2007).

- **Schwimmen:** Regelmäßiges Schwimmen ist eine hervorragende Möglichkeit, den Körper zu entspannen und den Geist zu konzentrieren.

- **Bäder:** Stille Zeit in warmem Wasser hilft Kindern, leichter abzuschalten und sich auf den Übergang vom Tag zur Nacht vorzubereiten. Bittersalz (Magnesiumsulfat) wirkt natürlich entspannend auf das Nervensystem.
- **Gedichte und Tagebuch schreiben:** Mit Gedichten lassen sich Ideen zu einfachen Kernbotschaften zusammenfassen. Regelmäßiges Tagebuchschreiben fördert die Kraft der Innenschau.
- **Memory-Spiele:** Mit einem besseren Gedächtnis kann Ihr Kind auf mehr Informationen zugreifen. Das wiederum entwickelt sein großes Herz und hilft ihm, sich auf die Welt einzulassen.
- **Kraniosakral-Therapie:** Die Chinesische Medizin ordnet die Knochen dem Wasser zu. Bei der Kraniosakral-Therapie wird der Körper sanft manipuliert, um den inneren „kraniosakralen Rhythmus" der Rückenmarksflüssigkeit ins Gleichgewicht zu bringen. Das kann bei manchen Kindern mit ADHS die ruhige Konzentration verbessern.
- **Rätsel:** Es gibt zahlreiche lustige Rätselspiele, mit denen Ihr Kind diese Facette des Geistes entwickeln kann.
- **Religion:** Der Glaube an höhere Mächte hilft einem Kind, eine Perspektive zu finden und so positive Eigenschaften des großen Herzens zu entwickeln wie Demut, Toleranz, Mitgefühl und ethisches Verhalten.
- **Unterstützung der Nebennieren:** Die Nebennieren sind der Wandlungsphase Wasser zugeordnet (dem nackten Überleben). Bei einigen Kindern setze ich eine Reihe von Ergänzungen ein, um ihre Nebennieren zu stärken, und zwar unter anderem Adaptogene (Rosenwurz, Schisandra, Ashwaganda, Bacopa) und Kräuter (Cordyceps, Sibirischen Ginseng) sowie Aminosäuren (L-Tyrosin, L-Theanin, Taurin, 5-HTP). Ich empfehle Ihnen dringend, vor der Einnahme irgendwelcher Ergänzungen einen Spezialisten dafür zu konsultieren.
- **Homöopathie:** Dieses über 100 Jahre alte Medizinsystem arbeitet mit extremen Verdünnungen von Substanzen, um bestimmte Symptome zu neutralisieren. (Im Anhang finden Sie meine Homöopathie für die Fünf Wandlungsphasen bei ADHS.)
- **Blütenessenzen:** Dr. Edward Bach entwickelte in den 1930er-Jahren die ersten modernen Blütenessenzen. Bach, mit Sicherheit eine Wasser-Natur, war ein Pionier der ganzheitlichen Medizin. Er vertrat die radikale Sicht, dass alle Krankheiten aus einer Disharmonie zwischen Geist und Körper herrühren. Seine ursprünglich 38 Mittel wurden in den letzten Jahren stark erweitert. Blütenessenzen werden aus Blumen gewonnen und üblicherweise mit Alkohol konserviert. Auch hier empfehle ich, einen Spezialisten zurate zu ziehen, wenn Sie Blütenessenzen einsetzen wollen. (Im Anhang finden Sie spezielle Fünf-Wandlungsphasen-Blütenessenzen bei ADHS und im Anhang, unter „Ressourcen", weitere Informationen.)

5.4 Qigong-Übungen nach den Fünf Wandlungsphasen

Die Qigong-Übungen umfassen alle Fünf Wandlungsphasen: Bewegung, Atmung, sensorisches Bewusstsein, Achtsamkeit und Einsicht. Ich habe diese altbewährten Übungen für Kinder abgewandelt; meiner Ansicht nach sind sie sehr wirkungsvoll, um die Aufmerksamkeit zu verbessern. Ich sage den Kindern, diese Übungen könnten ihnen besondere geheime Kräfte verleihen – und in gewissem Maß trifft das tatsächlich zu. Wie Meister Ken Cohen in seinem wunderbaren Buch *The Way of Qigong* beschreibt: „Qigong bedeutet, mit der Lebensenergie zu arbeiten; zu lernen, wie man den Fluss und die Verteilung des Qi lenkt, um die Gesundheit und die Harmonie zwischen Geist und Körper zu verbessern" (Cohen 1997, S. 3). Diese Übungen wollen Kinder unterstützen, ihre einzigartigen Kräfte beherrschen zu lernen und dadurch präsenter in der Welt zu sein. Auch hier gilt: Klein anfangen und nach und nach die Häufigkeit und Schwierigkeit dieser Übungen steigern. Weniger ist mehr, wenn täglich geübt wird. Die einzelnen Übungen für jede der fünf Naturen bespreche ich in den folgenden Kapiteln.

Akupunktur und chinesische Kräuter

In den vergangenen 15 Jahren habe ich miterlebt, wie wirkungsvoll die Akupunktur Kinder unterstützen kann, ihre Aufmerksamkeit zu entwickeln. 1998 veröffentlichte die amerikanische Gesundheitsbehörde einen Konsensbericht zu den Behandlungsansätzen bei Aufmerksamkeitsdefizit-Störungen, in dem die Akupunktur als Erfolg versprechendes Verfahren aufgeführt ist. Die Akupunktur, eine alte medizinische Therapie aus China, basiert auf der Annahme, dass das Qi wie ein Wasserlauf durch den Körper fließt. Indem man bestimmte Punkte auf diesen „Bächen" mit winzigen Nadeln aktiviert, kann man die Gesundheit fördern, weil dadurch das Qi wieder ungehindert fließt.

Ich passe meinen Behandlungsansatz bewusst an die spezifische Natur jedes Kindes an. Eine ausführliche Darstellung der Akupunkturtechniken würde den Rahmen dieses Buches sprengen, doch ein paar wichtige Gedanken sind erwähnenswert.

Im Allgemeinen gleiche ich als Erstes meine eigene Körpersprache an die Natur des Kindes an. Dann widme ich mich der Atmung des Kindes, um eine entspanntere Beziehung zwischen uns aufzubauen. Bei der Wahl der Punkte, die ich behandeln will, gehe ich nach den oben beschriebenen Schritten vor:

Das Welpenherz nähren: eine sichere Ausgangsbasis schaffen.
Das Welpenherz trainieren: einen sicheren Weg anbieten.
Das große Herz entwickeln: ein Ventil bieten.
Die Meisterschaft des großen Herzens entwickeln: die Selbstreflexion fördern.

Diese Beziehungen unterscheiden sich von Kind zu Kind und man muss die einzelnen Schritte nach und nach durchlaufen. Kinder strotzen nur so vor Lebensenergie (Qi). Viele Akupunkteure machen mit Kindern zu viel zu schnell. Meiner Erfahrung nach genügen oft einige wenige Punkte. Erinnern Sie sich: Kinder mit Konzentrationsschwierigkeiten fühlen sich unsicher, was sie außerordentlich empfindlich macht. Weniger ist mehr! Drängen Sie niemals ein Kind zu irgendeiner Behandlung, denn das hat sich als kontraproduktiv erwiesen.

In vielen Fällen beginne ich mit Stimmgabeln oder Lasertherapie, damit sich das Kind leichter an die Erfahrung gewöhnt. Manche Kinder sind so feinfühlig, dass diese oft genauso gut wirken wie Akupunkturnadeln. Einige Kinder sind wahrscheinlich eher bereit, Akupunktur auszuprobieren als andere. Feuer-Kinder lieben beispielsweise die neuartige Sinneserfahrung, solange sie nicht zu intensiv ist oder zu stark stimuliert. Holz-Kinder lieben die Herausforderung, wollen sich aber nicht in die Enge getrieben fühlen. Metall-Kinder sind skeptisch gegenüber allen, die ihre Grenzen überschreiten wollen; deshalb brauchen sie anfangs etwas Zeit, bis sie Ihrer Absicht vertrauen. Erde-Kinder sind vielleicht sehr ängstlich, haben aber Angst, Sie zu verärgern. Seien Sie bei ihnen besonders behutsam. Wasser-Kinder stehen der Akupunktur bisweilen am skeptischsten gegenüber. Ihre Neigung, sich bei Angst zurückzuziehen, kann die Akupunktur unmöglich machen. Doch mit der Zeit (und davon reichlich) empfinden Wasser-Kinder meiner Erfahrung nach Akupunktur häufig als die lohnendste Erfahrung.

Kinder mit ADHS zu akupunktieren bietet einen doppelten Vorteil. Die Arbeit an den Qi-Leitbahnen wird zu einer hervorragenden Übungsgelegenheit, die Aufmerksamkeit eines Kindes auf etwas zu lenken. Üblicherweise bitte ich ein Kind, sich auf den Punkt zu konzentrieren, den ich stimuliere. Wenn sie deutlicher wahrnehmen, wann sie abgelenkt werden, lernen sie auch immer besser, ihre Aufmerksamkeit wieder auf den Punkt zu richten. So kultiviert man im Wesentlichen Achtsamkeit.

Etliche chinesische Kräuter finde ich außerordentlich hilfreich, um die Aufmerksamkeit bei Kindern auszubilden. In diesem Buch können chinesische Kräuter nicht eingehend besprochen werden, doch am Ende des Buches sind etliche wertvolle Ressourcen aufgelistet. Eltern sollten immer einen Spezialisten für chinesische Kräuterheilkunde zurate ziehen, bevor sie eine Rezeptur ausprobieren.

5.5 Ihren spirituellen Lehrer finden

Kinder kommen in unser Leben, um uns etwas über uns selbst zu lehren. Ich fordere Eltern immer auf, diesen Schatz wertzuschätzen. Ein Kind ist ein wahrer spiritueller Lehrer, der uns spontan Lektionen erteilt – unermüdlich und unentgeltlich. Wo sonst finden wir jemanden, der uns zeigt, wer wir sind und woran wir selbst arbeiten müssen? Sie brauchen an keinem spirituellen Retreat teilzunehmen, um das festzustellen. Es ist direkt vor Ihrer Nase.

ADHS stellt zwar für jede Familie eine Belastung dar, weil es einen Teufelskreis des Leidens auslöst, doch es bietet auch die Gelegenheit, Beziehungen neu aufzubauen, in der Liebe füreinander eine gemeinsame Grundlage zu finden, andere an den eigenen Stärken teilhaben zu lassen und Potenziale zu fördern. Wenn Sie die Natur Ihres Kindes erkannt haben, möchte ich Sie ausdrücklich ermuntern, selbst kreative Lösungen zu finden, die Ihren bellenden Welpen in einen Virtuosen verwandeln. In den letzten fünf Kapiteln dieses Buches finden Sie konkrete Strategien für jeden der fünf ADHS-Typen. Diese Kapitel sind den Kindern gewidmet, die herausgefunden haben, wie sie sich erfolgreich in diese wunderbare Welt einklinken können. Vielleicht wollen Sie alle lesen oder sich nur auf das konzentrieren, was die Natur Ihres Kindes am stärksten betrifft. Mögen die Fallgeschichten in diesen Kapiteln Ihnen und Ihren Kindern eine Quelle der Inspiration sein.

6. | Das Holz-Kind

6.1 Billy

Als ich Billy und seine Familie kennenlernte, war er im Kindergarten[6] und hatte da bereits Schwierigkeiten. Nach Aussage seiner Lehrerin konnte er nicht still sitzen und brauchte etwas zur Beruhigung. Sie tadelte ihn ständig, weil er von seinem Stuhl aufstand. Nun war sie mit ihrem Latein am Ende und wusste nicht, was sie mit ihm machen sollte. Deshalb bat sie Billys Eltern, ihn auf ADHS testen zu lassen.

Üblicherweise kommen die Eltern zum Erstgespräch allein zu mir, damit wir offen über die Entwicklung des Kindes reden können, ohne seine Gefühle zu verletzen. Sie wissen ja, wenn ein Kind Schwierigkeiten mit der Aufmerksamkeit hat, haben wir es mit einem Zustand extremer Unsicherheit zu tun. Nichts ist da unangenehmer, als auch noch gezwungen zu werden, Menschen zuzuhören, die über die eigenen Probleme reden. Beim Erstbesuch konnte Billys Vater nicht dabei sein. Seine Mutter erklärte mir, ihr Mann sei oft weg und sie würde ihm von unserem Gespräch berichten. Während sie sprach, war klar, dass sie überfordert war und sich wegen ihres Sohnes Sorgen machte. Billy sei immer schon ein „lebhaftes Kind" gewesen, bereits im Mutterleib extrem aktiv. Er lief sehr früh, sprach spät, doch das schien ihn nicht aufzuhalten. Sie musste ihn immer genau im Auge behalten, weil er sonst gleich irgendwo raufkletterte oder an öffentlichen Plätzen davonsauste. Risiken schien er nicht zu kennen. Mit vier Jahren wurde er einmal dabei erwischt, als er auf das Dach des Nachbarhauses kletterte. Da war die ganze mütterliche Geduld gefragt, dass sie ruhig blieb und ihn nicht so erschreckte, dass er sprang.

An Billys erstem Tag in der Vorschule[7] bekam seine Mutter einen Anruf, Billy sei während der Ruhezeit davongelaufen. Wie viele Holz-Kinder verstand Billy unter „Stuhlkreiszeit", im Kreis herumzurennen. Die Kindergärtnerinnen hatten gelernt, ihm vor Aktivitäten Bewegungsspielraum zuzugestehen. Zu dieser Zeit wurde Billy verrückt nach Videospielen und spielte sie stundenlang.

---

6   Entspricht in Deutschland der 1. Klasse Grundschule; Anm. d. Ü.
7   Entspricht in Deutschland meist dem letzten Kindergartenjahr; Anm. d. Ü.

In der 1. Grundschulklasse wurde Billys Verhalten aggressiver. Er schubste andere Kinder, wenn sie sich in einer Reihe aufstellten. Er bekam Schwierigkeiten, weil er in den Pausen mit anderen Kindern raufte. Die Rektorin rief bei Billys Eltern an, weil er seine Lehrerin anschnauzte und ihr drohte. Nach der Schule besuchte er dann regelmäßig einen Kurs für soziale Kompetenz mit nur wenigen Teilnehmern. Als ich Billy kennenlernte, war er bereits mehrmals bei der Kinderärztin gewesen wegen wiederholt auftretender Kopfschmerzen. Sie stellte keine körperliche Ursache fest und hielt die Kopfschmerzen für höchstwahrscheinlich stressbedingt.

Als ich in meinem Gespräch mit seiner Mutter über wilde Welpen sprach, hellte sich ihre Miene sofort auf. „Mein Sohn ist eindeutig ein großer Welpe!" Um den Welpen zu nähren, müssen wir wissen, mit was für einem Welpen wir es zu tun haben. Billys Mutter identifizierte ihn rasch als Holz-Kind: „Das ist er. Ganz eindeutig, er ist durch und durch ein Holz-Junge." Sie berichtete: Alle sagten schon immer, Billy werde eines Tages ein bedeutender Anwalt sein – falls er nicht zuvor im Gefängnis lande!

Nach meinem Treffen mit Billy war klar: Er war ein typisches Holz-Kind. Seine dunklen Augen mit dem durchdringenden Blick huschten im Raum umher und nahmen dabei alles wahr; sein stämmiger, muskulöser Körper bewegte sich schnell und geschickt. Er musste alles in meinem Sprechzimmer anfassen, doch seine Bewegungen hatten etwas Drängendes, das seine Unsicherheit zeigte. Er schnüffelte in der Praxis herum, rannte in Zimmer hinein und wieder hinaus. Als seine Mutter ihn aufforderte, nichts anzufassen, riss er die Schubladen nicht mehr schnell auf, sondern stieß sie zu. Mich wunderte nicht, dass Billy aggressiv wurde, wenn er im Unterricht in seiner Bewegungsfreiheit eingeschränkt wurde.

Wir skizzierten für Billy folgende Lösung:

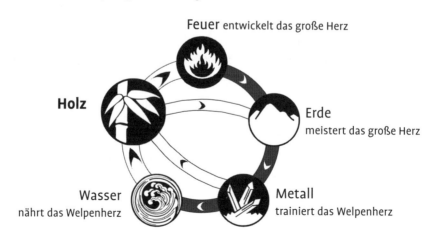

Abbildung 9: Entwurf einer Lösung für Holz

5.2 Das Welpenherz nähren: die nährende Kraft des Wassers

Weil wir ADHS als Hilfeschrei verstanden, schufen wir zunächst einen sicheren Hafen für Billy. Das hieß, zu schauen, ob sein Umfeld seine Natur unterstützte. Von allen Kindern mit ADHS leiden die Holz-Kinder im Schulunterricht vielleicht am meisten. Für sie ist dieses Setting einfach nicht die optimale Art zu lernen. Die idealen Lernbedingungen für Billy wären, bei jemandem in die Lehre zu gehen. Praktische Arbeit ist für ihn etwas Reales. Bauen, Landwirtschaft, Dinge auseinandernehmen und alles, was mit körperlicher Interaktion einhergeht, unterstützt seinen Lernstil. So haben Menschen Jahrtausende lang gelernt. Leider ist Billy ein Kind des 21. Jahrhunderts, deshalb blieb ihm nichts anderes übrig, als sich an die körperlichen Einschränkungen des modernen Unterrichts anpassen zu lernen.

Um eine sicherere Basis für Billy zu schaffen, mussten wir Wasser einsetzen. Wasser nährt Holz. Was heißt das genau? Es gibt zahlreiche Metaphern für die Kraft des Wassers im Leben. Ganz grundlegend ist, genügend Wasser zu trinken. Wenn ein Holz-Kind austrocknet, wird es aufbrausend und launisch. Ich empfahl Billy, täglich fünf Gläser Wasser zu trinken. Diese Behandlung mag allzu einfach erscheinen, doch für Holz-Kinder hat sie eine weitreichende Wirkung. Von da an trug Billy jeden Tag eine Wasserflasche mit sich herum, um sicherzustellen, dass er in der Schule genug trank. Diese Wasserflasche machte ihn stolz und gab ihm Sicherheit. Immer deutlicher erkannte er den Zusammenhang zwischen seinem körperlichen Zustand und seiner Fähigkeit, sich zu konzentrieren. Außerdem gab ihm diese Wasserflasche etwas zu tun und kanalisierte so seine Unruhe. Anfangs betrachtete seine Lehrerin die Wasserflasche als mögliche Ablenkung im Unterricht, doch dann stellte sie fest, dass so eine einfache Maßnahme tatsächlich Billys Stimmung verbesserte. Noch wichtiger aber war: Billy klagte seltener über Kopfschmerzen.

Fische leben im Wasser. Wir verabreichten Billy täglich Fischöle (1000 mg DHA) und innerhalb von drei Wochen fiel seiner Lehrerin ein Unterschied in seiner Aufmerksamkeit auf. Er erschien weniger zappelig und störend. Meiner Erfahrung nach sind Omega-3-Fettsäuren ein wichtiger Nährstoff für die Aufmerksamkeit allgemein; und für Holz-Kinder sind sie besonders wirksam.

Ich empfahl Billy, regelmäßig schwimmen zu gehen. Seine Mutter betonte, dass das seine Lieblingsbeschäftigung war, als er noch jünger war. Doch mittlerweile schien einfach keine Zeit mehr zu sein für regelmäßiges Schwimmen. Sie erinnerte sich, wie ruhig und gelassen er in Strandurlauben war. Das Schwimmen kam Billys Bewegungsdrang entgegen, weshalb er mit dem Wettkampfschwimmen begann. Dass er sich das Schwimmen angewöhnte, half ihm auch, seine Aufmerksamkeit nach und nach zu steuern. Außerdem riet ich Billy jeden Abend vor dem Schlafengehen zu Bittersalzbädern. Diese Entspannungsmaßnahme sorgte für ausreichenden Schlaf, ein weiterer wichtiger „Wasser-Baustein". Wenn er nämlich ausgeschlafen war, empfand er die Frustrationen des Tages als weniger bedrohlich.

Bettnässen

Recht häufig haben Holz-Kinder Probleme mit Bettnässen. Für Billy war das sehr demütigend. Bettnässen ist ein Zeichen, dass das Welpenherz die Aufmerksamkeit des kleinen Froschherzens dominiert. Ich bat seine Eltern, mit ihm Schließmuskeltraining zu machen, indem sie ihn beim Wasserlassen immer wieder innehalten und erneut anfangen ließen. Dies wurde für Billy eine positive und bestärkende Erfahrung, durch die er die Verbindung zwischen seinem Geist und seiner Kontrolle über seinen Körper entdeckte.

Vorsicht vor der Sucht nach Videospielen

Für Billy bestand, wie für viele Holz-Kinder, eine der größten Herausforderung darin, seine Videospielsucht in den Griff zu bekommen. Allein das hatte eine enorme Auswirkung auf seine Konzentration. Der Umgang mit jeglicher Sucht ist schwierig. Wir mussten ihn allmählich entwöhnen und zu anderen Aktivitäten hinlenken, die ihm besser das Gefühl vermittelten, mit anderen verbunden zu sein.

So sind Sie ein Wasser-Vorbild für Ihr Holz-Kind

Um Billy eine sichere Basis zu bieten, mussten seine Eltern ihr eigenes Verhalten wirksam dahin gehend abändern, dass sie ihm ein stärkeres Sicherheitsgefühl vermittelten. Billys Mutter war stark von der Wandlungsphase Erde geprägt. Sie war eine außerordentlich einfühlsame, fürsorgliche Frau, die in der Familie oft die Rolle des Friedensstifters übernahm. Sie neigte dazu, sich sehr viele Sorgen zu machen. Da sie durch Billys Verhalten vor Angst wie gelähmt war, erwies sie sich als unfähig, ihn unter Kontrolle zu halten. Billys Vater hingegen war stark von der Wasser-Natur geprägt, wie sich herausstellte. Er war ein ruhiger, zurückhaltender Mann, Collegeprofessor, der den Großteil der Woche weg war. Als wir uns irgendwann später kennenlernten, stritt er zunächst ab, dass Billy irgendwelche Probleme habe. Er sagte, er habe die

Wettkampfnatur seines Sohnes immer bewundert und ihn teilweise dazu ermuntert, da er selbst von Natur aus überhaupt nicht so sei. Er halte sie für gut für Billys Überleben. Im Verlauf unseres Gesprächs konnte er Billys aggressives Verhalten als einen Hilfeschrei erkennen.

Die Arbeit mit Billys Vater erwies sich als entscheidender Faktor, um Billys Aufmerksamkeit zu stabilisieren.

Wasser-Naturen neigen dazu, bei Stress ruhig zu werden, statt zu brüllen. Sie reden nicht viel. Holz-Kinder beziehen ihre Informationen eher aus der Bewegung. Wenn das Welpenherz überlastet ist, ist die Körpersprache deshalb weitaus wichtiger als Worte. Auf der nonverbalen Ebene hatten Billy und sein Vater eine Gemeinsamkeit, die sich als nützlich erwies.

Alle Kinder brauchen Vorbilder, damit sie lernen, ihre Fähigkeiten zu entwickeln. Billys Vater wurde seiner eigenen Wasser-Natur gerecht und lernte, mit seiner kühlen Distanziertheit die frühen nonverbalen Anzeichen für den Frust seines Sohnes zu erkennen: Dann spannten sich dessen Schultern an, er biss die Zähne zusammen und sein Blick wurde starr. Dadurch, dass er nicht überreagierte, lernte er, sich ruhig mit seinem Sohn zu verbinden, um Billy zu helfen, „einen Gang herunterzuschalten". Das hieß, er suchte mit Billy eine andere Umgebung auf (machte einen Spaziergang im Freien, fuhr mit ihm ein Stück im Auto, ließ ihn einige Male Hampelmann machen), um den Kreislauf des „Bellens" zu durchbrechen, bevor Billy ausrastete. Durch diese Form von ruhiger Führung konnte Billy sein Gesicht wahren und eine Art von Selbstvertrauen entwickeln, das ihm Zeit gab, seine Gefühle mit seinen Reaktionen zu verknüpfen. Ihre Beziehung blühte im Laufe der folgenden Jahre auf.

Weniger ist Liebe

Um erfolgreich zu sein, musste Billys Vater lernen, dass weniger mehr ist. Wenn er zu zurückhaltend, zu wenig anwesend oder zu negativ war, dann war Billys Holz-Natur letztlich frustriert. Es nahm ihm einfach den Wind aus den Segeln. Für Billys Vater war es vollkommen natürlich, einfach dazusitzen und nachzudenken, doch für Billy war das oft eine Qual. Mit zu viel „innerer Arbeit" über zu lange Zeiträume können Holz-Kinder nicht umgehen. Deshalb unternahm sein Vater mit ihm regelmäßig Waldspaziergänge. Diese Ausflüge waren eine wunderbare Gelegenheit, um Billy ruhige Aufmerksamkeit zu zeigen, wenn sie sich beide abwechselnd auf Interessantes in der Natur hinwiesen. Diese gemeinsame Zeit, dieser Austausch zwischen ihren Naturen bot Gelegenheiten für mehr Nähe; die wiederum ebnete den Weg, das Welpenherz zu trainieren.

Die Wasser-Natur in Ihnen selbst kultivieren

Kinder lehren uns etwas über uns selbst. Falls Sie nicht zufällig eine Wasser-Natur sind, können Sie diese Kräfte in sich entwickeln, um Ihr Holz-Kind zu nähren. Alle Aktivitäten, die ruhige Kontemplation fördern wie Meditation oder Yoga, dürften Ihnen helfen, besser mit Ihrem Holz-Kind zurechtzukommen. Ein Holz-Kind kann jeden Haushalt auf den Kopf stellen. Wenn Sie eine ruhige Körpersprache an den Tag legen, schaffen Sie so für Ihr Kind die Atmosphäre einer sicheren Ruheinsel und sein Bedürfnis nach dem gewohnten Kampf-oder-Flucht-Verhalten lässt nach. Doch denken Sie daran: Das ist ein allmählicher Prozess. Wenn Sie die Kontrolle gewinnen wollen, dann fangen Sie damit am besten bei sich selbst an.

5.3 Das Welpenherz trainieren: die Kraft des Metalls

Das Training soll einen sicheren Weg bereiten, Verhaltensweisen in sinnvollere Formen der Konzentration zu lenken. Von allen Beziehungen, die ich vorstelle, ist die zwischen Metall und Holz vielleicht die dynamischste und unbeständigste. Metall spaltet Holz. Ohne Metall wächst Holz wild wie Unkraut. Billys hyperaktive Bewegungen signalisierten, dass ein Regulieren notwendig war. Er machte alles hastig. Deshalb musste er lernen, langsamer zu machen, doch das kann extrem schwierig sein, wenn sich das Holz-Welpenherz bedroht fühlt. Billy brauchte kontinuierliches Feedback, damit er „auf Kurs" und verbunden blieb. Die Kraft des Metalls besteht darin, durch Muster und Rhythmen Beständigkeit zu entwickeln. Durch Wiederholungen und Belohnungen konnte Billy seine Bewegungen durch Motivation regulieren. Doch denken Sie daran, weniger ist mehr. Wie ein Baum durch einen allzu drastischen Schnitt abstirbt, so können zu viele Einschränkungen bedrohlich wirken. So fühlte sich Billy im Unterricht mit den ganzen Regeln und Vorschriften.

Beständigkeit ist das Kennzeichen der Metall-Kraft. Um ein Gefühl für Rhythmus zu entwickeln, musste Billy das Verstreichen der Zeit verstehen. Dafür empfahl ich seinen Eltern, das Zeit-Spiel (siehe Kapitel 5) zu spielen.

Als wir Billys Leben zu Hause unter die Lupe nahmen, wurde klar, dass es keine Beständigkeit von einem Tag zum nächsten oder auch von einem Moment zum nächsten gab. Seine Eltern mussten lernen, ihm konsequente Signale zu geben. Sobald sie zu Hause neue Rhythmen einführten, fühlte sich Billy wirklich sicherer und konnte vorhersagen, was als Nächstes stattfinden würde und was von ihm erwartet wurde.

Den Weg durchs „Unterholz" aufzeichnen

Ich ließ Billys Eltern seinen Tagesablauf aufzeichnen. Das trug dazu bei, dass seine Unruhe nachließ, und gab seinen Verhaltensweisen wieder klare Ziele und eine Richtung. Seine Mutter musste lernen, ihm nonverbales Feedback zu geben, statt ihm seine Verhaltensweisen mit Versprechen durchgehen zu lassen. Holz-Kinder lieben Ziele, und konsequentes Feedback stärkt ihr Vertrauen; so können sie leichter die Verbindung zwischen Ursache und Wirkung herstellen, zwischen Verhaltensweisen und Konsequenzen.

Hausaufgaben

Das Holz-Kind ist von seiner Natur her ein Jäger, Forscher, Pionier; doch niemand verirrt sich gern in der Wildnis. Sobald Billy in die erste Klasse kam, empfand er Hausaufgaben wie sich verirrt zu haben. Wir führten das Hausaufgaben-Spiel ein (siehe Kapitel 5), um seine Frustration abzubauen, indem wir ihm das Gefühl vermittelten, etwas geschafft zu haben. Es machte ihm Spaß, Hausaufgaben so einzuteilen, und es linderte das überwältigende Gefühl, die Aufgaben nähmen überhaupt kein Ende.

Metall-Rhythmen: der Atem

Die simple Erwartung, Ihr Kind könne seinen emotionalen Zustand steuern, ist unvernünftig. Diese Fertigkeit erfordert Übung. Billy lernte die Bauchatmung und übte sie mit seinem Vater jeden Abend vor dem Einschlafen. Schließlich stellten seine Eltern fest, dass sie ihn bitten konnten, drei Bauchatmungen zu machen, wenn sie die ersten Anzeichen seiner Frustration deutlich genug wahrnahmen. Dadurch erlebte Billy, wie es sich anfühlt, wenn man seinen emotionalen Zustand verändert. Je mehr er übte, desto besser konnte er seinen Frust umlenken.

In dieser Phase begann Billy mit Taekwondo, was sowohl Struktur (Metall) als auch Ruhe (Wasser) erfordert. Er fand rasch Gefallen daran und wurde der Musterschüler seines Meisters. Als er seine besondere Kraft der Bewegung (Holz) besser integriert erlebte, stieg auch sein Selbstwertgefühl. Und mit diesem Auftrieb konnte er auch seine Aufmerksamkeit in Gruppen besser steuern.

So sind Sie ein Metall-Vorbild für Ihr Holz-Kind

Als seine Eltern eine konsequente und zugleich liebevolle Struktur entwickelten, erkannte Billy nach und nach, dass er nicht der Nabel der Welt war – ein entscheidender Schritt auf dem Weg zum großen Herzen.

Wenn Sie als Eltern lernen, in Ihrem eigenen Leben konsequent zu sein, dann schafft das die Voraussetzung dafür, dass auch Ihr Kind Sie stärker respektiert. Es erfordert Übung, ein Gefühl für natürliche Kontrolle zu entwickeln, die nicht bedrohlich ist. Für das Holz-Kind ist es ideal, damit sehr früh zu beginnen, doch das ist nicht immer möglich.

An Eltern mit Metall-Natur: Seien Sie behutsam. Erinnern Sie sich: Ziel ist nicht, das Sicherheitsgefühl Ihres Kindes zu untergraben, indem Sie ihm zu viele Grenzen setzen. Dann fühlt es sich wie im Käfig und das Welpenherz bellt noch mehr. Eltern mit einer Metall-Natur neigen zu raschem Urteilen und ein unsicheres Holz-Kind reagiert extrem empfindlich auf Kritik. Seien Sie achtsam, wie Sie auf Ihr Kind wirken, und versuchen Sie sich vorzustellen, wie es sich anfühlt, Ihr Holz-Kind zu sein. So setzen Sie Ihr großes Herz ein. Denken Sie daran, weniger ist Liebe.

5.4 Das große Herz entwickeln: die Kraft des Feuers

Holz bringt Feuer hervor. In gewissem Sinn ist das das Schicksal des Holzes, sein Sinn und Zweck: als Brennstoff benutzt zu werden, um uns Licht und Wärme zu spenden, wie es das Schicksal des Frühlings ist, zum Sommer zu werden. Gefangen in seiner Unsicherheit, hatte Billy sein Gefühl für seinen tieferen Sinn als Holz-Kind verloren. Weil er die größeren Zusammenhänge nicht sah, erkannte er auch nicht, wie sein Handeln auf andere wirkte. Als sich Billy in seiner Holz-Identität sicherer fühlte, mussten wir ein Ventil finden, über das er seine überschüssige Energie so freisetzen konnte, dass er vielfältigere Emotionen erlebte. Als wir seine Natur zu sinnvolleren Erfahrungen hinlenkten, konnte er seine gewohnten Welpenreaktionen mit anderen Augen sehen.

In der zweiten Klasse hasste Billy die Schule und hatte zunehmend Schwierigkeiten, im Unterricht zu sitzen. Ich schlug vor, er solle in einem örtlichen Schauspiel-Ensemble auftreten, das einen Jungen als Darsteller für *Peter Pan* suchte. Auftritte sind eine wunderbare Feuer-Aktivität. Hier fand Billy ein Ventil, sich selbst zum Ausdruck zu bringen, und er konnte das Sich-Konzentrieren üben, indem er den Text auswendig lernte. Billy hatte ein erstaunliches schauspielerisches Talent und liebte es, im Rampenlicht zu stehen. Noch wichtiger aber war: Er lernte nach und nach, Mitglied eines Ensembles zu sein, Feedback zu akzeptieren und seine Bewegungen zum Besten der Aufführung zu kontrollieren.

Dem Holz eine Stimme verleihen

Ich empfahl Billy eine individuelle Sprachtherapie, obwohl sein Wortschatz altersgemäß war. Holz-Kinder verlassen sich gern auf den nonverbalen (Körper-)Ausdruck, statt Worte zu gebrauchen. Verbaler Ausdruck ist dem Feuer zugeordnet. Dadurch konnte Billy seinen Frust besser zum Ausdruck bringen, statt wie ein Neandertaler zu grunzen und zu schreien, wie es seine Eltern so oft hörten. Die Sprache hat die Kraft, das wilde Welpenverhalten zu regulieren. Der Sprachtherapeut benannte als Erstes Billys emotionale Zustände, sodass ihm andere Ausdrucksmöglichkeiten bewusst wurden, wenn er unsicher war. Dadurch konnte Billy seine Gedanken mit anderen besser austauschen und fühlte sich weniger missverstanden.

Wütend 1-2-3

Als Billys Eltern ebenfalls seine Emotionen benannten, stuften sie auch deren Intensität ein (Stufe 1: am geringsten, Stufe 3: am höchsten). Holz-Kinder sind oft wütend. Durch Üben lernte Billy, seine Wut von Stufe 3 auf 2 und 1 zu reduzieren. Das war für ihn greifbarer als die einfache Aufforderung, sich zu beruhigen. In dem Maß, in dem er die unterschiedliche Intensität von Gefühlen in sich selbst zunehmend besser unterscheiden lernte, konnte er auch seine emotionalen Impulse besser kontrollieren.

Dem eigenen Rhythmus folgen

Billy schien sich fürs Trommeln zu interessieren. Deshalb ermunterten wir ihn anfangs, zu Musikvideos zu spielen, statt wild herumzutrommeln. Seine Eltern übten mit ihm, auf unterschiedliche Rhythmen und Lautstärken zu achten. Das große Herz entwickelt sich leichter, wenn man lernt, über das Alles-oder-Nichts hinaus die feinen Nuancen wahrzunehmen. Später konnte er bei einer örtlichen Trommelgruppe mit-machen; so konnte er Verbindungen zu anderen Kindern und Erwachsenen knüpfen. Das stärkte sein Zugehörigkeitsgefühl zu etwas, das größer war als er selbst. Trommeln hat schon seit alters die Kraft, Menschen mit dem „inneren Rhythmus" zu verbinden, der aus Zusammenwirken und Harmonie entsteht. Für Billy war das ein hervorra-gendes Ventil, seiner Energie freien Lauf zu lassen. Bevor er sich an seine Hausaufga-ben setzte, trommelte er. Dadurch entspannte er sich körperlich und er konnte sich besser konzentrieren, stellte er fest.

Dem Anführer folgen

Holz-Kinder nehmen leidenschaftlich gern Führungspositionen ein (Feuer). Es ist ihr Schicksal. Nach meinem Gespräch mit Billys Lehrerin willigte sie ein, Billy eine spezielle Aufgabe in der Klasse zu übertragen, die niemand anders erledigen durfte. Dazu sind zwar nicht alle Lehrkräfte bereit, doch für Billy war es der Schlüssel, um Vertrauen und Respekt zu gewinnen. Durch neue Verantwortung und die damit ein-hergehenden Vorteile wurde erreicht, ihm dauerhaft bewusst zu machen, dass er ein Teil der Klasse war und nicht nur ein ausgeprägter Individualist. Schließlich konnte er aufgrund dieses Verbundenheits- und Zugehörigkeitsgefühls die Bedürfnisse anderer besser wahrnehmen (ein echtes Merkmal eines großen Herzens), und damit wurde Billy beliebter.

5.5 Das große Herz meistern: die Kraft der Erde

Sich selbst als Teil des großen Bildes sehen zu lernen, heißt letztlich erkennen, welche Wirkung man auf andere ausübt. In der Dynamik der Fünf Wandlungsphasen dringt Holz in die Erde ein. Die Erde steht für unser aller Grundlage, für den Ort, an dem wir als Gruppe zusammenkommen. Billys Mutter, eine Erde-Natur, war oft Zielscheibe seines Zorns. Ständig sorgte er für Chaos im Haus, stritt mit seiner Schwester, brüllte seine Mutter an oder rannte herum wie ein wilder Hund. Durch unsere gemeinsame

Arbeit erkannte die Mutter nach und nach, wie leicht sie sich von Billy hatte auf der Nase herumtanzen lassen. Die Metall-Struktur gab ihr einen Rahmen, um zu Hause wieder für etwas Ordnung und Ruhe zu sorgen. Doch die eigentliche Herausforderung bestand darin, Billy bewusst zu machen, welche Wirkung er auf seine Familie ausübte.

Die Mahlzeiten waren dabei häufig besonders stressig. Billy wollte nie am Tisch sitzen bleiben. Er aß ein paar Bissen und flitzte dann davon. Essen ist ein wichtiger Bereich für das Holz-Kind, um ruhige Aufmerksamkeit zu entwickeln. Fast-Food wurde für die Holz-Naturen erfunden. Sie betrachten Essen lediglich als „Sprit", doch seit jeher bieten Mahlzeiten die Gelegenheiten, sich zu treffen und Ideen auszutauschen (Erde), um Stress abzubauen.

Sie sind, wie Sie essen

Nur mühsam lernte Billy, den Impuls zu beherrschen, zu essen und davonzusausen. Früher hatten ihn seine Eltern vor dem Fernseher essen lassen, um überhaupt etwas Ruhe und Frieden zu haben. Wenn er dann am Tisch saß, störte er nur umso mehr. Ich regte an, Billy in die Essenszubereitung einzubeziehen, statt ihn einfach zu bedienen. Im Campingurlaub im Sommer begann er, seiner Mutter beim Kochen zu helfen. Das schien etwas in ihm zu öffnen. Das gemeinsame Essen bekam dadurch eine größere Bedeutung und es vertiefte seine Verbindung zu seiner Mutter. Auch weckte es sein Interesse, unterschiedliche Lebensmittel auszuprobieren. Das ist immer ein gutes Zeichen dafür, dass ein Kind mehr Toleranz für Vielfalt entwickelt – eine Eigenschaft des großen Herzens. Als er sich der verschiedenen Geschmacksrichtungen bewusster wurde, nahm er auch die unterschiedlichen emotionalen Zustände differenzierter wahr. Durch die Erkenntnis, dass jedes Familienmitglied andere Vorlieben hatte, konnte er sich leichter in die Bedürfnisse anderer einfühlen – ein weiterer Aspekt des großen Herzens.

Den Welpen nicht überfüttern

Eine wesentliche Herausforderung bei der Erweiterung von Billys Ernährung bestand darin, von den energiereichen Lebensmitteln wie Zucker wegzukommen. Sie ermöglichen uns zwar, um unser Leben zu rennen, sie füttern aber nur das Welpenherz. Kohlenhydrate sind wie Kleinholz – sie geben einen kurzen Energieschub und lassen dann nach. Billy begann zum Frühstück mehr Eiweiß zu essen, das den starken Blutzuckerschwankungen vorbeugte, die großenteils sein impulsives Verhalten auslösten. Allein aufgrund dieser Ernährungsumstellung konnte er im Unterricht eine ruhigere Aufmerksamkeit entwickeln.

Nebenbei bemerkt: Seien Sie sich bewusst, dass stimulierende Medikamente oft den Appetit unterdrücken. Falls Ihr Kind ADHS-Medikamente einnimmt, beobachten Sie vielleicht vermehrt Stimmungsschwankungen, wenn sein Blutzucker abfällt. Diese häufig auftretende Nebenwirkung ist ein weiterer Grund dafür, Ihr Kind konsequent eiweißreich und mit qualitativ hochwertigen Lebensmitteln zu ernähren.

Holz-Selbstreflexion entwickeln

Es dauerte einige Jahre, bis Billy sein großes Herz meistern lernte. Das hieß, die Verantwortung für sein Handeln zu übernehmen und besser auf seine Stimmungsschwankungen zu achten. Um die Vorstellungskraft auszubilden, die die Großhirnfunktion charakterisiert, ist es wichtig zu üben, ein retrospektives Bewusstsein („Wie bin ich heute im Vergleich zu gestern") wie auch ein prospektives Bewusstsein („Wie wird es morgen sein im Vergleich zu heute") zu entwickeln. Sobald er seine Gefühle besser mitteilen konnte, erkannte er die gleichen Gefühle auch bei anderen.

Meditation

Meditation ist eine jahrhundertealte Praktik, die uns hilft, den Geist zu fokussieren, indem sie unser Selbstgewahrsein verbessert. Ich werde oft gefragt, wie ich einem hyperaktiven Holz-Kind wie Billy das Meditieren beibringen kann. Meiner Erfahrung nach ist das mit der richtigen Ermunterung und dem richtigen Setting im Grunde recht einfach. Bei Billy half es, ihm zu sagen, er könne damit seine Superkräfte meistern. Der Trick bestand darin, auch zu Hause zu meditieren. Hier müssen Eltern wirklich unterstützend mitarbeiten.

ÜBUNG

Holz-Meditation

Diese Meditation kann im Stehen, Sitzen oder Liegen durchgeführt werden. Denken Sie daran, Ihr Holz-Kind will sich bewegen; deshalb ist es eine Herausforderung, zu lernen, sich nicht zu bewegen. Manchmal ist das Stehen daher anfangs leichter.

1. Lassen Sie Ihr Kind einige Male die Bauchatmung machen; beim Einatmen dehnt sich der Bauch (nicht der Brustkorb) aus, beim Ausatmen entspannt sich der Bauch (lässt los).
2. Nun soll sich Ihr Kind vorstellen, es ist ein Baum, groß und stark, der bis in den Himmel reicht. Wenn es in seinen Bauch atmet, soll es sich vorstellen, die Luft strömt in seinen Körper ein.[8]
3. Beim Ausatmen soll es sich vorstellen: Es lässt seinen Atem los und gibt seine ganze Kraft liebevoll an die Erde ab. Denn die Erde unterstützt es und lässt es groß und stark werden. Die Bäume geben der Erde etwas zurück, indem sie sie mit ihren Wurzeln auflockern.
4. Beim Einatmen soll sich Ihr Kind im Stillen bei der Luft für seine Kraft bedanken. Beim Ausatmen bedankt es sich bei der Erde für ihre Unterstützung, indem es ihr ihre Kraft zurückgibt.

ÜBUNG

Qigong-Übung für Holz: Stehen wie ein Baum

Diese Übung wird am besten vor dem Frühstück im Freien durchgeführt (den Blick nach Osten gerichtet), damit Ihr Kind morgens in Schwung kommt. Gut ist aber auch, sie vor den Hausaufgaben auszuprobieren. Wenn Sie diese Übungen gemeinsam mit Ihrem Kind durchführen, wird es sie weniger als eine weitere Pflicht empfinden.

1. Ihr Kind soll aufrecht stehen, die Beine schulterbreit auseinander, beide Füße fest auf dem Boden. Dabei soll es sich vorstellen, es ist ein Baum mit einem dicken Stamm.
2. Der Blick ist geradeaus gerichtet, es kann ihn schweifen lassen, ohne ihn an etwas Bestimmtes zu heften.
3. Nun soll es seine Hände auf Nabelhöhe vor sich halten, als würde es einen Wasserball im Arm halten.
4. Wenn es in seinen Bauch atmet (siehe die Grundübung zur Bauchatmung in Kapitel 5), kann sich der Wasserball leicht ausdehnen. Beim Einatmen soll sich Ihr Kind vorstellen, es ist so mit Luft angefüllt, dass es sich im Wind wiegen kann. Leicht wie die Luft, soll Ihr Kind versuchen zu lächeln.

---

8 In den Entsprechungen der Fünf Wandlungsphasen ist die Luft der Lunge und dem Metall zugeordnet. Metall trainiert Holz.

5. Beim Ausatmen kann Ihr Kind etwas Luft aus dem Wasserball herauslassen. Gleichzeitig kann es in seiner Haltung ein wenig nachgeben und spüren, wie sein Gewicht in seine Fußsohlen wandert. Die kann es sich als seine Wurzeln vorstellen, die es erden.

6. Beginnen Sie mit einem Atemzug oder zwei Atemzügen und arbeiten Sie mit Ihrem Kind daran, die Anzahl der Atemzüge im Laufe mehrerer Wochen auf 25 zu steigern. Beim Üben soll sich Ihr Kind ausschließlich auf seine Haltung und Atembewegung konzentrieren.

Chanten mit dem Holz-Kind: Chanten ist eine wunderbare Ergänzung, die Sie nach der Meditation ausprobieren können. Im Kern bedeutet Chanten, ein Wort oder eine kurze Abfolge von Lauten immer wieder zu wiederholen. Ich verwende oft „Okay, okay, okay, okay ..." Dabei soll Ihr Kind darauf achten, wie sich der Klang der Wörter verändert, wenn es sich entspannt und flexibler konzentrieren kann.

Mitgefühl entwickeln

Die wahre Kraft des großen Herzens liegt darin, die Dinge mit den Augen eines anderen Menschen sehen zu können. Als Billy sich seiner eigenen Natur immer sicherer wurde, merkte er auch, wann seine Mutter traurig war, und beruhigte sich dann spontan. Bei meiner Arbeit mit Billy zeichnete ich auf, wie Holz die Erde durchzieht. Das verbesserte seine Selbstreflexion. Er sagte seiner Mutter, wann er seiner Meinung nach einen Termin bei mir zum „Tuning" brauchte, wie er es nannte. In diesen Sitzungen akupunktierte ich ihn zunächst und dann machten wir eine kurze Meditation als Übung, bei der er sich vorstellte, die Emotionen eines anderen Menschen zu fühlen.

Geschichtenerzählen ist eine hervorragende Möglichkeit, das zu üben. Wir erstellten Comichefte, in denen ein fiktives Kind mit Erde-Eigenschaften schikaniert wurde. Dann dachten wir uns verschiedene Emotionen aus, wie sich das Kind fühlen könnte. Als Billy über das Schwarz-Weiß-Denken „die Guten und die Bösen" hinausging, erkundete er über die Figuren vielfältige Emotionen.

Rollentausch-Übungen

Wir machten auch Rollenspiele. Ich empfahl, dass er mit seinem Vater ein Spiel einführte, bei dem sie eine Stunde lang Rollen tauschten: Dann war Billy der Vater und sein Vater das Kind. Dadurch lernte Billy, besser mit den Augen eines anderen Menschen zu sehen.

Erde-Eigenschaften kultivieren

Schließlich musste Billy feststellen, dass er eine soziale Gruppe ebenso brauchte wie sie ihn. Das ist die Kraft der Liebe, durch die wir uns ganz fühlen, die uns aus den Fesseln der Unsicherheit und der bellenden Welpen befreit. Erst als Billy einen Sommer weg von Zuhause verbrachte, begann er die besonderen Qualitäten seiner Familie wirklich zu schätzen – ein Zeichen, dass er Erde-Eigenschaften verinnerlichte. So schätzte er nicht mehr nur Individualismus, sondern auch die Gemeinschaft.

Die Vielfalt schätzen: ein wahrer Held werden

Nachstehend einige Aktivitäten, die Eltern, Lehrer und Therapeuten als Aufgaben stellen können, um das Holz-Kind zu unterstützen, seine Stärken zu entwickeln:
- Finde drei Beispiele, die du besser zusammen mit anderen erledigen kannst als allein.
- Erkläre die Bedeutung von „Zusammenarbeit", „Held" und „Opfer" (sacrifice).
- Beschreibe etwas, das du besser mit der Familie als allein machen kannst.
- Arbeite mit deinen Klassenkameraden gemeinsam an der Lösung eines Problems.
- Gemeinschaft definieren: Zähle so viele Menschen aus deinem Umfeld auf wie möglich oder stelle sie kurz vor.
- Beschreibe die Eigenschaften eines Freundes, einer Freundin ganz genau. (Welche Natur ist er oder sie?)
- Erfinde Spiele, bei denen es um Zusammenarbeit geht, und spiele sie mit einem Freund oder einer Freundin.
- Bringe Familienmitgliedern ein Spiel bei, bei dem man im Team arbeiten muss.
- Erkläre die Bedeutung von „Menschenfreund" (humanitarian).
- Lies eine Biografie eines berühmten Menschenfreundes (oder mehrerer).

5.6 Das Holz-Kind unterrichten

In der Entwicklung jedes Kindes spielen Lehrer natürlich eine wichtige Rolle. Doch weil sie heutzutage unter solchem Druck stehen, den Lehrplan einzuhalten, haben sie meist nicht die Zeit, auf die Bedürfnisse der und des Einzelnen einzugehen. Eine Lehrkraft, die Metall (Konsequenz) und Wasser (Ruhe) im richtigen Mischungsverhältnis einsetzt, wird für einen optimalen Stresslevel sorgen, damit sich ein Holz-Kind wie Billy Herausforderungen stellt, ohne sich dabei bedroht zu fühlen. Lehrer, die selbst eine Holz-Natur sind, empfinden vielleicht Mitgefühl für Kinder mit der gleichen Natur, manchmal kann das jedoch zu Konflikten führen, wenn ein Kind z.B.

ihre Autorität infrage stellt. Lehrer mit einer Feuer-Natur sind für das Holz-Kind eine hervorragende Inspiration, weil sie „Action" und Veränderung bieten und so die Kinder bei der Stange halten. Lehrer mit einer Erde-Natur konzentrieren sich häufig auf Gruppenaktivitäten und das Holz-Kind könnte die Gruppe dominieren wollen. Wichtig ist, dass sie die Gruppe in solchen Situationen mit genügend Metall-Konsequenz unterstützen.

Unabhängig von der Natur des Lehrers ist es wesentlich, sich zu erinnern, dass ein hyperaktives Holz-Kind einen Zustand des Bedroht-Seins widerspiegelt. Wenn es ein unterstützendes Umfeld erlebt, das seine Neugier fördert und ihm gleichzeitig beibringt, sein Verhalten zu regulieren (das große Herz zu entwickeln), dann wird sich das maßgeblich auf seinen künftigen Erfolg in Schule und Beruf auswirken. Wenn das Holz-Kind im Unterricht eingeklinkt ist, kann es eine echte Führungspersönlichkeit sein, deren Begeisterung für gute Leistungen die ganze Klasse „auf Kurs bringt".

5.7 Billy eingeklinkt

Bei seinen ersten Terminen bei mir war Billy feindselig und hyperaktiv. Er und seine Eltern schafften es, sein Problem in einen Vorteil umzuwandeln. Mittlerweile ist er in der 5. Klasse und kann sich im Unterricht konzentrieren, ohne sich von den Anforderungen seiner Lehrer bedroht zu fühlen. Er hat einige feste Freundschaften entwickelt, die Eigenschaften wie Zusammenarbeit und Vertrauen fördern und ichbezogene Verhaltensweisen minimieren. Den Schulbeginn im Herbst empfindet er immer noch als Strafe, doch wenn er seine Sache in der Schule gut macht , hat er im Alltag genügend Belohnungen, , sodass das Auf und Ab der Frustration mit zunehmendem Alter nachgelassen hat. Kürzlich trat er den Pfadfindern bei, wo er aufgrund seiner Energie und Kreativität Jüngeren ein Vorbild ist, vor allem, wenn sie am Wochenende zelten gehen. Seine Mutter berichtete mir, dass sie sich mittlerweile auf sein Heimkommen nach diesen Abenteuern freue, weil es ihm dann zu Hause so gut gefällt. Durch sein besseres Selbstwertgefühl hat die Animosität daheim nachgelassen und nach jeder Rückkehr scheint diese Wirkung etwas länger anzuhalten. Auch bei Schwimmwettkämpfen erlebt Billy Erfolge und sein einst so distanzierter Vater versucht, immer dabei zu sein.

Man könnte zwar meinen, Holz-Kinder seien überwiegend Jungen, doch hier kommt die Geschichte von Rachel, einem Holz-Mädchen im Teenageralter. Wir nutzten die Methode des Aufzeichnens und entwarfen spezielle Strategien für sie. In Kombination mit Akupunktur half ihr das, ihre Medikamentendosis zu reduzieren.

Beispiel: Rachel – ein Holz-Teenager mit ADHS

Mit 15 Jahren kam Rachel zu mir zum Erstgespräch. Sie war wütend, bei mir zu sein, und antwortete mit kurzen Grunzlauten und der Aussage, sie hasse ihre Eltern und Ärzte könnten ihr ohnehin nicht helfen. Im Laufe der Jahre war sie mit diversen stimulierenden Medikamenten gegen ADHS behandelt worden, die alle innerhalb weniger Monate in ihrer Wirkung nachzulassen schienen. Bei unserer ersten Begegnung nahm Rachel einen Cocktail an Aufputschmitteln und Angstlösern. Wegen ihres feindseligen Verhaltens war sie von mehreren Schulen geflogen. Sie machte allen anderen ihre Probleme zum Vorwurf und hatte keine engen Freunde. Allerdings hatte sie einen Freund, der jedoch einige Jahre älter war als sie und zuvor ein Drogenproblem gehabt hatte. Ihr Psychiater hatte Rachel zur Akupunktur an mich verwiesen.

Bei unserem zweiten Termin besprach ich mit Rachel ihre Holz-Natur. Zum ersten Mal hatte damit jemand ihr Problem neu definiert als eine übersteigerte Widerspiegelung ihrer natürlichen Fähigkeiten. Als ich ihre Beziehungen skizzierte, konnte sie auch die Naturen ihrer Eltern ausmachen: Ihr Vater war eine Feuer-Natur, ihre Mutter war eine Mischung aus Erde und Metall. Ihre Eltern stritten sich relativ oft und hatten auch häufig Konflikte mit Rachel. Ihr Vater schnauzte sie oft unvermittelt an, während ihre Mutter sie ständig bewertete und sie in ihren Aktivitäten stark einschränkte. Als wir dies aufzeichneten, sah Rachel ihr Leben mit anderen Augen. Da keimte ein Fünkchen Hoffnung auf, wir könnten vielleicht eine gute therapeutische Beziehung entwickeln.

Ich empfahl ihr Akupunktur zum Loslassen ihrer Anspannung. Meiner Erfahrung nach brauchen Holz-Kinder zur Erdung oft erst praktische Körperarbeit statt abstrakte Gespräche. Erst dann empfiehlt es sich, alte Verhaltensmuster eingehend zu untersuchen. Ich erklärte Rachel, dass wir diese Beziehungen der Fünf Wandlungsphasen auch heranziehen könnten, um Akupunkturpunkte an ihrem Körper auszuwählen. Sie war fasziniert und wollte die Wirkung jedes einzelnen Punktes wissen. Indem sie sich auf die Bedeutung der Punkte konzentrierte, entwickelte sie Vertrauen und erkannte praktische Möglichkeiten, sich selbst zu helfen. Sie begann, Omega-3-Fettsäuren und chinesische Kräuter einzunehmen, um ihre Nieren (Wasser) zu unterstützen und die Leber (Holz) ins Gleichgewicht zu bringen; außerdem Ergänzungen gegen Adrenalinstress, wie beispielsweise Taurin, 5-HTP (ein Amino-Ergänzungsmittel, das bei Angst hilft), Magnesium, Vitamin B6, L-Theanin und Niacin. Während ihrer Akupunktursitzungen brachte ich Rachel bei, ihre Aufmerksamkeit beim Atmen auf die Punkte zu richten, und ermunterte sie, das jeden Abend vor dem Schlafen zu Hause zu üben. Im Laufe der Zeit achtete sie stärker auf ihre Gefühlsschwankungen und setzte ihre Atmung bewusst in Situationen ein, in denen sie sich außer Kontrolle fühlte. Das half ihr besonders bei Auseinandersetzungen ihrer Eltern.

Indem sie eine Verbindung zwischen ihren Gefühlen und ihren Reaktionen herstellte, konnte sie emotionale Zustände anderer besser würdigen, statt einfach zu reagieren. Außerdem sprach sie mehr über die Menschen in ihrem Leben. Weil sie ihre Gefühle differenzierter beschreiben konnte, konnte sie die Intensität ihrer Emotionen besser steuern. Nach und nach konnten wir viele Medikamente absetzen. Adderall nahm sie allerdings in geringer Dosierung weiter, das half ihr in der Schule. Im Laufe der Zeit bekam sie auch mehr Appetit und schlief besser, wodurch sie sich gleichmäßiger und ausgeglichener konzentrieren konnte. Das vielleicht Wichtigste aber war: In den folgenden Jahren schafften wir es, eine vertrauensvolle Beziehung zu entwickeln, die ihr den Raum gab, ihre Gefühle auszudrücken, statt reflexhaft zu reagieren. Heute ist sie eine hervorragende Musikerin und beendet gerade ihr drittes Jahr auf dem College. Ihre Beziehung zu ihren Eltern ist im Laufe der Jahre gereift. Rachel kann sie jetzt in neuem Licht sehen und wertschätzen, dass sie auf ihre (Rachels) Leistungen wirklich stolz sind.

Mitgefühl für Holz entwickeln

Wenn das Holz-Kind sein großes Herz findet, hat es alle Tugenden eines wahren Helden / einer wahren Heldin: die Fähigkeit, sich Herausforderungen großherzig zu stellen und bereitwillig für andere Opfer zu bringen. Dadurch zeichnen sich einige der Führungspersönlichkeiten aus, die wir am meisten schätzen. Denken Sie an diese Menschen, wenn Sie Ihrem Holz-Kind den Weg ebnen. Achten Sie darauf, wie hoch Sie Ihre Erwartungen setzen. Erinnern Sie sich, wie empfindlich Ihr Kind in seinem Stolz ist. Achten Sie auf den Tonfall Ihrer Stimme. Ist er anklagend oder ermutigend? Ist Ihre Stimme ruhig oder schrill und erniedrigend? Ihre Worte können sich wie ein Schwert anfühlen, wenn sie zu scharf, zu kritisch sind. Versuchen Sie sich in Ihr Kind hineinzuversetzen und sich vorzustellen, wie es sich wohl in Ihrer Gegenwart fühlt. Sind Sie konsequent in den Grenzen, die Sie setzen? Halten Sie sich an Ihre Versprechen? Schaffen Sie Struktur, ohne rigide oder gemein zu sein? Verhätscheln Sie sein Welpenherz, nur weil es bequemer ist? Damit es sein großes Herz öffnen kann, müssen auch Sie das größere Bild sehen. Wenn Sie das täglich praktizieren, dann werden Sie zu genau der richtigen Medizin für Ihr Kind.

Bitte denken Sie an diese Eigenschaften, wenn Sie mit der intensiven Energie des Holz-Kindes zu tun haben, ob bei Ihnen zu Hause oder in der Schule. Das Kind ist hier, um uns etwas über uns selbst zu lehren. Die Holz-Tugenden liegen in der Kraft, „in der Zone zu sein", um die Dinge voranzubringen. Holz nährt Feuer, das Freude und Vergnügen zum Ausdruck bringt. Holz bietet Wasser ein Ventil in die Welt. Holz gibt Erde Richtung. Und Holz gibt Metall etwas zum Formen. Holz zu lieben bedeutet, alles Leben zu lieben, das der Frühling in unsere Welt bringt.

Zusammenfassung: der Zugang zu Holz

- **Das Welpenherz nähren:** Nähren Sie es mit Wasser. Geben Sie Fischöle, lassen Sie Ihr Kind mehr trinken. Einen hohen Stellenwert haben Baden und andere Wasser-Aktivitäten (wie Schwimmen) sowie Schlaf. Arbeiten Sie an der Zeiteinteilung und legen Sie Wert auf Rätsel. Probieren Sie Kraniosakral-Therapie und Akupunktur.
- **Das Welpenherz trainieren:** Metall reguliert Holz, fördern Sie also Struktur, erforschen Sie Muster und zeigen Sie Konsequenz. Arbeiten Sie mit dem Atemrhythmus und Kampfsport und sowie mit der Methode des Aufzeichnens.
- **Das große Herz entwickeln:** Feuer dient als Ventil. Ermuntern Sie Ihr Kind zu Auftritten und Führungspositionen. Erwägen Sie Sprachtherapie, Tanz und Kunstturnen.
- **Das große Herz meistern:** Erkennen Sie, wie Holz in die Erde eindringt. Essen Sie gemeinsam, spielen Sie „Ich sehe was, was du nicht siehst" und singen bzw. chanten Sie miteinander. Praktizieren Sie die Atemübung und Aktivitäten, die die Vielfalt schätzen helfen (ein wahrer Held / eine wahre Heldin werden).

7. | Das Feuer-Kind

7.1 Lizzie

Lizzie ist so so eine Persönlichkeit! Mit ihren strahlenden Augen, ihren dicken, rosigen Wangen und ihrem freundlichen Lächeln bringt sie mit ihrer Begeisterung Heiterkeit in jeden Raum. Wer sie kennenlernt, ist gern mit ihr zusammen. Als Lizzie in der zweiten Klasse war, nahmen ihre Eltern Kontakt zu mir auf, weil sie erfahren hatten, dass sie sich im Unterricht schlecht konzentrieren konnte. Die Lehrerin sagte, Lizzie müsse ihre Arbeit ernster nehmen, sonst würde sie das Klassenziel nicht erreichen. Lizzie ließ sich von allem, was im Klassenzimmer vorging, ablenken. Selbst die Etiketten in ihren T-Shirts schienen sie im Unterricht zu stören. Sie klagte, es sei zu laut in der Klasse und noch lauter, wenn sie sich wirklich konzentrieren mussten. Ihrer Mutter war bewusst, dass Lizzie unreif war für ihr Alter und sie ihre Impulse sicher nicht so gut kontrollieren konnte wie ihre Klassenkameraden. Zur Mitte des Schuljahres hatte sie sogar begonnen, in Babysprache zu sprechen.

Als ich mich mit Lizzies Lehrerin in Verbindung setzte, teilte sie mir mit, Lizzie sei sehr beliebt und bringe Leben in die Klasse. Sie klagte aber auch, Lizzie wisse nicht, wann ihr Albern genug war. So war sie ein wenig zum Klassenclown geworden. Die Lehrerin mochte Lizzie, ohne Frage, doch sie war in Sorge, weil in der dritten Klasse deutlich mehr verlangt werde und Lizzie dann große Schwierigkeiten haben würde, mitzukommen.

Beim ersten Gespräch mit Lizzies Eltern wurde rasch klar, dass Lizzie ein Feuer-Kind ist. Mit einem Feuer-Kind im Haus wird es nie langweilig. Deshalb kann man Feuer-Kinder meiner Erfahrung nach in einer Gruppe rasch ausmachen. Vom Moment ihrer Geburt an ist ihr intensives und reichliches inneres Feuer spürbar. Lizzie hatte einen angeborenen Sinn für Humor und war äußerst intuitiv. Ihre Fähigkeit, Geschehnisse im Voraus zu spüren, machte ihr mitunter Angst. Sie war zwischen zwei Extremen gefangen: Einerseits fühlte sie sich stark zu jeglicher Stimulation hingezogen, war andererseits aber schnell davon überfordert. Das ist ein Anzeichen dafür, dass das Welpenherz die Aufmerksamkeit dominiert. Lizzie fand die Schule langweilig, wie sie mir erklärte. Ihre Mutter klagte sogar, Lizzie finde *alles* langweilig. Auch das ist ein typisches Zeichen von Unsicherheit. Bei unserer ersten Begegnung entwarf ich mit Lizzies Eltern eine Vorgehensweise, ihre Aufmerksamkeit zu entwickeln.

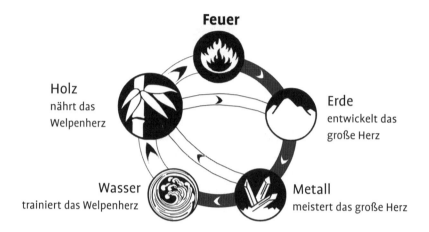

Feuer

Holz
nährt das
Welpenherz

Erde
entwickelt das
große Herz

Wasser
trainiert das Welpenherz

Metall
meistert das große Herz

Abbildung 10: Entwurf einer Lösung für Feuer

7.2 Das Welpenherz nähren: die Kraft des Holzes

In der Natur nährt Holz Feuer. Für Lizzie bedeutete das, jemanden zu haben, dessen Ermunterung sie anregte, sich sicher zu fühlen. Glücklicherweise hatte Lizzies Vater genau die richtige Holz-Natur, um sie in Schwung zu bringen. Doch er musste lernen, seine Kraft weise einzusetzen. Das Welpenherz nähren bedeutet, eine sichere Grundlage zu schaffen, ohne es einfach gewähren zu lassen. Das Feuer-Kind liebt die Stimulation bis zu dem Punkt, an dem es die Kontrolle verliert. Hier ist die Kraft des „Weniger-ist-Liebe" wirklich wichtig. Durch zu starkes Drängen des Holzes gerät das Feuer außer Kontrolle. Lizzies Vater erkannte, wie sein eigener Erfolgsdrang Lizzie unsicherer machte und ihre Feuer-Natur verstärkte. Sie anzuschreien hatte die gleiche Wirkung, wie er feststellte. Wenn sich Lizzie unsicher fühlte, war sie schreckhaft, was einen Teufelskreis in Gang setzte, in dem Ablenkung sie nur noch aufgeregter machte.

Lizzies Vater hatte sie als Baby überstimuliert, weil ihr das so zu gefallen schien. Weil das zur Gewohnheit wurde, erlebte Lizzie nie ruhige Aufmerksamkeit. Ihre Mutter, eine Anwältin mit Metall-Natur, hatte Lizzie weniger ermuntert, in dem Bemühen, das Verhalten ihres Mannes auszugleichen. Im Laufe der Zeit wurden ihre Erwartungen an Lizzie allzu rigide. Sie ging nach der Schule viel zu vielen Aktivitäten nach und hatte keine Zeit zum Erholen. Ihre Eltern klagten, sie fänden Lizzie mitten in der Nacht vor dem Computer.

Bei der Neubestimmung ihres Sicherheitsgefühls reduzierten wir als Erstes das ganze „Unterhaltungsprogramm" und drängten sie weniger. Weniger ist Liebe. Das bedeutet allerdings auch nicht, alles zu streichen. Das ist zu grausam für ein Feuer-Kind. Eine sanfte Ermunterung hat Langzeitwirkung. Klare und erreichbare Ziele zu setzen und nicht einer sofortigen Belohnung nachzugeben sind der Schlüssel dafür, dass Holz das Feuer-Kind richtig nährt. Diese Grenzen linderten in der Tat Lizzies Angst und verbesserten ihre Konzentration.

Für ein stärkeres Sicherheitsgefühl zu sorgen bedeutete, Lizzie dort abzuholen, wo sie war. Sie liebte das Neue, deshalb zeichneten wir zunächst ihren Tag auf. Dadurch hatte sie etwas, worauf sie sich freuen konnte, und es linderte ihre Angst, weil sie sich an der Aufzeichnung orientieren konnte, was als Nächstes dran war. Und wenn sie sich auf Übergänge in ihrem Tagesablauf einstellen konnte, überwältigten plötzliche Veränderungen sie weniger leicht.

Auch mehr Bewegung wirkte sich stark auf Lizzies Aufmerksamkeit aus. Denken Sie daran: Holz ist körperliche Bewegung. Ein Spaziergang nach der Schule half ihr schon, zur Ruhe zu kommen, bevor sie sich an ihre Hausaufgaben machte. Außerdem empfahl ich, dass sie in regelmäßigen Abständen ein paar Minuten von ihren Aufgaben aufstehen durfte, damit sie nicht zu „langweilig" wurden. Ihre Mutter und Lizzie begannen miteinander Yoga zu machen, was sie als wunderbares Mittel empfanden, am Ende des Tages Lizzies Reizüberflutung abzubauen.

Interessanterweise stelle ich oft fest, dass Kinder vom Feuer-Typ, die in der Grundschule ADHS-Symptome zeigen, manchmal besser zurechtkommen, sobald sie in die Middleschool[9] kommen und sie immer wieder ihre Kurse wechseln können. Dieser „Tapetenwechsel" hält ihre Aufmerksamkeit wach und sie selbst geerdet.

Ernährung, die das Holz nährt

Oft gingen Lizzies ausgeprägte Stimmungsschwankungen mit einem raschen Absinken des Blutzuckerspiegels einher. Der Stoffwechsel des Feuer-Kindes läuft auf Hochtouren. Wenn es Hunger bekommt, neigte es dazu, rasch „abzuklappen". Es kann sich dann auf nichts anderes mehr konzentrieren als auf Essen. Bei Lizzie nahm das äußerst dramatische Ausmaße an, ihr wurde schwindlig oder sie schlief einfach ein. Durch unsere Arbeit lernten ihre Eltern das als Warnsignale eines niedrigen Blutzuckerspiegels zu erkennen. Wir reduzierten ihren Verzehr von Kohlenhydraten, erhöhten die

---

9   „Mittelschule", bezeichnet in den USA die Jahrgangsstufen 5 bis 8; Anm. d. Ü.

Eiweißmenge und erhöhten die Anzahl der Mahlzeiten von drei auf fünf pro Tag. Damit konnten wir auch ihre Stimmung stabilisieren. Feuer-Kinder belohnen sich gern mit Essen. Wichtig ist, an Folgendes zu denken: Wenn Süßigkeiten im Haus sind, funktioniert es nie, sie einzuschränken. Ihr Feuer-Kind konzentriert sich dann nur noch stärker darauf. Obwohl Lizzies Eltern selbst Vegetarier waren, erkannten sie, wie wirksam Fleisch die Stimmung und das Sicherheitsgefühl ihrer Tochter stabilisierte.

7.3 Das Welpenherz trainieren: die Kraft des Wassers

Lizzies leuchtend rote Wangen, ihr häufiges Schwitzen und die Empfindlichkeit gegenüber Geräuschen und Stoffen waren Anzeichen einer erhöhten Unsicherheit. Sie „brannte zu stark" und musste gekühlt werden. Das Welpenherz zu trainieren heißt, durch Wiederholung und Belohnung ihrer Natur einen sicheren Weg zu bahnen. Wasser kühlt Feuer. Wir achteten darauf, dass Lizzie im Laufe des Tages genug trank. Oft war sie so in ihre jeweilige Tätigkeit vertieft, dass sie das Trinken schlicht vergaß. Allein dadurch, dass sie mehr Wasser (keine zuckerhaltigen Erfrischungsgetränke) trank, ging ihre Überempfindlichkeit gegenüber Geweben zurück, weil das Wasser ihre innere Hitze senkte. Wir reduzierten die übermäßigen Süßigkeiten zugunsten einiger salziger Nahrungsmittel (in der Chinesischen Medizin ist der salzige Geschmack dem Wasser zugeordnet); das regulierte bereits ihr massives Verlangen. Außerdem nahm sie täglich Omega-3-Fischöle ein (500 mg pro Tag). Ein Motor, der zu heiß läuft, braucht Öl, damit ein ruhiges Laufen gewährleistet ist, und er braucht Kühlwasser, damit er nicht überhitzt.

Wassermassage und Schlaf

Weil Lizzie Sinnesreize so liebte, fiel es ihr schwer, zur Ruhe zu kommen und einzuschlafen. Sie fürchtete sich vor der Dunkelheit und wusste im Grunde nicht, wie Einschlafen „geht". Üblicherweise spielte sie einfach, bis sie umfiel. Wasser entspricht dem Dunkel der Nacht. Für das Feuer-Kind kann das das Ende des Vergnügens (und Lichtes) bedeuten. Angesichts dieser Herausforderung empfahl ich ihren Eltern, sie Bittersalzbäder nehmen zu lassen und vor dem Schlafengehen eine Tiefenmassage durchzuführen. Das wurde für sie zu einer wunderbaren Möglichkeit, „runterzukommen" und die Verbindung zu ihren Eltern zu vertiefen. Ihre Eltern kauften ihr auch eine Einschlafhilfe und ein Nachtlicht für ihr Zimmer, damit sie sich sicherer fühlte und besser in den Schlaf fand. Wenn sie ausreichend schlief, kamen auch der Parasympathikus und Sympathikus ihres Nervensystems ins Gleichgewicht. Dann konnte Lizzie am folgenden Tag viel besser mit Reizen umgehen.

So sind Sie ein Wasser-Vorbild für Ihr Feuer-Kind

In gewissem Sinn ist es Aufgabe des Wassers, zur Ruhe zu kommen und ernst zu sein. Wasser ist tief, ruhig und unbewegt. Das ist vielleicht die größte Herausforderung für ein Feuer-Kind. Lizzies Eltern mussten lernen, gelassener und ruhiger zu werden, um Lizzies Energie auszugleichen, wenn sie ungestüm wurde. Erinnern Sie sich, das Welpenherz orientiert sich erst an der Körpersprache, dann an den Worten. Lizzies Vater stellte fest: Je ruhiger er wurde, desto mehr kam auch Lizzie zur Ruhe und umso besser konnte sie sich konzentrieren. Sie machten es sich zur Gewohnheit, jeden Tag gemeinsam ein wenig in Ruhe zu lesen. Lizzie verliebte sich in die Harry-Potter-Abenteuer. Im Gegensatz zum Fernsehen oder zu Videospielen geht man beim Lesen langsamer und organischer vor, was die Aufmerksamkeit schulen hilft. Ein weiterer wichtiger Schritt für einen besseren Schlaf bestand darin, den Computer aus Lizzies Zimmer zu entfernen, obwohl sie das anfangs als Strafe empfand. Ja, Lizzie war manchmal so feinfühlig, dass sie sogar einen ausgeschalteten Computer im Zimmer spürte, wie sie mir sagte.

Weniger ist Liebe

Wasser hat zwar die Kraft, Feuer zu regulieren, doch seien Sie bitte vorsichtig. Zu viel Wasser kann Feuer löschen. Wenn Sie zu „wässrig" sind (zu unnahbar, zu distanziert), kann das Ihr Feuer-Kind weiter verunsichern. Die Forderung, es solle „ernst sein", kann äußerst bedrohlich wirken, wenn das ständig verlangt wird. Falls Sie zufällig eine Wasser-Natur sind, dann denken Sie an die Macht, die Sie über Ihr Kind haben. Um Ihr Kind „auf Kurs zu halten", genügt es manchmal schon, wenn Sie einfach still danebensitzen und nichts sagen, während es seine Hausaufgaben macht.

Das Welpenherz zu trainieren bedeutet auch, positive Belohnungen zu bieten. Vergessen Sie nicht, das Temperament Ihres Kindes zu würdigen. Nehmen Sie seine Verhaltensweisen nicht persönlich. Es könnte Ihre Wasser-Natur als Hinweis missverstehen, Sie seien zu beschäftigt für Ihr Kind. Denken Sie daran, das Feuer-Kind hat seine Sinne weit offen. Zu viel Stille kann sein Sicherheitsgefühl untergraben, seien Sie sich dessen bewusst. Achten Sie auf den Tonfall Ihrer Stimme: Klingt sie abgehoben oder inspirierend? Wenn Sie seinen Hang zum Drama bemerken, können Sie diese Stimmungsschwankungen frühzeitig mit ein wenig Erdung auffangen. Ihr Feuer-Kind ans Alleinsein zu gewöhnen erfordert Zeit und Übung. Seien Sie geduldig und unterstützen Sie es. Wenn Sie Ihre eigene Natur in den Griff bekommen, werden Sie zum Vorbild und verbessern die Fähigkeit Ihres Kindes, auch an Orten wie im Klassenzimmer ruhig und konzentriert zu bleiben.

Ruhe in die Umgebung bringen

Lizzies Eltern führten kleine Änderungen in ihrer Umgebung durch, die die Ruhe förderten. Sie strichen die Decke von Lizzies Schlafzimmer blau mit winzigen weißen Sternen und einem gelben Mond, der im Dunklen leuchtete. Das gefiel ihr sehr und vermittelte ihr jeden Abend beim Einschlafen Geborgenheit.

In der Hausaufgabenhölle schmoren

Die Hausaufgaben waren für Lizzie eine der größten Herausforderungen. Wenn sie von der Schule nach Hause kam, rastete sie erst einmal völlig aus. Wenn sie dann eine kleine eiweißhaltige Mahlzeit bekam und Zeit zum Spielen hatte, konnte sie sich leichter wieder auf die Hausaufgaben einlassen. Ihre Eltern stellten fest, dass sie besser zurechtkam, wenn sie zeitweilig ihren Arbeitsplatz wechselte. Weil bei Lizzie ADHS diagnostiziert worden war, brauchte sie aufgrund Paragraf 504 des amerikanischen Behindertengleichstellungsgesetzes in den ersten Schuljahren weniger Hausaufgaben zu machen. Langfristig haben manche Feuer-Kinder mit weniger Hausaufgaben mehr Zeit zur Regeneration, sodass sie am nächsten Tag besser aufpassen können.

7.4 Das große Herz entwickeln: die Kraft der Erde

Wie Früchte gegen Ende des Sommers reif werden, so bringt Feuer Erde hervor. Erde steht für Zusammenhang, Beziehungen und Verbindungen. Da Lizzie im Moment lebte, hatte sie oft am nächsten Tag vergessen, was sie gelernt hatte. Sie konnte sich Dinge wesentlich besser merken, so stellten wir fest, wenn sie den Zusammenhang verstand. Ein Beispiel: Wenn Lizzie Erdkunde lernte und die Informationen über Orte mit Personen verknüpfte, die sie kannte, dann konnte sie sich die Informationen über die Orte deutlich besser merken. Indem sie den neuen Lernstoff jedes Tages auf einem großen Blatt Papier zusammentrug und alles mit Linien verband, erkannte sie leichter, wie alles in das größere Bild passte. Das ist Lernen im Zusammenhang, eine Erde-Vorgehensweise.

Manches schien Lizzie gefühlsmäßig zu wissen. Wenn zu viele Informationen auf sie einstürmten, fühlte sie sich überwältigt. Wir brachten ihr bei, die Verbindungen zwischen den einzelnen Informationen zu erkennen. Dabei half das Üben von Analogien. Kinder in der ersten und zweiten Klasse können einfache Analogien verstehen (etwa: Fisch verhält sich zu Wasser wie ein Vogel zu …). Wenn das Kind älter wird, können die Analogien in immer komplexere Beziehungen erweitert werden. (Weitere Informationen zu Büchern über Analogien finden Sie am Ende dieses Buchs unter „Ressourcen".) Als Lizzie die Beziehungen verstand, galt für sie nicht immer „Alles oder Nichts".

Lernkarten

Außerdem entdeckte Lizzie die Wirkung von Lernkarten. Die verwenden viele Kinder, doch meiner Erfahrung nach kommen Feuer-Kinder mit dieser Lernhilfe wirklich gut zurecht. Lizzie fand es lästig, die Karten einfach nur zu erstellen, deshalb versuchte ihre Mutter, sie mit verschiedenen Farben, Formen und Aufklebern „aufzupeppen". Damit hatte Lizzie eine wunderbare Methode, den ganzen Lernstoff zu ordnen. Sie legte die Karten aus, damit sie die unterschiedlichen Zusammenhänge der Informationen leichter erfasste. Ihre Eltern stellten ihr Quizfragen aus eben diesen Karten. Dabei wurde sofort klar, was Lizzie wusste und woran sie noch arbeiten musste, ohne von *allem* völlig überwältigt zu werden. Das verhalf ihr zu einer umfassenderen Sichtweise, was für Feuer-Kinder der Schlüssel für die Entwicklung des großen Herzens ist.

Sprachtherapie

Wegen ihrer Impulsivität konnte Lizzie ihre Gedanken oft nicht schnell genug ausdrücken, was zu ihrer Frustration beitrug. Ein guter Sprachtherapeut kann individuelle Übungen anbieten, die dem Feuer-Kind helfen, sich verbal auszudrücken, statt reflexhaft zu reagieren. Außerdem benannten Lizzies Eltern ihre emotionalen Zustände, wenn sie auftraten, ähnlich wie man Farben benennt. Mit der Zeit lernte Lizzie zu beschreiben, was sie gerade empfand, statt überzureagieren. Diese sprachliche Ausdrucksfähigkeit ist ein Beispiel dafür, wie das große Herz das Welpenherz in seiner Dramatik beschwichtigt.

Kochen

Als Lizzie ihr Interesse fürs Kochen entdeckte, entdeckte sie zugleich eine wunderbare Möglichkeit für nuancenreiche Sinneserfahrungen. Kochen ist wie Zaubern, man verwandelt etwas in etwas anderes. Indem sie die vielfältigen Strukturen, Geschmacksrichtungen und Gerüche erforschte, öffnete sich Lizzie dafür, sich auf subtilere Erfahrungen zu konzentrieren. Sie schaute sich Kochsendungen im Fernsehen an und war ganz stolz, was sie zum Abendessen alles kreierte. Kochen bot die zusätzliche Belohnung, etwas für andere zu tun. Lizzie kocht immer noch leidenschaftlich gern; ja kürzlich sagte sie mir, sie wolle einmal eine berühmte Chefköchin werden.

„Row, Row, Row Your Boat"

Lizzie hat eine wunderbare Singstimme. Ich ermunterte sie, mit anderen zusammen zu singen, um so die Kraft der Gemeinsamkeit zu erleben. Das Geben und Nehmen des Harmonierens baut selbstbezogene Aufmerksamkeit ab und Lizzie lernte dabei, ihren Atemrhythmus und die Lautstärke ihrer Stimme zu kontrollieren. Sie können üben, mit Ihrem Feuer-Kind Lieder wie „Row, Row, Row Your Boat" im Kanon zu singen. So lernt Ihr Kind, darauf zu achten, was es inmitten der anderen Stimmen macht. Mit etwas Übung wird Ihr Kind sich leichter konzentrieren können, wenn es „gemächlich auf dem Fluss dahingleitet". [10]

Mentor werden

Das Schicksal des Feuers ist es, Erde zu werden. Das große Herz zu entwickeln bedeutet, einen Weg zum eigenen Schicksal zu bahnen. Für Lizzie hieß das, zu begreifen, dass sie nicht der Nabel der Welt war. Als Lizzies Lehrerin in der dritten Klasse ihr anbot, Mentorin für Erstklässler zu werden, war Lizzie hingerissen. Im Zusammensein mit Jüngeren sah sie ihre eigene emotionale Unreife in neuem Licht. Anfangs

---

10   Anspielung auf den Text: Row, row, row your boat, gently down the stream. Anm. d. Ü.

fühlte sie sich zu den Jüngeren hingezogen, weil die nicht so ernst waren, doch nach und nach spürte sie die Verantwortung, die eine Mentorenposition mit sich bringt, und nahm diese sehr ernst. Als Lizzie älter wurde, konnte sie sogar Nachhilfestunden geben. Ihrem Selbstwertgefühl tat das sehr gut, weil sie aufgefordert war, selbst organisiert zu bleiben, um anderen eine Hilfe zu sein. Diese Erfahrung trug erheblich dazu bei, dass Lizzie ihre natürliche Rolle als Führungsperson erkannte. In der Highschool[11] war sie Vorsitzende der Schülervertretung. Das legte den Grundstein dafür, dass sie ihre Feuer-Kraft wirklich meisterte.

7.5 Das große Herz meistern: die Kraft des Metalls

Anfangs hatte Lizzie im Unterricht stark gestört – sicherlich nicht absichtlich. Regeln und Vorschriften (Metall-Struktur) schienen ihr egal zu sein, wenn sie etwas intensiv fühlte (Feuer kann Metall schmelzen). Ja, Lizzies Störungen waren ihre Art, die Monotonie zu durchbrechen. So versuchte sie, die Dinge auf neue Art zu erleben. Bedauerlicherweise führt das im Schulalltag zu vielen Konflikten und zur Verwirrung. Der Druck, sich an den Lehrplan zu halten, scheint heutzutage einfach zu übermächtig und Feuer-Kinder bekommen großen Ärger, wenn sie zu viel Spaß haben. Das große Herz zu meistern bedeutete deshalb für Lizzie, sie musste sich stärker bewusst werden, wie sie auf ihr Umfeld wirkte. Das wiederum bedeutete, zu verstehen, wie Feuer Metall schmilzt.

Eine Übersicht für den Tagesablauf erstellen

Als wir Lizzies Tagesablauf – beginnend mit dem Aufwachen und endend mit dem Schlafengehen – aufzeichneten, konnte sie die Struktur und Abfolge der Aktivitäten wertschätzen, ohne überfordert in Panik zu geraten. Ihre Lehrerin ging in der Schule genauso vor: Sie notierte mit Lizzie die Klassenaktivitäten für den folgenden Tag. Das half Lizzie, sich auf das große Bild zu konzentrieren und ruhig zu bleiben. Anfangs musste sie oft erinnert werden, ihre Übersicht zu benutzen, doch schließlich ging es ihr in Fleisch und Blut über.

---

11 Entspricht der deutschen Oberstufe; Anm. d.Ü.

ÜBUNG

Feuer-Meditation

Atmen ist eine der einfachsten Methoden, um das Metall im Feuer zu fördern. Sobald Lizzie ein paar einfache Atemübungen lernte und praktizierte, spürte sie die emotionalen Veränderungen unmittelbar körperlich. So ein Rhythmus hat etwas Beruhigendes und Lizzie fühlte sich so wohl und sicher damit, dass sie nach und nach zusätzlich zur Erregung noch vielfältige andere emotionale Zustände erlebte. Diese Beherrschung des Feuers erfordert viel Übung. Nachstehend eine typische Meditation, die ich gern mit Feuer-Kindern mache. Sie kann in einem schwach (am besten mit einer einzigen Kerze) beleuchteten Raum im Sitzen oder Liegen durchgeführt werden.

1. Beginnen Sie mit einigen Bauchatmungen. Beim Einatmen dehnt sich der Bauch (nicht der Brustkorb) aus, beim Ausatmen entspannt sich der Bauch (lässt los).
2. Nun soll sich Ihr Kind vorstellen, eine Kerze in einem dunklen Raum zu sein. Während es in seinen Bauch einatmet, soll es sich vorstellen, dass die Luft im Raum seine Flamme nährt.
3. Beim Ausatmen soll es sich vorstellen, es gibt sein Licht ab und füllt so den ganzen Raum. Dabei soll es versuchen, als Kerze gleichmäßig zu brennen, unbeeinflusst vom Ein- und Ausatmen. Den Atem kann es sanft und langsam fließen lassen.
4. Beim Einatmen soll sich Ihr Kind im Stillen bei der Luft bedanken, dass sie seine Flamme nährt. Beim Ausatmen soll es sich beim Raum bedanken, der seine Flamme davor bewahrt, ausgeblasen zu werden.

ÜBUNG

Qigong-Übung für Feuer: Stehen wie die Sonne

Diese Übung wird am besten zur Mittagszeit vor dem Essen ausgeführt mit Blickrichtung nach Süden. Doch man kann sie auch zu allen anderen Zeiten durchführen. Vielleicht wollen Sie sie mit Ihrem Kind morgens ausprobieren, bevor es zur Schule geht.

1. Ihr Kind soll aufrecht stehen, die Beine schulterbreit auseinander, beide Füße fest auf dem Boden, und sich dabei vorstellen, es ist die Sonne.
2. Der Blick ist geradeaus gerichtet, es kann ihn schweifen lassen, ohne etwas Bestimmtes zu fokussieren.
3. Zu Beginn hängen die Arme seitlich herab. Während es in seinen Bauch atmet (siehe Grundübung zur Bauchatmung in Kapitel 5), soll es langsam seine Arme nach oben und außen führen, wie Sonnenstrahlen. Dann führt es seine Arme über den Kopf und faltet dort die Hände. Nun soll es die immer noch gefalteten Hände mit den Handflächen Richtung Himmel drehen.
4. Jetzt soll es tief einatmen und seine gefalteten Handrücken anschauen, als würde es die Sonne halten. Während es seinen Atem anhält, soll es versuchen zu lächeln.

5. Dann soll es langsam ausatmen und dabei die Arme seitwärts wieder nach unten führen.
6. Beginnen Sie mit ein oder zwei Atemzügen und arbeiten Sie sich im Laufe mehrerer Wochen an 25 Atemzüge heran. Beim gemeinsamen Üben soll sich Ihr Kind ausschließlich auf seine Körperhaltung und Atembewegung konzentrieren.

Kohärenz der Herzfrequenz und Akupunktur

Lizzie musste die Metall-Kräfte verinnerlichen, um Struktur zu entwickeln. Dafür zeigte ich ihr als Erstes, wie sie ihren Herzrhythmus (Feuer) und ihren Atem (Metall) regulieren konnte. In meiner Praxis benutzte ich dafür ein emWave-Gerät (siehe Ressourcen). Dieses Gerät ist dafür entwickelt, Herz und Lunge in Kohärenz zu bringen, was erwiesenermaßen die Aufmerksamkeit verbessert und übermäßige Stressreaktionen lindert. Lizzies Eltern kauften ihr irgendwann ein tragbares emWave-Gerät, das sie zu Hause vorm Schlafengehen benutzte. In meiner Praxis setze ich emWave in Kombination mit Akupunktur ein. Das hat sich nach meiner Erfahrung besonders bei Feuer-Kindern sehr bewährt, weil sie dann leichter die beruhigende Wirkung erleben, die eintritt, wenn sie sich auf bestimmte Akupunkturpunkte konzentrieren. Lizzie kam gern zur Akupunktur, vor allem, weil sie Sinneseindrücke so liebte. Bereits durch die Stimulation weniger Akupunkturpunkte kam sie in einen Zustand ruhiger Konzentration. Somit konnten wir die Akupunktursitzungen noch weiter nutzen: Sie übte zu erkennen, wie sich ihre Emotionen von einem Moment zum nächsten änderten. Je vertrauter ihr ruhige Aufmerksamkeit wurde, desto besser konnte sie ihren emotionalen Zustand im Schulunterricht steuern, wie sie feststellte.

Blütenessenzen und Aromatherapie

Von Blüten und Pflanzen kann Ihr Kind sehr profitieren. Denn Blütenessenzen und Aromatherapie stärken die Feuer-Metall-Beziehung. Ich finde sie besonders hilfreich für das hochsensitive Feuer-Kind. Den Eltern fiel auf, wie bestimmte Düfte Lizzies Stimmung beeinflussten. Metall steht mit der Lunge in der Verbindung, die sich in die Nase öffnet, wie es heißt. Im Laufe der Jahre haben wir in ihrem Zimmer und an ihrer Kleidung mit verschiedenen ätherischen Ölen experimentiert, um sie in einem ruhigen und offenen Bewusstseinszustand zu halten. (Im Anhang finden Sie weitere Orientierungshilfen zu pflanzlicher Unterstützung für Feuer.)

Mitgefühl entwickeln

Lizzie wurde sehr stolz auf ihre Feuer-Natur und lernte leidenschaftlich gern, die Kräfte ihres großen Herzens zu entwickeln. Ein Aspekt dieser Kraft besteht darin, umfassender wahrzunehmen, wie sich Emotionen von Tag zu Tag ändern. Wenn Lizzie ihre Gefühle täglich reflektierte, konnte sie leichter vorhersagen, wie sie sich am nächsten Tag fühlen würde. Und indem sie die Verbindung zwischen ihren emotionalen Zuständen und ihrem Umfeld herstellte, wurde ihr auch immer klarer, wen sie durch ihr Ausrasten wahrscheinlich am meisten verärgern würde. Je bewusster sie sich ihrer selbst war, desto besser konnte sie im Laufe der Zeit die Intensität ihrer emotionalen Reaktionen steuern. Mit wachsendem Vertrauen konnte sie lächeln, wenn ihre Eltern ihr sagten: „Lizzie, im Moment zeigst du ein bisschen viel Feuer."

Rote Ampel, grüne Ampel, 1-2-3

Eines der einfachsten Spiele, das wir zur Impulskontrolle spielten, war „Rote Ampel, grüne Ampel, 1-2-3". Dabei rannte Lizzie auf mich zu, während ich zählte. Wenn ich bei 3 war, musste sie auf der Stelle stehen bleiben und „einfrieren". Sie liebte es, ihre Ausgelassenheit (Feuer) zu kontrollieren, und sich gleichzeitig an Regeln (Metall) zu halten. Als Lizzie älter wurde, spielte sie auch gern Brettspiele mit anderen Kindern; das half ihr ebenfalls, die Ruhe zu respektieren, die mit Struktur und Ordnung einhergeht. Durch das positive Feedback, das sie bekam, wenn sie Spaß hatte, ohne außer Rand und Band zu geraten, entwickelte sie mehr Toleranz für das Verhalten anderer Kinder.

Die Vielfalt schätzen: eine wahre Führungspersönlichkeit in der Welt werden

Nachstehend einige Aktivitäten, die Eltern, Lehrer und Therapeuten als Aufgaben stellen können, um das Feuer-Kind zu unterstützen, seine Stärken zu entwickeln:

- Erstelle eine Collage, die dein Leben beschreibt.
- Erkläre die Bedeutung von „Symmetrie", „Muster" und „Abfolge".
- Erkläre die Bedeutung von „heilig".
- Finde drei Beispiele für Zeremonien in deiner Familie.
- Beschreibe eine Zeremonie in deiner Familie ausführlich.
- Entwickle ein tägliches Ritual in deinem Leben.

- Finde eine Möglichkeit, etwas Heiliges in deinen Alltag aufzunehmen.
- Zahlreiche spirituelle Traditionen lehren, dass wir eine Kerze für jemanden anzünden können als Möglichkeit, um uns an die Person zu erinnern oder ihr einen Segen zu schicken. Du kannst erklären, was du von dieser Zeremonie hältst, und eine Kerze für jemanden anzünden, bevor du ins Bett gehst.
- Lies Biografien berühmter Künstler oder Wissenschaftler.

7.6 Das Feuer-Kind unterrichten

Für das Feuer-Kind die richtige Lehrkraft zu finden ist ausgesprochen wichtig, insbesondere in den ersten Schuljahren, wenn sich die Einstellung zum Lernen entwickelt. Eine Lehrerin, die zu stark stimuliert (zu viel Holz), kann noch mehr Dramen heraufbeschwören. Wenn sich ein Feuer-Kind im Unterricht sicher fühlt, kann die ganze Klasse von seinem Enthusiasmus profitieren. Weil das Feuer-Kind so feinfühlig ist, kann jeder stark gestresste Lehrer (das ist heute häufig der Fall) unwissentlich die Impulse des wilden Welpenherzens triggern. Ich sprach jedes Jahr mit Lizzies Eltern darüber, welche Lehrer sie im folgenden Jahr bekommen könnte. Einmal gab eine Lehrerin jedem Kind einen Spitznamen und Lizzies Spitzname war „Baby". Die Lehrerin dachte, das würde Lizzie reifen lassen, doch die gegenteilige Wirkung trat ein: Sie zeigte mehr Babyverhalten. Nicht immer findet man Lehrer, die Wasser (ruhig und gelassen) und Holz (ermunternd, zielorientiert) in einem ausgewogenen Verhältnis vereinen. Eine Lehrerin mit Holz-Natur, die die richtige Richtung vorgibt, hält das Feuer-Kind auf Ziele hin orientiert. Ein Lehrer mit Erde-Natur, der statt auf Uneinigkeit auf den Klassenzusammenhalt setzt, kann zur Entwicklung des Feuer-Kindes viel beitragen. Falls eine Lehrerin mit Metall-Natur die Hitze (Albernheit) aushält, kann sie mit ihrer Konsequenz sogar eine ideale sichere Basis schaffen. Letztlich kommt es darauf an, eine Lehrkraft zu finden, die die natürliche Lebensfreude Ihres Kindes schätzt, seine Begeisterung und seine intensive Beschäftigung mit allem Geschehen. Durch einen Lehrer, der diese Energie zu nutzen versteht, kann Ihr Kind zu einer echten Bereicherung für jede Klasse werden.

7.7 Lizzie eingeklinkt

Lizzie hat sich im Laufe der Jahre auffallend gut entwickelt. Die Grundschule war hart, doch in der Middleschool hatte sie sich eingewöhnt und gelernt, ihre emotionalen Zustände recht erfolgreich zu steuern. Seit Jahren kommt sie zu mir zur Akupunktur und zu Meditationsübungen. Ihre Mutter erkannte den Nutzen regelmäßiger Besuche und setzt alles daran, alle Termine einzuhalten. Jetzt in der Highschool wurde Lizzie ganz von allein zum Star des Softball-Teams, was ihrem Selbstwertgefühl sehr guttut. Lizzie geht mit ihrer Mutter ins Yogastudio, wovon ihre Beziehung stark profitiert. Sie hat gelernt, ihre Ausstrahlung in der Schule wirksam einzusetzen. Sie ist eine herzliche junge Frau, die studieren und Lehrerin werden will. Ich wette, sie wird die beliebteste Lehrerin in jeder Schule, die das Glück hat, sie zu bekommen.

Als Nächstes wollen wir uns die Entwicklung eines Feuer-Teenagers anschauen, der gelernt hat, Heiler zu werden.

Beispiel: Brandon – ein Feuer-Teenager mit ADHS

Brandon kam erstmals mit 13 zu mir, als er mitten in der Pubertät war. Schon immer hatte er in seinem Leben einen starken Hang zum Drama, doch jetzt ging anscheinend alles den Bach runter. Seine Impulskontrolle schien sich mit zunehmendem Alter zu verschlechtern, statt zu verbessern. Zeitweilig war er vom Unterricht ausgeschlossen worden, weil er erwischt wurde, als er Papiere aus dem Lehrerpult stahl. Allem Anschein nach legte er damit vor seinen Mitschülern eine Mutprobe ab. Seine schulischen Leistungen waren schlecht und er klagte, alles sei langweilig. Brandons Eltern spielten mit dem Gedanken, ihn in eine andere Schule zu schicken, was er selbst strikt ablehnte. Er wollte seine Freunde nicht verlieren, die er so mochte. Bei ihm war ADHS diagnostiziert worden und er nahm stimulierende Medikamente ein, doch bereits bei unserer ersten Begegnung konnte ich sagen, dass die Medikamente nicht halfen. Sie würden, wenn überhaupt, die Situation verschlimmern. Brandon schaffte zwar seine Arbeit, konnte aber nichts behalten und hatte neuerdings immer wieder Panikattacken. Er wurde griesgrämig, was für ihn ganz untypisch war, und er konnte selbst bei niedrigster Dosierung der Medikamente nicht einschlafen. Bevor seine Medikation geändert wurde, konsultierten mich seine Eltern.

Bei unserem ersten Termin erkannte Brandon seine Feuer-Natur erheblich schneller als seine Eltern. In der Arbeit mit ihm war es anfangs sehr schwierig, ihn zur Ruhe zu bringen. Sein schnelles Sprechen und seine witzigen Bemerkungen zeugten von seiner Unsicherheit. Dass ich meine eigene Körpersprache änderte, half Brandon, sich ruhiger zu fühlen, und allmählich konnte er sich entspannen. Ja, er begann sich auf unsere Termine zu freuen. Er nannte sie seine „Abkühl"-Sitzungen und er konnte seiner Mutter sagen, wann er einen Termin brauchte (Hinweis auf zunehmende Selbst-Bewusstheit). Während der Akupunktur zeigte ich ihm einige Atemübungen verbunden mit einer Visualisierung, bei der er sich vorstellte, auf dem Meeresgrund zu sitzen. Die leichten Wellen über ihm waren sein sich verändernder Atem, seine Empfindungen und seine vorüberziehenden Gedanken, doch die Kraft seiner Konzentration rührte daher, dass er ruhig und gelassen blieb.

Die Einnahme von DHA Omega-3 Fischölen, Magnesiumglycinat und 5-HTP (eine Aminosäure-Ergänzung, die bei Angstzuständen hilft) in Kombination mit einigen sanften chinesischen Kräutern (siehe Anhang) reduzierten seine Impulsivität drastisch, wie er feststellte.

Brandons Leben war sehr chaotisch. Seine Eltern arbeiteten sehr lang und zu Hause herrschte wenig Beständigkeit. Die Arbeit mit seinen Eltern erwies sich als ebenso wichtig wie meine Sitzungen mit ihm. Die größte Herausforderung bestand darin, sie dazu zu bringen, feste Gewohnheiten zu entwickeln, insbesondere regelmäßig zu essen. Als Brandon seine eigene Feuer-Natur immer klarer erkannte, erkannte er auch die Vorteile fester Gewohnheiten für die ganze Familie. Doch erst mit dem Herzinfarkt von Brandons Vater schien sich alles zu ändern. Das war ein Weckruf für die ganze Familie, besonders aber für Brandon. Plötzlich verschoben sich seine Prioritäten. Statt in Panik zu geraten, nahm er seine Gesundheit ernst und achtete unter anderem auf ausreichend Schlaf und eine bessere Ernährung. Durch sein gesünderes Verhalten besserten sich seine Schulnoten. Sein Fokus wurde klarer, und obwohl es ihm leichter fiel, ernst zu sein, wo es erforderlich war, gelang es ihm dennoch, mit seinem wunderbaren Humor bei anderen Stress abzubauen. Er hat mehr Verantwortung im Haus übernommen und ist mittlerweile sogar ein Vorbild für seinen Vater (eine Holz-Natur), dem er das Meditieren beibrachte, um „herunterzukommen" und an den Rosen zu riechen. Brandon ist jetzt in seinem ersten Collegejahr und spielt mit dem Gedanken, Akupunkteur zu werden.

Zusammenfassung: der Zugang zu Feuer

- **Das Welpenherz nähren:** Setzen Sie Holz-Strategien ein, etwa mehr Bewegung und den Tagesablauf aufzeichnen, und sorgen Sie mit einem eiweißreichen Frühstück für eine regelmäßige Nährstoffzufuhr.
- **Das Welpenherz trainieren:** Wasser-Strategien sind unter anderem: auf besseren Schlaf achten, mit Spielen das Erinnerungsvermögen schärfen, Fischöle, mehr Wasser trinken und eher salzige als süße Nahrungsmittel.
- **Das große Herz entwickeln:** Über Erde schaffen Sie ein Ventil, etwa durch Kochen, Blutzuckerkontrolle, Singen, Patenschaften (Mentoring), Analogien üben, Lernkarten und Sprachtherapie.
- **Das große Herz meistern:** Metall-Aktivitäten helfen, das Feuer zu regulieren; dazu gehören etwa Feuer-Qigong; Atemmeditation; emWave; Aromatherapie; Rote Ampel, Grüne Ampel, 1-2-3 und Aktivitäten, die uns die Vielfalt schätzen lassen.

8. | Das Erde-Kind

8.1 Alex

Alex war ein süßer, eher schüchterner Junge mit vollen Lippen. Er kam zu mir zur ADHS-Untersuchung, als er in der 6. Klasse war. Ihnen sei erst kürzlich, als er in die Middleschool kam, aufgefallen, dass er Probleme habe, berichteten seine Eltern. In der Lehrersprechstunde hätten sie erfahren, dass Alex sehr disorganisiert sei und mit all seinen Aufgaben hinterherhinke. Rückblickend hätten sie bemerkt, dass seine Noten im Laufe der vergangenen Jahre immer schlechter geworden seien. Sie erfuhren, Alex lebe sein Potenzial nicht, er wirke verloren in der Klasse. Wenn er aufgerufen wurde, hatten seine Antworten oft nichts mit der Frage zu tun. In letzter Zeit war er öfter ins Krankenzimmer gegangen und hatte über Magenschmerzen geklagt. Sein Kinderarzt stellte nichts fest, hatte ihm aber Säureblocker verschrieben, um festzustellen, ob die helfen würden.

Zu Hause war Alex' größtes Problem, Entscheidungen zu treffen. Sogar die morgendliche Entscheidung, was er anziehen wollte, war mittlerweile schwierig. Seine Mutter sagte, er sei sehr anhänglich geworden, und sie fand ihn oft nachts still weinend in seinem Zimmer vor. Gefragt, warum er weine, antwortete er, er wisse es nicht. Sein älterer Bruder hatte ihn als Schwächling bezeichnet und gehänselt. Als ich mich nach Freunden erkundigte, sagte mir seine Mutter, es mache Alex Sorgen, dass sie ihn bei ihren Aktivitäten nicht mitmachen ließen. Er war am Boden zerstört, als er im Sommer zuvor für kein Juniorenteam ausgewählt worden war. Seitdem trieb er keinerlei Sport mehr und hatte zugenommen.

Alex' Mutter empfand die Aufgabenbelastung in der Schule als einfach zu viel für ihn. Durch seine „Aufschieberitis" war er oft bis nach Mitternacht wach und machte Hausaufgaben. Sie sagte mir: „Es sieht zwar so aus, als würde er arbeiten, aber es geht nichts voran." Als Alex zu mir kam, verbrachte er viel Zeit bei Facebook und schaute, was seine Klassenkameraden machten, statt seine Arbeit zu erledigen.

Im Gespräch mit mir brauchte Alex lange, um warm zu werden. Er saß zusammengesunken auf seinem Stuhl und starrte auf den Boden. Recht bald bat ich ihn, mir ein Bild von seiner Familie zu malen. Er schaute sich im Zimmer um, sah die Zeichnungen anderer Kinder und sagte zunächst, er könne nicht zeichnen. Doch nach einer sanften Ermunterung zeigte er, dass er recht gut zeichnen konnte; das sagte ich ihm auch. Er begann jede Antwort auf meine Fragen mit einem zaghaften „Ich weiß nicht" und musste zu ausführlicheren Antworten gedrängt werden. Schließlich erzählte er mir, dass er die Schule zwar mochte, aber für zu schwer hielt. Als ich mich nach seinen Schlafgewohnheiten erkundigte, berichtete er, er könne in letzter Zeit schlecht einschlafen, weil er das Gedankenkarussell in seinem Kopf nicht stoppen könne. Auf meine Frage, worüber er nachdenke, erwiderte er zunächst, er mache sich Sorgen um seinen Vater. Gefragt, warum, gab Alex zu, er habe Angst, seinem Vater könne etwas zustoßen. Schließlich teilte er mir noch andere Dinge mit, die ihm Sorge bereiteten. Er war traurig, weil ihn eines von den beliebten Kindern nicht zu seinen Geburtstagsfeiern einlud. Als er „auftaute", wurden seine Geschichten weitschweifig. Wie es schien, konnte er nicht auf den Punkt kommen.

Bei unserem ersten Termin konnten ihn seine Eltern erst nach einer Weile als Erde-Kind identifizieren. Seine fürsorgliche und natürliche Affinität, die Bedürfnisse anderer zu verstehen, erleichterte sie sogar ein wenig. Zu Begriffen wie „jemand, der immer versucht, es anderen recht zu machen" und „Friedensstifter" gingen sie sofort in Resonanz. Auch Alex fiel es schwer, sich hinsichtlich seiner Natur zu entscheiden. Er sagte, er habe von allen fünf ein wenig. Das ist bei Erde-Kindern nicht ungewöhnlich. Sie sind wie Chamäleons und übernehmen oft die Eigenschaften der Menschen um sie herum in dem Bemühen, sich anzupassen. Dann skizzierten wir eine Lösung für Alex' Aufmerksamkeitsprobleme.

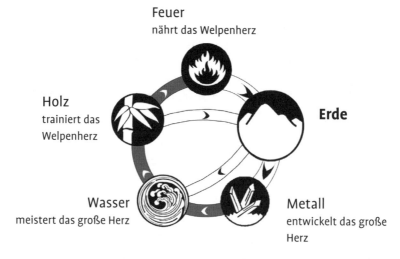

Abbildung 11: Entwurf einer Lösung für Erde

8.2 Das Welpenherz nähren: die Kraft des Feuers

Das Welpenherz zu nähren, bedeutete einen Weg zu finden, damit Alex sich sicherer fühlte. Als Erstes musste ich in unseren Gesprächen seine Stimmung aufheitern. Feuer nährt Erde und Humor ist eine hervorragende Feuer-Methode, die Bürde zu erleichtern, die übermäßiges Denken mit sich bringt. Eine spielerische Herangehensweise ist eine der einfachsten Möglichkeiten, das Erde-Kind einzubinden und Vertrauen zu entwickeln. Weil Erde-Kinder gefallen möchten, dachten wir uns ein Spiel aus, bei dem wir abwechselnd einer Figur Elemente hinzufügten. So etablierten wir eine Verbindung zwischen uns und erhielten sie aufrecht. Dadurch, dass wir etwas Albernes machten, etwa Köpfe mit fünf Augen zeichneten, zeigte ich Alex, dass die Besuche bei mir nicht wie andere Arztbesuche waren. Das heiterte seine Stimmung merklich auf und er begann, sich zu öffnen. Nun sprach er auch über persönliche Dinge. Er teilte mir beispielsweise mit, er habe das Gefühl, sein Vater sei wütend auf ihn, aber er wusste nicht genau warum. Als ich seine Eltern dazu befragte, hatten sie keine Ahnung, wovon er sprach. Später stellte sich dann heraus, dass Alex' Eltern in der Woche zuvor gestritten hatten. Alex saß dabei zwischen den Stühlen und machte sich deshalb Vorwürfe. Erde-Kinder neigen dazu, die Rolle des Friedensstifters zu übernehmen. Wenn sie Streitereien nicht schlichten können, geben sie sich selbst die Schuld. Die klassische Chinesische Medizin betrachtet die Erde als die Mitte, als den Kreuzungspunkt der vier Himmelrichtungen und der vier Jahreszeiten. Deshalb finden wir sie im Spektrum der fünf Naturen genau in der Mitte.

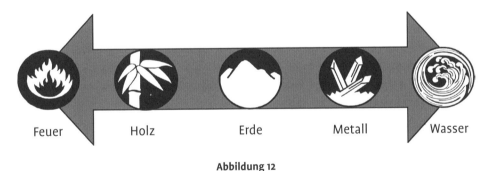

| Feuer | Holz | Erde | Metall | Wasser |

Abbildung 12

Nach und nach konnten wir über seine Erde-Kräfte sprechen, und dabei schien sich sein Gesichtsausdruck aufzuhellen. Um seine Beziehung zu seinen Klassenkameraden zu verstehen, war für ihn wichtig zu erkennen, wie er dazupasste. Allein das schien ihn ungemein zu erleichtern. Die Erkenntnis, dass er nicht wie seine Feuer- oder Holz-Freunde zu sein brauchte, gab ihm Raum zum Atmen.

Das Licht des Feuers in das Leben Ihres Erde-Kindes bringen

Das Welpenherz der Erde zu nähren bedeutet, eine freudige, heitere Umgebung zu schaffen, die Ihr Erde-Kind motiviert, sich wirkungsvoller zu konzentrieren. Es ist erstaunlich, wie stark Erde-Kinder allem Anschein nach darauf ansprechen. Wenn sie enthusiastisch sind, vergessen sie, so viel zu grübeln. Ich empfahl Alex' Eltern, vor den Hausaufgaben oder auf dem Schulweg ein lustiges Spiel zu spielen. Das schien seinen ganzen Tag zu ändern.

Weniger ist Liebe

Alex' Vater war eine Feuer-Natur. Er war laut, lustig und unberechenbar. Er erkannte, dass er mit der Kraft seines Humors die Stimmung seines Sohnes aufheitern konnte. Doch er musste auch lernen, dass weniger Liebe ist. Gelegentlich unberechenbar zu sein ist wunderbar, um Ihr Kind aus seinen Sorgen hinauszukatapultieren, doch manchmal kann das auch sein Vertrauen untergraben. Zu abrupt vom Albern umzu- schwenken zu Aussagen wie: „So, jetzt geht's wieder an die Arbeit", schien Alex' Sorgen zu verstärken. Denn das machte ihn glauben, sein Vater ärgere sich jetzt über ihn. Gar nicht so selten werden Erde-Kinder übermäßig abhängig von der Führung des Feuers und entwickeln ihre eigene Entscheidungsfähigkeit nicht. Alex Vater musste auch lernen, sich zurückzunehmen.

Früher hatte Alex seine Hausaufgaben allein in seinem Zimmer gemacht. Nur dadurch, dass er sie nun in der Küche machte, schien sich seine Konzentrationsfähig- keit zu verbessern. Denn hier hatte er das Gefühl, Teil der Familie zu sein. (Nebenbei bemerkt, funktionierte das bei seinem Bruder, einem Metall-Kind, überhaupt nicht; der braucht einen ruhigen Ort zum Arbeiten.)

In der Schule war Alex am unsichersten, wenn er unerwartet aufgerufen wurde. Leistungsangst ist bei Erde-Kindern häufig. Alex' Vater klagte: Wenn sie gemeinsam lernten, schien Alex den ganzen Stoff zu können, doch im Unterricht hatte er anschei- nend einen Blackout. Es dauerte mehrere Jahre, bis Alex sich beim Sprechen in der Öffentlichkeit wohlfühlte. Doch wie bei allem machte er nach einer gewissen „Auf- wärmphase" seine Sache gut.

Erde aufwärmen und in Schwung bringen

Das Sicherheitsgefühl zu stärken heißt, Ihr Kind da abzuholen, wo es jetzt steht. Bei Erde-Kindern bedeutet das, zu erkennen, dass sie anhaltenden Kontakt brauchen, um sich sicher zu fühlen. Ich riet Alex' Mutter, abends, bevor er einschlief, an seinem Bett zu sitzen und seinen Bauch zu massieren. Der Magen ist der Erde zugeordnet. Während der Massage ließen seine Eltern ruhige Musik laufen. Einfach zuhören (und nicht zu denken) ist eine wichtige Übung für Erde-Kinder. Kerzenlicht während der Massagen verbreitet eine natürliche Wärme und Behaglichkeit.

Ich empfahl seiner Mutter, ihre Hand rhythmisch im Uhrzeigersinn auf seinem Bauch kreisen und sich dabei vom Rhythmus der Musik leiten zu lassen. So kann sich das Kind auf die Handbewegung konzentrieren und seinen Gedanken freien Lauf lassen. Das fördert einen geborgenen Schlaf und löst Spannungen im Zwerchfell.

Magen und Verdauung

Essen ist ein zentrales Merkmal der Erde-Kraft. Die Erde hat die Aufgabe, alle Informationen (Essen), die wir aufnehmen, zu verarbeiten. Stagnation und Ansammlung von Nahrung sind wie zwanghaftes Denken, das im Kopf eines unsicheren Erde-Kindes nirgendwohin führt. Alex' Magenschmerzen waren ein entscheidender Hinweis auf seinen ADHS-Typ. Ich riet ihm, übermäßig kalte Nahrungsmittel (Eis, rohe Lebensmittel) zu meiden, die die Verdauung verlangsamen. Echte Wohlfühl-Nahrung sind traditionell Suppen und Eintöpfe, nicht Eiscreme und Plätzchen, nach denen die Kinder heute verlangen, wenn sie „von der Rolle" sind. Es gibt eine ganze Reihe sanfter chinesischer Kräuterrezepturen, die meiner Erfahrung nach hilfreich sind, „die Mitte zu wärmen", was wiederum die Verdauung und die Aufmerksamkeit fördert.

8.3 Das Welpenherz trainieren: die Kraft des Holzes

Bewegung und Richtung kennzeichnen die Holz-Kräfte. Alex' Inaktivität machte uns auf eine Stagnation der Erde aufmerksam. Durch tägliche Bewegung konnte Alex auf eine sehr wirkungsvolle Weise Fortschritte spüren. Körperliche Bewegung verbessert das Körperbewusstsein und das Selbstvertrauen und vermittelt wieder das Gefühl, in der Welt präsent zu sein – die wahre Stärke der Erde. Viele Erde-Kinder profitieren von täglichem Laufen. Das ist die perfekte meditative Bewegung mit geringem Druck, die ein Kind aus seinem Kopf heraus und in seinen Körper bringt. Andere Aktivitäten wie Yoga, Radfahren und Schwimmen verbessern ebenfalls die Konzentration.

Ich empfahl Alex, mehr Zeit im Freien zu verbringen. Die Angewohnheit, im Wald zu wandern oder im Garten zu arbeiten, selbst wenn es nur zehn Minuten pro Tag sind, bietet eine natürliche Umgebung, die Stress abbaut. Auch half es Alex, aktiver am Geschehen in seinem Umfeld teilzunehmen, dadurch, dass er schlicht weniger Zeit vor dem Bildschirm verbrachte, besonders sich weniger vom Fernseher passiv unterhalten ließ. Durch diese zeitliche Begrenzung aß er auch weniger gedankenlos vor dem Fernseher – eine Gewohnheit, die Sozialkontakte beeinträchtigt.

Alex reiste sehr gern mit seiner Familie. Reisen bietet genau die richtige Mischung aus Neuem (Feuer) und Bewegung (Holz), um den Abenteuergeist anzuregen. Ja, meiner Erfahrung nach reifen viele Erde-Kinder merklich, wenn sie allein verreisen können. Denn es zwingt sie, ihren Fokus auszurichten, Prioritäten zu setzen und für sich selbst zu entscheiden.

Erde-Sicht

Alex blieb häufig mitten in einer Tätigkeit stecken. Wenn er zu viel bedenken und entscheiden musste und es zu viele Richtungen gab, die er einschlagen konnte, dann „verknotete sich" sein Denken. In der Entsprechung der Fünf Wandlungsphasen kontrolliert Holz unser Sehen. Holz setzt Ziele und zeigt uns den Weg nach vorn. Mir fiel auf, dass Alex Schwierigkeiten hatte, hin- und herzuschauen, deshalb riet ich ihm zum Sehtraining, um seine Augenmuskeln zu stärken. Das erhöhte sein Lesetempo beträchtlich und machte seine Hausaufgaben weniger mühsam.

Wir stellten sogar fest, dass Alex, wie viele Erde-Kinder, mit visuellen Hinweisen besser lernte. Erde-Kinder verlieren oft den Fokus, wenn sie die Informationen zusammenhanglos bekommen. Wir erstellten Story-Maps, also Kärtchen, auf denen wir die Informationen visuell verknüpften; so behielt er die Übersicht und konnte sich die Dinge besser merken (siehe Abbildung 13). Erinnern Sie sich, Erde-Kinder interessieren sich am meisten für die Verbindungen. So konnte er auch beim Sprechen seine Gedanken ordnen.

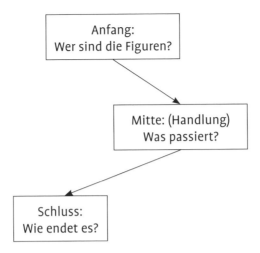

Abbildung 13: Eine Handlung entwerfen

Alex profitierte noch von einer weiteren Holz-Aktivität, nämlich sich erreichbare Ziele zu setzen. Das stärkte sein Vertrauen und er behielt sein Ziel im Auge. Erde-Kinder, die bereits chronisch unsicher sind, vergessen bei ihrer Arbeit, wo sie sind, und kommen letztlich nicht voran.

Weniger ist Liebe

Das Drängen des Holzes spiegelt den ausgeprägten Individualismus wider, den wir in unserem Land so hoch schätzen. Im Gegensatz dazu steht die Vorliebe der Erde, einer Gruppe anzugehören. Erde-Kinder werden mitunter scharf verurteilt, weil sie keine Führungspersönlichkeiten sind. Eltern mit Holz-Natur reißt mit unentschlossenen Erde-Kindern immer wieder der Geduldsfaden. Denken Sie daran: Weniger ist Liebe. Ein wenig Ermunterung ist gut, aber zu viel bringt das Erde-Kind einfach um den Verstand. Seien Sie sich im Klaren, was Sie von Ihrem Kind erwarten. Wenn Sie erkennen, wie sich Ihr eigenes Drängen auf Ihr Kind auswirkt, ist das ein wichtiger Schritt, dem Kind, das Sie lieben, zum Erfolg zu verhelfen.

Selbst in der Äußerung der Lehrerin über Alex („Er lebt sein Potenzial nicht") schwang eine Abwertung mit. In Wirklichkeit wurde das Umfeld seinem Potenzial nicht gerecht! Wie sich herausstellte, hingen Alex' Magenschmerzen direkt mit dem Druck aufgrund der standardisierten Prüfungen zusammen. Er konnte den Stress spüren, unter dem seine Lehrerin stand, und wollte sie nicht enttäuschen. Doch das erschwerte ihm, klar zu denken. Er schwieg und stopfte seinen ganzen Stress in seinen Magen. In so einer Situation hilft zusätzliche Zeit nicht unbedingt. Was sich ändern musste, war die Einstellung von Alex' Lehrerin ihm gegenüber. Das Welpenherz trainieren bedeutet, Gelegenheiten für positives Feedback zu schaffen. Damit kann man das Kind bei der Stange halten und voranbringen.

8.4 Das große Herz entwickeln: die Kraft des Metalls

Erde bringt all die wertvollen Metalle hervor. Beim Entwickeln des großen Herzens geht es also darum, die gesamte Bandbreite emotionaler Erfahrungen anzuregen, damit Alex' freundliche Natur ein Ventil hatte. Er zeichnete stundenlang. Das nutzten wir, um ihn auf Details und Muster (Metall) aufmerksam zu machen, wie auf den Ausdruck unterschiedlicher Emotionen. In Folge davon strukturierte Alex seine Geschichten zusammenhängender. Und als seine Zeichnungen kunstvoller wurden, verbesserten die positiven Rückmeldungen von Freunden und Verwandten sein Sicherheitsgefühl.

Wie viele Erde-Kinder, die das Vertrauen verloren haben, glaubte auch Alex nicht immer das Lob, das er hörte. Glücklicherweise konnte Alex' Vater ihn ermuntern, sich durch seine Kunst auszudrücken. Er entwickelte auch ein Ritual (Metall), dass sie sich jeden Abend zusammensetzten und über den Tag redeten. Statt einfach die Probleme für seinen Sohn zu lösen, ließ er ihn seinen emotionalen Zustand benennen. Mit der Zeit durchbrach er damit den Teufelskreis des zwanghaften Denkens. Als Alex seine Gefühle präziser beschreiben konnte, konnten sie sich über ihre Gefühle austauschen und die Bindung zwischen ihnen vertiefen.

Erde-Atmung

Die Bauchatmung wirkte sofort beruhigend auf Alex. Die Lunge ist der rhythmischen Kraft des Metalls zugeordnet. Alex' Eltern lernten, ihn zur Bauchatmung aufzufordern, wann immer sie merkten, dass er planlos wurde. In der klassischen Chinesischen Medizin heißt es, übermäßiges Denken verknote das Qi (die Lebensenergie). Indem Alex beim Ausatmen seine Gedanken losließ und sein Zwerchfell entspannte, konnte er bei Stress seine Aufmerksamkeit wieder neu ausrichten; dadurch vergingen auch seine wiederkehrenden Magenschmerzen.

Muster und Rhythmen

Ich nutzte Alex' Zeichentalent und stellte ihm Musterspiele vor (siehe Ressourcen), damit er Ordnung und Abfolgen leichter erkennen lernte. Er entwickelte Interesse für Lego, weshalb ich ihn aufforderte, komplexe Formen nachzubauen. Zu jedem Termin brachte er begeistert Sachen mit, die er gebaut hatte. Spielsachen wie Lego sind heutzutage sehr beliebt; über sie konnte Alex positives Feedback von seinen Kameraden bekommen, was wiederum sein Vertrauen stärkte.

Irgendwann begann Alex mit dem Interaktiven Metronom. Das ist für Erde-Kinder eine ideale Therapie, um Bewegung (Holz) und Rhythmus (Metall) in Einklang bringen zu lernen (siehe Ressourcen.) Später entwickelte sich daraus ein Interesse für Musik. Als er älter wurde, konnte er feine Unterschiede und Ähnlichkeiten in verschiedenen Musikrichtungen wahrnehmen, die er zunehmend wertschätzte. Über seine Liebe zur Musik pflegte er auch Kontakte mit anderen Kindern. Denken Sie daran, Musik ist bei Teenagern eine maßgebliche Art und Weise, sich zu verbinden und auszudrücken.

Vielfältige Gefühle

Alex musste seine Gefühle klären, um sein großes Herz zu entwickeln. Anfangs wusste er nicht, *was* er fühlte. Auf die Frage, welche Emotion auftauche, antwortete er nur: „Weiß ich nicht." Seine Eltern übten mit ihm jeden Tag, Emotionen zu benennen. Sie hielten die DVD, die sie gemeinsam anschauten, an oder hielten beim Lesen einen Moment inne und ließen ihn die Emotionen der Figuren identifizieren. „Was ist das für ein Gefühl, Alex: glücklich, traurig, wütend, ängstlich?" Sobald er die verschiedenen Emotionen besser bestimmen konnte, fühlte er sich auch nicht mehr hin- und hergerissen bei der Frage, wie er sich gerade fühle. Auch die emotionalen Zustände anderer konnte er genauer wahrnehmen. Dadurch wiederum sah er sich selbst in einem größeren Zusammenhang.

Ich habe Hunger, 1-2-3

Weil die Verdauung so bedeutsam ist für die Erde-Kräfte, essen Erde-Kinder oft gedankenlos. Alex übte, festzustellen, wann er Hunger hatte, halb satt oder ganz satt war. Seine Eltern leiteten ihn an, mit dem Spiel „Ich habe Hunger, 1-2-3" den Grad seines Hungergefühls herauszufinden (siehe Kapitel 5). Dadurch erhielten innere Seinszustände mehr Aufmerksamkeit.

8.5 Das große Herz meistern: die Kraft des Wassers

Um seine Erde-Kräfte wirklich zu meistern, musste sich Alex stärker bewusst werden, wie er mit seiner Umwelt interagierte. Ich malte mit ihm die fünf Beziehungen auf, über die er seine eigene Kraft, Wasser zu kanalisieren, wertschätzen konnte (die tiefen Geheimnisse der Welt). Immer wieder kamen wir in unseren Sitzungen auf diese Beziehung zu sprechen. Wasser repräsentiert die tiefe, konzentrierte Bedeutung der Dinge. Anfangs leuchtete ihm nicht so recht ein, dass zu viel Erde die Klarheit des Wassers trübt. Doch als er sich weniger mit sich selbst beschäftigte, erkannte er nach und nach, wie er auf andere wirkte. Trübes Wasser bedeutet unklares Denken. Wenn man beim Reden den Faden verliert und zu wischiwaschi wird, dann geht das anderen auf die Nerven. Sich wegen etwas Sorgen zu machen, was in der Vergangenheit passiert ist oder was in der Zukunft passieren könnte, bedeutet gerade, die wahre Kraft der Präsenz nicht zu beherrschen. Es kann für alle Menschen eine schwierige Lernaufgabe sein, sich nicht von Gedanken mitreißen zu lassen, doch für das unsichere Erde-Kind stellt sie ein besonderes Problem dar. Meditation eignet sich hervorragend, um die Kraft der Präsenz zu entwickeln.

ÜBUNG

Erde-Meditation

Diese Meditation kann im Sitzen oder Liegen durchgeführt werden.

1. Zu Beginn soll Ihr Kind einige Bauchatmungen durchführen. Beim Einatmen dehnt sich der Bauch (nicht der Brustkorb) aus; beim Ausatmen entspannt sich der Bauch (lässt los).
2. Nun soll sich Ihr Kind vorstellen, es ist der Erdboden, der allem Rückhalt gibt – den Pflanzen, den Flüssen und Meeren. Beim Einatmen in den Bauch soll es sich vorstellen, es wird von Schwerkraft erfüllt. Es soll sich als großen, runden Ballon sehen, der jedoch nicht mit Luft gefüllt ist, sondern mit Schwerkraft oder etwas Schwerem wie Sand. Dadurch wird es schwerer.
3. Beim nächsten Ausatmen soll es sich seinen Atem als einen Fluss vorstellen, der ins Meer mündet. Diesen Fluss soll es in seiner Vorstellung gleichmäßig fließen lassen und dabei jegliche Spannung im Körper loslassen, abfließen lassen und sich leichter fühlen.

> 4. Beim Einatmen soll es sich im Stillen beim Himmel für die Luft zum Atmen bedanken. Beim Ausatmen soll es sich bei den Flüssen bedanken, die es durchströmen und vor dem Austrocknen bewahren.

Diese Meditation nahm ich für Alex auf und er hörte sie sich auf dem Schulweg auf seinem iPod an. Niemandem fiel auf, dass er ruhig seine Hand auf den Bauch legte und atmete. Besonders hilfreich fand er ein paar Bauchatmungen, um vor Prüfungen seinen Kopf freizubekommen. Wenn man sich auf die Ausatmung konzentriert, stärkt das den Parasympathikus, reduziert also übermäßige Sympathikus-Unruhe. Seine Eltern mussten ihn zwar gelegentlich an seine Atemübungen erinnern, doch sie stellten fest, dass er sich besser konzentrieren konnte und sich auch sein Schlaf und seine Verdauung verbesserten, sobald seine Angst nachließ.

Gegen Prüfungsangst empfahl ich Alex ein homöopathisches Mittel, nämlich *Gelsemium*. Die Homöopathie arbeitet mit der Kraft der Verdünnung (Wasser) und lindert so bestimmte Symptome. Sie ist sehr sicher für Kinder (mehr zur Homöopathie finden Sie im Abschnitt Ressourcen.) Die Einnahme dieses Präparats an Prüfungstagen brachte einen weiteren Nutzen: Sie gab Alex Vertrauen und erinnerte ihn, vor Tests zentriert zu bleiben.

ÜBUNG

Die Schwerkraft der Erde spüren

Die folgende geführte Meditation kann Ihrem Erde-Kind besonders am Abend vor Klassenarbeiten helfen:

1. Ihr Kind soll fünf Bauchatmungen durchführen und bei jedem Ausatmen alle Gedanken loslassen.
2. Nun soll es sein Gewicht auf dem Bett spüren.
3. Dafür soll es zuerst beim Einatmen das Gewicht seiner Füße spüren. Beim Ausatmen wird es spüren, dass diese schwerer werden. Dieses Gefühl bedeutet, dass es sich mit der Schwerkraft der Erde verbindet.
4. Nun soll es seine Aufmerksamkeit auf das Gewicht seiner Beine lenken, dann auf Rücken, Nacken, Schultern, Arme und Hände. Es soll sich Zeit nehmen und darauf konzentrieren, die Schwerkraft in jedem Körperteil zu erfahren.

Die Schwerkraft verhindert, dass wir in den Weltraum davonfliegen. Sie hält uns in ihren Armen wie eine Mutter und sorgt so für ein stärkeres Sicherheitsgefühl. Die Schwerkraft unterstützt uns, die wahre Kraft der Präsenz in der Welt zu spüren.

ÜBUNG

Qigong-Übung für Erde: Zwischen Himmel und Erde stehen

Diese Übung wird am besten vor den Hausaufgaben praktiziert, um das Durcheinander im Kopf aufzuräumen und die Organisation zu verbessern.

1. Ihr Kind soll aufrecht stehen, die Beine schulterbreit auseinander, beide Füße fest auf dem Boden. In seiner Vorstellung kann es die Verbindung zwischen Erde und Himmel sein.

2. Der Blick ist geradeaus gerichtet, es kann ihn schweifen lassen, ohne etwas Bestimmtes zu fokussieren.

3. Zu Anfang liegen seine Hände auf dem Nabel. Beim Einatmen (siehe Grundübung zur Bauchatmung, Kapitel 5) soll es einen Arm über den Kopf heben, als würde es den Himmel halten. Gleichzeitig drückt der andere Arm seitlich nach unten, als wollte es die Erde hinunterdrücken.

4. In dieser Position soll es den Atem anhalten und sich ein wenig strecken, als würde es sich gleichzeitig gen Himmel recken und gegen die Erde drücken. Der Blick ist dabei geradeaus gerichtet und Ihr Kind soll lächeln.

5. Beim Ausatmen kann es seinen Körper entspannen, die Arme sinken lassen und die Hände wieder auf den Nabel legen. Dann die Übung wiederholen und dabei die Arme wechseln.

6. Beginnen Sie das Üben mit einem oder zwei Atemzügen. Erhöhen Sie die Anzahl der Atemzüge im Laufe von Wochen auf 25. Beim Üben soll sich Ihr Kind möglichst ausschließlich auf seine Körperhaltung und die Atembewegung konzentrieren.

Mitgefühl entwickeln

Die Meisterschaft über die Erde zu entwickeln bedeutet: Man erkennt, wie man auf andere wirkt, und erlebt vielfältige Emotionen, nicht nur Sorge. Für Alex bestand die größte Herausforderung darin, still vor sich hin zu arbeiten. Wenn er unsicher war, neigte er zum Klammern und dazu, in die Privatsphäre anderer Menschen einzudringen. Er war dann abwechselnd schüchtern oder er redete wie ein Wasserfall. Mit der Zeit lernte er die Signale zu deuten, wann er anderen auf die Nerven ging. Kontemplative Tätigkeiten wie Schachspielen förderten zudem seine Ausrichtung nach innen.

Das Spiel „Kurz und Prägnant"

Alex dabei zu helfen, seine Ideen prägnant auszudrücken, kennzeichnet die Erde-Wasser-Beziehung. Das hieß, auf den Punkt zu kommen und gleichzeitig die Zuhörer bei der Stange zu halten. Das Spiel „Kurz und Prägnant" eignet sich hervorragend, um einem Kind dieses Gleichgewicht beizubringen.

Wir gestalteten das Spiel so: Alex bekam umso mehr Punkte, mit je weniger Wörtern er die ganze Geschichte erzählte. Seine Eltern übten das mit ihm, bis er sich wirklich gut kurz und bündig ausdrücken konnte.

Sie können auch probieren, mit Ihrem Erde-Kind Gedichte zu lesen. Poesie erhöht die Kreativität und verdichtet gleichzeitig die Inhalte auf ihre wesentlichen Bestandteile. Ich zeigte Alex Haiku. Wir suchten uns ein Thema aus und er musste sich drei Zeilen dazu ausdenken (die Regeln, Metall) und in ihnen die ganze Bedeutung (Wasser) ausdrücken. Je besser er darin wurde, desto klarer schien sein Bewusstsein zu sein.

Die Vielfalt schätzen: sich wahrhaft um die Welt kümmern

Nachstehend folgen einige Aktivitäten, die Eltern, Lehrer und Therapeuten als Aufgaben stellen können, um das Erde-Kind zu unterstützen, seine Stärken zu entwickeln:

- Finde die verborgene Bedeutung in einem Kunstwerk, einem Musikstück oder einem Gedicht.
- Finde in zwei Geschichten (von vielen) ein gemeinsames Thema (Einheit).
- Finde die Bedeutung eines bekannten Zitats heraus.
- Erkläre die Bedeutung von „Mysterium" und „Stille".
- Beschreibe eine Möglichkeit, fünf verschiedenen Menschen zu helfen.
- Lies die Biografien spiritueller Lehrer (etwa Gandhi, Mohammed, Jesus, Buddha).
- Schmökere in Kochbüchern aus anderen Ländern (hilft Vielfalt zu entwickeln).
- Kocht miteinander, um eure Beziehung zu stärken.
- Erfinde neue Rezepte (fördert das Hinausschauen über den eigenen Tellerrand).

8.5 Das Erde-Kind unterrichten

Nicht immer finden sich Lehrer, die schwungvoll (Feuer) und ermutigend (Holz) sind, ohne Kinder zu stark anzuregen oder zu drängen. Lehrer mit Metall-Natur, die sehr gut organisiert und berechenbar sind, helfen dem Erde-Kind, dranzubleiben. Das größte Problem stellt für das Erde-Kind eine Lehrkraft dar, die es scheinbar gar nicht wahrnimmt. Schon die kleinste Ermunterung bewirkt bei Erde-Kindern viel. Stellen Sie sicher, dass der Lehrer positives Feedback gibt. Erde-Kinder bauen auf kleinen Erfolgen auf. Die Kehrseite ist natürlich, dass sie mit einer Reihe von Niederlagen in eine Abwärtsspirale geraten. Erstellen Sie ein Flussdiagramm, das den langfristigen Fortschritt Ihres Erde-Kindes herausstellt; das ist die beste Methode, seinen Fokus auf das größere Bild zu lenken. Lehrern muss klar sein, dass Erde-Kinder durch Beziehungen lernen. Werden die Informationen im Zusammenhang dargeboten, profitiert das Erde-Kind am meisten vom Unterricht.

8.6 Alex eingeklinkt

Als Alex in die Highschool kam, sah ich ihn nur noch, wenn seine Sorgen ihn überwältigten. Da er mehr Vertrauen hatte, konnte er an Aktivitäten teilnehmen, die ihm halfen, stärker aus sich herauszugehen. Je mehr er sich am Unterricht beteiligte, desto leichter fiel es ihm, aufzupassen. Seit Kurzem arbeitet er freiwillig im Tierheim mit und will Tierarzt werden, wenn er erwachsen ist.

Hier eine weitere Geschichte über eine Erde-Jugendliche, die ihre Unabhängigkeit entdeckte.

Beispiel: Gabriella – ein Erde-Teenager mit ADHS

Gabriella suchte mich erstmals mit ihrer Mutter auf, als sie im dritten Highschool-Jahr war. Ihre Mutter war hauptsächlich wegen Gabriellas Aussehen besorgt und klagte, Gabriella würde durchdrehen. Im Gegensatz zu ihrer Mutter, einer großen attraktiven Frau, die für ihr Alter sehr jung aussah, war Gabriella klein und leicht übergewichtig. Gabriella teilte mir mit, sie glaube, sie habe ADS, weil alle ihre Freunde und Freundinnen in der Schule besser seien als sie. Sie hatte panische Angst, es nicht aufs College zu schaffen. Ihr Arzt hatte ihr probeweise stimulierende Medikamente verschrieben, doch da tat sich nicht viel. Bei einer höheren Dosierung wurde sie nur ängstlicher. Abgesehen von einigen Allergien und gelegentlichen Blähungen war sie gesund. Ihre Mutter gab ihr in letzter Zeit keinen Weizen mehr zu essen, doch gemeinsam suchten sie noch weitere Ernährungstipps. Als ich beiden die fünf Naturen beschrieben hatte, waren sich Gabriella und ihre Mutter einig, dass sie „viel Erde und ein bisschen Metall" war. Sie liebte Gewohnheiten, doch manchmal blieb sie darin ein wenig stecken.

Der Druck im dritten Highschool-Jahr ist heutzutage immens. Ich sehe viele Kinder gerade dann ausbrennen, wenn sie am stärksten strahlen sollen. Gabriella klagte, sie könne nicht schlafen, weil ihr einfach zu viele Gedanken im Kopf herumgingen. Sie wollte etwas, um die ganze Arbeit leichter zu bewältigen.

Beiden, der Mutter und Gabriella, schien es sehr dringlich zu sein, das Problem aus der Welt zu schaffen. Gabriella charakterisierte ihre Mutter als Feuer-Natur. Bevor ihre Kinder auf die Welt kamen, war sie Model gewesen und nun beschäftigte sie sich seit einiger Zeit intensiv mit Ernährung. Interessanterweise schien Gabriella hauptsächlich auf Essen fixiert zu sein. Sie sprach viel über „gute" und „schlechte" Nahrungsmittel und gestand mir unter vier Augen, sie esse schlechte Nahrungsmittel, wenn sie nervös sei. Doch sie hatte Angst, ihre Mutter könnte das herausfinden und sich aufregen.

Zunächst sprachen wir über Methoden, auf Hunger und Sattsein zu achten. Diese Bewusstheit, erklärte ich ihr, könne auch ihre Aufmerksamkeit (in der Schule) verbessern. Ich empfahl eine abwechslungsreichere Ernährung. Insbesondere sprachen wir darüber, dass sie mehr Eiweiß und weniger Milchprodukte essen sollte. Ich hatte Bedenken, dass ihr hoher Konsum von Milchprodukten zu ihrer Unzufriedenheit beitrug. Schließlich sei sie kein Kälbchen. Sie war bereit, es auszuprobieren. Wir vereinbarten einige Akupunkturtermine und machten auch Meditationen, bei denen sie sich auf ihren Körper konzentrierte und ihre Gedanken losließ. Auf bestimmte Akupunkturpunkte platzierte ich kleine Magneten, die sie dann tagsüber in der Schule trug. Die Punkte waren zur Angstlinderung ausgewählt. Außerdem nahm sie ein paar sanfte chinesische Kräuter, um die Verdauung zu regulieren.

Wir sprachen über ihre persönliche Natur und darüber, dass sie nicht wie alle anderen zu sein brauchte. Ich ermunterte Gabriella, in das Fitnessstudio zu gehen, in dem auch ihre Mutter Mitglied war. Doch wie sie mir sagte, hatte sie dort das Gefühl, mit ihrer Mutter um die Wette zu trainieren. Stattdessen ging sie in ein Yogastudio. Ihrer Mutter empfahl ich, sie dorthin nicht zu begleiten (sehr zu ihrem Entsetzen). Bei unseren regelmäßigen Terminen konnten wir Strategien ausarbeiten, um ihre organisatorischen Fähigkeiten zu verbessern. Wir sprachen auch über die Fünf-Elemente-Entsprechungen, und schon die Erkenntnis, dass ihre Natur anders war als die ihrer Freunde, wirkte befreiend auf sie. Ich animierte sie, einen Sommer weg von Zuhause zu planen. Das war für sie ein großer Schritt, weil sie noch nie hatte wegfahren können. Sie entschied sich für einen Sommerkurs an einem College in einem anderen Bundesstaat.

Im letzten Moment kam sie zu mir, weil sie nicht glaubte, es zu schaffen. Wir gingen noch einmal alle ihre Atemtechniken durch und ich brannte ihr die geführte Meditation „Schwerkraft spüren" auf CD, die sie auf ihren iPod überspielte und jeden Abend anhörte. Ihre Mutter zweifelte stark, ob Gabi fahren würde, und ich sprach gesondert mit ihr darüber, wie sie durch ihre Körpersprache Gabis Vertrauen untergrub.

Gabriella schaffte, zum Sommerkurs im anderen Bundesstaat zu fahren, doch der Anfang war holprig. Zu Beginn des Sommers rief mich Gabriellas Mutter an, Gabriella weine jede Nacht und sie überlege, sie heimzuholen. Ich drängte sie, noch ein paar Tage zu warten, und telefonierte selbst lange mit Gabi. Wir besprachen noch einmal alle Übungen, wodurch sie sich beruhigte, wie es schien. Es war klar, dass sie es schaffen wollte. Das war alles, was ich den ganzen Sommer über von beiden hörte. Im darauffolgenden Schuljahr rief mich Gabriellas Mutter noch einmal an und teilte mir mit, Gabriella habe es aufs College geschafft. Sie wollte es unbedingt; und ihre Mutter dankte mir für meine Unterstützung. Nach ihrer Aussage hatte sie bei dem ganzen Prozess ebenso viel über sich selbst gelernt wie über Gabi.

Unsere Erde-Kinder lieben

Erde-Kinder befinden sich im Zentrum unseres Lebens. Sie lehren uns Freundlichkeit und Fürsorge. Vielleicht empfinden wir Mitleid mit dem Erde-Kind, weil es sich so leicht herumschubsen lässt. Doch wenn es sich sicher fühlt, wenn sein großes Herz stark ist, kann man sich in jeder Situation auf es verlassen. Das Erde-Kind bringt die ganze tiefe Weisheit des Wassers in unsere Welt. Es bietet ein Ventil für die Begeisterung des Feuers. Das Holz fordert es heraus, es zu motivieren. Es bringt alle Muster des Metalls hervor, wodurch es den Kontext für die unzähligen möglichen Ausdrucksformen von uns Menschen bietet. Und dabei hilft uns dieses Kind mit seiner fantastischen Beziehungskraft der Erde, uns in unserer eigenen Natur zu entwickeln. Denn durch unsere Verbindungen finden wir ein Zuhause, den zentralen Ort, den die Erde fürsorglich für uns zum Leben bereitet hat.

Zusammenfassung: der Zugang zu Erde

- **Das Welpenherz nähren:** mit Feuer aufheitern. Setzen Sie Humor und Spiel ein, Sensorische Integration und Bauchmassage.
- **Das Welpenherz trainieren:** Setzen Sie Holz ein in Form von Coaching, Ziele-Setzen, Geschichten- und Aktivitäten-Aufzeichnen und Für-mehr-Bewegung-Sorgen. Erhöhen Sie den Eiweißanteil in der Ernährung und probieren Sie es mit Sehtraining.
- **Das große Herz entwickeln:** Metall stellt das Ventil dar. Arbeiten Sie mit Kunst und Handwerk, Musik, dem Musterspiel, Atemübungen und damit, die Emotionen anderer Menschen zu erkennen.

- **Das große Herz meistern:** Kultivieren Sie Wasser für Klarheit und Tiefe. Praktizieren Sie Qigong-Übungen, Meditation zur Selbstreflexion und Aktivitäten, die die Vielfalt wertschätzen helfen.

9. | Das Metall-Kind

9.1 Maria

Maria ist ein schlankes junges Mädchen mit scharf geschnittenen Gesichtszügen, hohen Wangenknochen, langer Nase und eindringlichem Blick. Ich habe das Privileg, sie seit ihrem Babyalter in meiner Kinderarztpraxis zu betreuen. Schon immer macht sie die Dinge auf eine besondere Art. Bereits als Kleinkind hatte sie eine außergewöhnliche Fähigkeit, überall Muster zu erkennen, sie liebte Puzzles und zeichnete kunstvolle Ornamente. Ihre Mutter, eine fröhliche und optimistische Südamerikanerin, hat immer gewusst, dass ihre Tochter etwas Besonderes ist. Als Maria jedoch in der 4. Klasse war, geriet ihre Mutter in Panik, dass etwas mit ihr nicht stimmen könnte. Maria hatte Asthmaanfälle gehabt, die in den letzten Jahren nachgelassen hatten. Als Maria in den Kindergarten kam, fiel ihrer Mutter auf, wie stark sich ihr Verhalten von dem anderer Kinder unterschied. Maria hatte sich auf Züge fixiert und neigte dazu, die anderen Kinder auszuschließen. Oft kam sie schlecht gelaunt nach Hause, ausgelöst durch eine beiläufige Bemerkung eines anderen Kindes. Mit Marias Vater hatte ich sehr wenig Kontakt. Einige Male besprach ich mit ihrer Mutter Möglichkeiten, Marias Sozialkontakte zu fördern. Mit der Zeit machte Maria dabei große Fortschritte.

In der vierten Klasse wurde der Schulstoff schwieriger und Maria blieb immer wieder stecken. Der Lehrer machte sich Gedanken, sie könnte ein neurologisches Problem haben. Maria schien nicht im Rhythmus der Klasse zu sein. Sie fragte mitunter etwas, was Stunden vorher dran gewesen war. Auch fielen ihr die Sozialkontakte wieder schwer. Sie verpetzte andere Kinder, die unerlaubte Dinge taten. Mehr als einmal musste der Lehrer Maria darauf hinweisen, dass sie nicht das Sagen in der Klasse hatte. Dann war Maria schwer beleidigt und weigerte sich, bei irgendetwas mitzumachen. Sie reagierte zunehmend empfindlich auf Kritik und behauptete, der Lehrer täusche sich. Sie klagte, dass sie kein anderes Kind leiden könne, und lamentierte endlos, was an jedem von ihnen verkehrt war. Dinge loszulassen fand sie immer schwieriger und sie machte fortwährend jemandem Vorwürfe, wenn etwas schiefging. Ihre Zu-Bettgeh-Gewohnheiten hatten sich zu komplizierten Ritualen entwickelt, die ihre Einschlaffähigkeit behinderten. Marias Mutter machte sich auch Sorgen, weil ihr Asthma sich wieder bemerkbar machte. Sie war sich nicht sicher, ob das Asthma diese Verhaltensweisen auslöste oder der Schulstress das Asthma.

Eine Lösung entwerfen

Als wir im Gespräch Marias Charaktereigenschaften notierten, wusste ihre Mutter (eine Feuer-Natur) sofort, dass Maria ein Metall-Kind war. Für sie war das eine wunderbare Entdeckung. Es beruhigte sie schon, positiver und nicht wertend über Marias Natur reden zu können.

Marias Aufmerksamkeitsprobleme kamen daher, dass sie stecken blieb, wenn die Dinge nicht nach Plan – nach *ihrem* Plan – liefen. Dann fiel es ihr schwer, den Wald vor lauter Bäumen zu sehen. Diese geistige Unbeweglichkeit oder Rigidität verstärkte nur die Ausdrucksweisen ihres Welpenherzens, wodurch es ihr unmöglich wurde, das große Bild zu sehen. Ihre Kraft zur Genauigkeit steigerte sich dann zu einer engen, rigiden Aufmerksamkeit.

Als wir die Lösungen für Marias Aufmerksamkeitsprobleme skizzierten, betrachteten wir die vier Hauptstrategien, um dem Metall-Kind zu helfen:

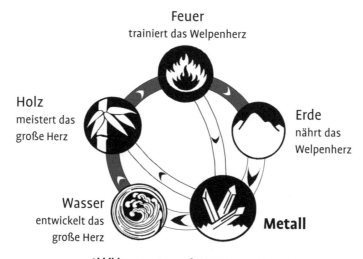

Abbildung 14: Entwurf einer Lösung für Metall

9.2 Das Welpenherz nähren: die Kraft der Erde

Der erste Schritt bestand darin, Marias Mutter dazu zu bringen, die ADHS-Symptome als Hilfeschrei zu erkennen. Um Marias Sicherheitsgefühl zu stärken, mussten wir ihr Wesen anerkennen und ihre Art, die Eindrücke der Welt zu verarbeiten. Erde nährt Metall und Erde steht für die Kraft des Kontextes und der Beziehungen. Maria wollte dazugehören, wusste aber nicht, wie. Ich ermunterte ihre Mutter, behutsam Termine zum Spielen mit einem Kind aus der Klasse auszumachen. Schon einen Freund oder eine Freundin in der Klasse zu haben kann in einer Situation, die ein Metall-Kind als Chaos empfindet, ein Sicherheitsanker werden.

Eine von Marias Freundinnen besuchte zufällig einen Aikido-Kurs und ich empfahl Maria, sich ihr anzuschließen. Der Meister war, wie ich wusste, freundlich und fair und förderte den Gruppenzusammenhalt (Erde-Natur). Obwohl Maria körperlich relativ unbeholfen war, liebte sie die Struktur des Kurses und ihr Lehrer fand kreative Wege, Maria das Gefühl zu vermitteln, ein wichtiges Gruppenmitglied zu sein. Hier „kostete" sie erstmals wirkliche Zugehörigkeit.

Weil Essen einen wesentlichen Teil der Erde-Aktivitäten ausmacht, begannen Maria und ihre Mutter gemeinsam zu kochen. Die Mutter konnte Maria zeigen, wie sie ihre „besonderen Kräfte" nutzen konnte, um sich exakt an Rezepte zu halten, während sie nach und nach unterschiedliche Gewürze und Geschmacksrichtungen ausprobierten. Maria hatte schon immer eine feine Nase und ihr Geruchssinn wurde überempfindlich, wenn sie gestresst war. Auch lösten bestimmte Gerüche ihr Keuchen aus. Die Mutter sagte mir, sie könne Marias Sicherheitsgefühl zu jedem Zeitpunkt genau einschätzen anhand der Art und Weise, wie sie ans Kochen heranging. Wenn sie einen schlechten Tag hatte, dann kam sie schon mit so einer einfachen Aufgabe wie Kartoffelschälen nicht zurecht. In solchen Momenten wies die Mutter Maria behutsam auf ihr Verhalten hin, wodurch Maria die Gelegenheit hatte, ihre Gefühle mit spürbaren Reaktionen zu verknüpfen

Ich betonte, wie wichtig es auch war, miteinander zu essen. Jahrelang hatte Maria getrennt von ihren Eltern gegessen und diese mangelnde Verbindung beim Essen hatte ihre Rigidität verstärkt. Sie war immer schon sehr heikel, wie Essen dargeboten wurde. Wenn eine Mahlzeit nicht richtig aussah, rührte sie sie nicht an. Anfangs war das gemeinsame Essen für alle Beteiligten stressig. Maria versuchte zu kontrollieren, wie das Essen auf den einzelnen Tellern aussah. Doch vergangenes Frühjahr machte ihre Mutter eine wunderbare Entdeckung: Maria konnte den Unterschied schmecken zwischen regional erzeugten Biolebensmitteln und verarbeiteten Nahrungsmitteln aus dem Supermarkt. Das nutzte sie als Gelegenheit, bei einer Lebensmittelkooperative mitzumachen; hier sortierte sie mit Maria das Gemüse und Obst, das von den Farmen kam. Das machte Maria großen Spaß und sie schrieb einen für eine Sechstklässlerin recht selbstgerechten Aufsatz, welche Vorteile es hat, die Bauern aus der Region zu unterstützen. Interessanterweise stellte Marias Mutter fest, dass die Bionahrungsmittel auch ihre Allergien und Asthmaanfälle zu lindern schienen.

Durch die gemeinsame Nahrungszubereitung mit ihrer Mutter ließ auch ihre Abneigung gegen bestimmte Gerüche und Konsistenzen nach. Weil Maria beim gemeinsamen Kochen und Essen Zugehörigkeit und Beziehungen erlebte, besserte sich auch ihre Überempfindlichkeit. Die gemeinsamen Mahlzeiten wurden zu einer Gelegenheit, positiver über die Vorzüge des Essens zu sprechen. Ihr Gefühl, einen sicheren Hafen zu haben, verstärkte sich, als diese Mahlzeiten zu einer festen Gewohnheit wurden. Dadurch wiederum ließ die Rigidität des Welpenherzens nach.

Kontakt mit der Erde

Gartenarbeit fördert den direkten Kontakt mit der Kraft der Erde. Der allmähliche Wachstumsprozess lässt Unvollkommenheiten weniger bedrohlich erscheinen. Schließlich kann eine Tomate, die nicht hundertprozentig rund ist, trotzdem prima schmecken. Anscheinend hatte Maria einen grünen Daumen. Irgendwann übernahm sie die Regie über den Blumengarten ihrer Mutter und wandelte ihn in einen Gemüsegarten um (das erschien ihr zweckmäßiger). Wenn sie im Herbst zu mir zu Sitzungen kam, brachte sie mir die erstaunlichsten Gemüsesorten mit.

Kontakte zu pflegen bedeutete für Maria nicht das Gleiche wie für andere Kinder. Marias Mutter schuf äußerst geschickt einen Raum, in dem sich ihre Tochter verbunden, aber nicht bedrängt fühlte. Sie verlangte keinen Blickkontakt, obwohl die Lehrer in der Schule darüber klagten. Die Mutter erkannte, dass der Druck, Blickkontakt zu halten, nur Marias Unsicherheit verstärkte. Am meisten fühlte sich Maria überfordert, wenn sie ihre Grenzen als bedroht empfand. Ihre Mutter veränderte behutsam ihre eigene Körpersprache, um Marias Sicherheitsgefühl im Kontakt aufrechtzuerhalten. Maria einfach die Hand auf die Schulter zu legen, wenn sie feststeckte, genügte, damit sie etwas lockerließ.

Anfangs stand Maria der Akupunktur skeptisch gegenüber. Ich ließ sie erst mich akupunktieren (das mache ich oft bei Kindern) und eines Tages fühlte sie sich sicher genug, es selbst auszuprobieren. Bei den ersten Sitzungen setzte ich nur eine einzige Nadel, damit sie Vertrauen entwickeln konnte. Im Laufe der Zeit wuchs ihre Neugier an diesen Sitzungen bei mir. Sie halfen ihr, sich mit den Gefühlen in ihrem Körper zu verbinden. Das nutzten wir, um ihre Aufmerksamkeit darauf zu lenken. Schließlich sagte sie ihrer Mutter genau, wann sie glaubte, wieder eine Behandlung zu brauchen – was von gutem Selbstgewahrsein zeugt. Nebenbei bemerkt, konnte sie mir irgendwann auch *ganz genau* sagen, welche Punkte ich akupunktieren sollte.

So sind Sie ein Erde-Elternteil für Ihr Metall-Kind

Eine sichere Basis für ein Metall-Kind zu schaffen verlangt von allen Eltern eine große Portion Geduld. Durch Rigidität kann aus der einfachsten Aufgabe ein Kampf werden. Maria hatte die Angewohnheit, ihre Eltern auf deren Widersprüche hinzuweisen. Ihre Mutter musste lernen, dies als Hilferuf zu erkennen und es nicht persönlich zu nehmen. Marias Vater, ein freundlicher, aber passiver Mann mit Erde-Natur, erkannte dieses Verhalten als Ausdruck von Marias Natur und bemerkte, dass sie sich selbst gegenüber genauso hart war, wenn sie Fehler machte. Beide Eltern nahmen diese Verhaltensweisen als Signale, dass Maria etwas mehr Unterstützung brauchte. Sie veränderten ihre Körpersprache, um ihr näherzukommen (jedoch nicht zu nahe) und um sie zu erinnern, dass sie sie trotz der Fehler, die sie machte, liebten. Sie ließen Maria wissen, dass sie ihre aufmerksame Wahrnehmung schätzten und ihre Natur würdigten. Diese einfache Botschaft bedingungsloser Liebe hat die besondere Kraft und Wirkung, die Sicherheit zu schaffen, mit der ein Kind nach und nach feste Vorstellungen loslassen kann. Doch denken Sie daran: nicht zu viel Gefühlsduselei mit Ihrem Metall-Kind. Eine einfache, direkte und klare Bestätigung wirkt am besten.

9.3 Das Welpenherz trainieren: die Kraft des Feuers

Lediglich Marias Natur nachzugeben genügte nicht. Das Welpenherz zu trainieren bedeutete, einen sicheren Weg nach vorne anzubieten. Feuer schmilzt die Härte des Metalls, wodurch Metall mit der Welt vertraut werden und sich auf sie einlassen kann. Die Mutter heiterte Marias Stimmung automatisch mit ihrem Humor auf, obwohl ihr Vater das nicht immer verstand. Er nahm es ihr oft übel, wenn sie die Dinge nicht so machte wie er, was Maria nur zusätzlich verwirrte. Er musste lernen, Maria dazu zu bringen, über sich selbst zu lachen, ohne beleidigt zu sein. Das ist bei Metall-Kindern nicht immer leicht. Es braucht Zeit und beginnt damit, dass man die Eigenschaften der eigenen Natur anerkennt. Maria hatte nämlich einen wunderbar trockenen Humor. Ihre Eltern lernten ihren Humor zu entwickeln, indem sie in Stresssituationen für Maria Dinge nutzten, die sie lustig fand.

Die Kunst des Ausdrucks

Verbalen Kontakt herzustellen, fiel Maria schwer. Wenn sie unsicher war, interpretierte sie Hinweise oft falsch. Das Welpenherz zu trainieren, heißt, positives Feedback zu geben, um die Vertrautheit zu erhöhen und die Verbindung zu fördern. Marias Vater musste lernen, dass weniger Liebe ist. Er neigte dazu, zu viel zu reden, was Maria als übergriffig empfand. Er bemühte sich, Zeit schweigend mit ihr zu verbringen, während er durchgängig positive nonverbale Signale (ein Lächeln, ein Winken) gab, wenn sie von ihrer Rigidität auf Verbindung umschalten konnte. Ihm wurde bewusst, dass er sie mit übermäßigem Lob und übermäßiger Kritik überfordert hatte.

Das Spiel „Emotionen erkennen"

Maria nahm Aussagen mitunter zu wörtlich. Dann blieb sie an bestimmten Wörtern hängen, bekam den Sinn nicht mit und war noch weiter verunsichert. Ich empfahl ihren Eltern, sich gegenseitig mit möglichst unterschiedlichem Mienenspiel zu fotografieren. Diese Fotos klebten sie in ein Album und übten mit Maria regelmäßig, diese Mienen zu benennen. Mit der Zeit konnte sie die verschiedenen emotionalen Gesichtsausdrücke immer besser identifizieren, wodurch sie die Regeln der nonverbalen Kommunikation lernte. Doch wie wir noch sehen werden, waren die Regeln beim Erkennen von Emotionen erst der erste Schritt, ihre Aufmerksamkeit zu trainieren. Es dauert eine Weile, bis man feststellt, dass die Landkarte nicht das Gebiet ist.

Miteinander singen

Marias Eltern fiel auf, dass sie die Tonhöhe exakt traf, wenn sie allein zu Aufnahmen sang, doch beim Singen mit anderen Menschen tat sie sich schwer. Sie neigte dazu zu dominieren, lauter zu singen als alle anderen, in dem Bemühen, deren Fehler, wie sie sie wahrnahm, nicht mehr zu hören. Deshalb übten sie jeden Abend in der Familie, miteinander zu singen. Indem Maria ein Gehör für den Einklang entwickelte, machte sie die Erfahrung, dass sie nicht immer im Mittelpunkt der Aufmerksamkeit stand. Das Geben-und-Nehmen bei Liedern machte ihr zunehmend mehr Spaß (Feuer), als sie lernte, lockerer zu sein und den Verbindungen mit anderen stärker zu vertrauen (Erde).

Feuer-Massage

Marias Mutter führte mit ihrer Tochter jeden Abend eine Tiefenmassage durch. Metall-Kinder neigen zu Muskelverspannungen und trockener Haut. Durch die Massage mit warmen, duftenden Blütenölen konnte Maria am Ende des Tages leichter abschalten. Die Mutter entdeckte harte Stellen an Marias Nacken und den Schulterblättern und passte auf, es mit dem Massieren nicht zu übertreiben. Falls es doch passierte, klagte Maria, sie empfinde es als ein Eindringen, ein Gefühl, das ihr Sicherheitsempfinden untergrub. Marias ausgeprägten Geruchssinn nutzten wir tagsüber auch in Form eines Tropfens ätherischen Zedernholzöls hinter den Ohren. Das half ihr, präsent und entspannt zu bleiben. (Im Anhang finden Sie weitere Empfehlungen für ätherische Öle.) Doch wieder: Weniger ist Liebe. Ein Metall-Kind ist rasch mit zu vielen Gerüchen überreizt. Gar nicht so selten lenken Parfüms Kinder so stark ab, dass sie sich nicht mehr konzentrieren können.

Sensorische Integration

Das Welpenherz zu trainieren heißt, einen sicheren Weg aus dem Notfallzustand zu bahnen. Ich empfehle oft sensorische Therapie; dadurch kann ein Kind leichter in der sich wandelnden äußeren Welt aktiv werden, ohne stecken zu bleiben. Denn erinnern Sie sich, gerade Veränderungen lösen bei Metall-Kindern oft die Unsicherheit des Welpenherzens aus. Feuer repräsentiert die Sinneserfahrung der Veränderung. Maria begann, eine Gewichtsweste zu tragen, um sich inmitten von Veränderungen (Feuer) geerdet (Erde) und sicher zu fühlen (siehe Ressourcen).

Als Maria sich bei unseren Terminen wohler fühlte, brachten wir mit emWave-Feedback ihr Herz (Feuer) und ihre Atmung (Metall) in Einklang. So kamen die inneren Rhythmen ins Gleichgewicht, die so wichtig für die Stabilität des Metalls sind (siehe Ressourcen).

„Ich sehe was, was du nicht siehst, und das ist neu"

Die Eltern erkannten, dass Marias Aufmerksamkeitsprobleme mit ihrer natürlichen Neigung zu tun hatten, sich von Veränderungen überfordert zu fühlen. Statt ihr Vorwürfe zu machen, ließen sie sie Veränderungen in einem Spiel als angenehm erleben. Dabei suchten sie nacheinander im Zimmer nach etwas, was sich verändert hatte. Wir nennen dieses Spiel „Ich sehe was, was du nicht siehst, und das ist neu". Weil Maria Details so präzise wahrnahm, machte sie bereitwillig mit. Mit der Zeit gewöhnte sie sich daran, Veränderungen als vergnüglich und nicht mehr als bedrohlich zu betrachten.

Das Spiel „Der dumme Fehler"

Ihrer Natur entsprechend nahm Maria alles sehr ernst. Daran ist an sich nichts verkehrt, doch gelegentlich kommt dadurch ein Teufelskreis in Gang. Wenn Maria Fehler machte, verstärkte das ihr Gefühl von Chaos und Unsicherheit, woraufhin sie übermäßig empfindlich gegenüber den winzigsten Fehlern wurde. Um diesen Teufelskreis zu durchbrechen, spielte ich mit ihr das Spiel „Der dumme Fehler". Wir malten abwechselnd ein Bild und bemühten uns, absichtlich einen einzigen Fehler hineinzumalen. Meine Fehler fand sie ganz leicht, doch selbst welche zu machen fiel ihr schwer. Im Laufe der Zeit wurde sie so locker, dass sie wunderbar Fehler verstecken und schauen konnte, ob ich sie entdeckte. Das nahm dem ganzen Konzept von richtig und falsch etwas von seinem Gewicht und achtete gleichzeitig ihre angeborenen Fähigkeiten.

Verrückte Metaphern: Wie ist ein Dies wie ein Das?

Metaphern und Analogien erfordern einen Sprung über feste Bezeichnungen hinaus. Für Maria stellten sie deshalb eine extreme Herausforderung dar. Feuer schmilzt die Grenzen des Metalls. Wenn ihre Mutter die Momente „erwischte", in denen Maria weniger rigide war, dann spielten sie miteinander ein Spiel, das ich „Wie ist ein Dies wie ein Das?" nenne. Abwechselnd wählten sie dabei willkürlich zwei Gegenstände in einem Zimmer aus und suchten nach deren Gemeinsamkeiten. Ein Beispiel: Wenn man einen Baum und eine Person aussucht, dann kann man darauf aufmerksam machen, dass beide Arme haben, dass Wurzeln wie Beine sind etc. Marias Mutter versuchte das Spiel heiter und ein wenig absurd zu halten. Sie achtete auf Anzeichen, wann Maria stecken blieb, und hörte wieder auf, wenn sie sah, dass Maria ins Straucheln geriet. Mit der Zeit konnte Maria leichter abstraktere Beziehungen wahrnehmen (wie die Gefühle anderer Menschen) – ein Anzeichen dafür, dass sie ihr großes Herz entwickelte.

9.4 Das große Herz entwickeln: die Kraft des Wassers

Wenn Maria ganz stark feststeckte, brauchte sie einen Ausweg, eine Befreiung aus ihrem eigenen Metallkäfig. Festzustecken ist ein schreckliches Gefühl. Ich bezeichne es als „mentale Verstopfung". Das zwanghafte Welpenherz hat dann einen ganz engen, sehr rigiden Aufmerksamkeitshorizont. Das große Herz entwickeln heißt, sich einer größeren Bandbreite emotionaler Erfahrungen zu öffnen. Das kann die Aufmerksamkeit befreien und flexibler machen, und es verbessert die Anpassungsfähigkeit an die sich stets verändernden Umstände. Metall bringt Wasser hervor und Wasser steht für das Fließen der Natur. Unter seiner Oberfläche birgt das Wasser die tiefen Geheimnisse von Raum und Zeit, die das Leben durchziehen.

Die energetische Ökologie des Raumes: Feng-Shui

Mithilfe von Marias Feinfühligkeit nahmen wir in ihrem Zimmer gleichsam als Medizin kleine Veränderungen vor. *Feng-Shui* ist die altbewährte chinesische Praxis, die Umgebung für die eigene Gesundheit und das eigene Wohlbefinden zu nutzen. Maria sagte: Würde eine Wand in ihrem Zimmer rot gestrichen, dann könnte sie leichter mit dem für die Schule richtigen Fuß aufstehen. Wir machten ein Spiel daraus, routinemäßig ihr Zimmer umzuräumen. Sie konnte sich aussuchen, wohin die Möbelstücke und Dinge sollten, in dem Wissen, dass es nur vorübergehend war. Mit der Erkenntnis, dass auch in Veränderungen Routine enthalten sein kann, empfand Maria Vielfalt nach und nach als sicherer. Ja, sie schätzte die Kraft der Veränderung, indem sie ihren scharfen Blick nutzte und sich mit Feng-Shui beschäftigte. Später wies sie mich auch darauf hin, wie die Möbel in meinem Sprechzimmer stehen sollten.

Das Mysterium Zeit

Als ich gemeinsam mit den Eltern Marias frühe Kindheit Revue passieren ließ, stellten wir fest, dass der Tod ihres Großvaters sie tief greifend beeinflusst hatte – sie war damals vier Jahre alt. Ihr Opa war unerwartet gestorben. Damals war Maria schwer verständlich, warum Menschen sterben, und jahrelang war sie insgeheim auf den Tod fixiert gewesen. Sie konnte mir den Tod als eine Art Ungerechtigkeit beschreiben. Ich riet ihren Eltern, zu überlegen, ob sie sie nicht in die Kirche eintreten lassen wollten, der ihre Mutter angehörte. Eltern finden es oft komisch, wenn ich als Arzt ein Rezept ausstelle, auf dem ich Religion für ihr Kind empfehle. Doch eben das tat ich für Maria, und sie nahm ihre aufkeimende Spiritualität sehr ernst. Ihre Mutter war ein zutiefst spiritueller Mensch und war überglücklich, ihre Tochter mit dieser Welt vertraut zu machen. In der Kirche fand Maria ein Glaubenssystem und einen Moralkodex, die ihr halfen, ihr Bedürfnis, zu wissen, warum, zu befriedigen. Ja, Marias Mutter machte sie voller Begeisterung auch mit anderen Religionen vertraut und durch dieses Verständnis wurde sie toleranter gegenüber der Vielfalt.

Die Kraft der Traditionen

Außerdem ermunterte ich Maria, sich aktiver an den Feiertags-Traditionen ihrer Familie zu beteiligen, besonders an solchen, die den Zeitablauf markieren. Wenn wir diese Traditionen aufgeben, schneiden wir uns vielleicht von der Weisheit ab, die von Generation zu Generation weitergegeben wird. Feiertage wie Sonnenwende, Weihnachten und Pessach bieten einen Weg aus dem Stress, indem sie uns mitten im großen Mysterium der Veränderung ein Gefühl von Beständigkeit vermitteln.

Maria entwickelte eine innige Beziehung zu ihrer Großmutter, obwohl diese in einem anderen Land lebte. Wann immer sie die Familie in Südamerika besuchten, hatte Maria Gelegenheit, längere Zeit mit ihrer Großmutter zusammen zu sein. Nach jedem Besuch bei ihrer Großmutter zeigte sich: Eine so bedeutsame Beziehung zu pflegen hatte tief greifende Auswirkungen auf ihr Kommunikationsverhalten in der Schule. Sie fand es beruhigend, mit ihren Eltern alte Familienbilder anzuschauen; dadurch fühlte sie sich weniger isoliert und sie sah ihr Erbe aus einem umfassenderen Blickwinkel. Diese Verbindung vermittelte ihr ein stärkeres Gefühl für ihre eigene Identität. Ihre Mutter machte das zu einer Gewohnheit, Maria in Stresssituationen immer freudige Ereignisse in Erinnerung zu rufen. Einfach Geschichten zu erzählen ist eine Möglichkeit, mit der uns das große Herz hilft, Dinge in einem größeren Zusammenhang zu sehen. Maria konnte so auch üben, eine Geschichte gut zu strukturieren, ohne sich in Details zu verrennen.

Durch die Erkenntnis, dass Erinnerung etwas ganz Persönliches ist, begriff Maria, dass wir uns an die gleichen Ereignisse nicht alle auf die gleiche Art und Weise erinnern. Damit konnte sie die Vielfalt schätzen, sie verstand die Erfahrungen anderer besser und sah die Welt nicht mehr nur in Schwarz-Weiß.

Schon früh war Maria eine Leseratte. Als sie die *Harry-Potter*-Bände entdeckte, sprachen wir in meiner Praxis endlos über Feinheiten der Charaktere. Ja, sie konnte sogar jede Figur den Fünf Wandlungsphasen zuordnen. Ihr Interesse für beliebte Serien verband sie mit Gleichaltrigen.

„Wasserversorgung"

Die Winter waren schwierig für Maria. Die sehr trockene Hitze der Raumluft setzte ihr zu und die langen Stunden in geschlossenen Räumen machten sie körperlich und seelisch reaktiv. Ich empfahl Maria, regelmäßig Bäder mit einem Tropfen Lavendelöl zu nehmen, um am Abend abzuschalten, oder sogar vor den Hausaufgaben. Außerdem riet ich ihr, im Winter viel Wasser zu trinken, denn eine ausreichende Flüssigkeitsaufnahme ist wichtig für eine gesunde Haut- und Lungenfunktion.

Das natürliche Wunder feinerer Nuancen

Je länger sich Maria im Freien aufhielt, desto entspannter wurde sie. Sie ging liebend gern an den Strand und war dort in den Ferien weit weniger rigide. Begeistert sammelte sie Steine und Muscheln, wodurch sie ihr Augenmerk weniger auf eine starre Perfektion richtete, sondern stärker auf eine größere Toleranz gegenüber Vielfalt. Durch ihre Liebe zu Mustern lernte sie, die feinen Unterschiede in Formen und Farben zu beschreiben, die jenseits der Konzepte von Gut und Böse, Schwarz und Weiß lagen.

Der Intuition vertrauen

Zu den größten Herausforderungen gehörte es für Maria, zu lernen, Dinge intuitiv zu wissen, nicht nur analytisch. Das musste sorgfältig geübt werden. Mithilfe der Intuition können wir Probleme kreativer lösen, wie Untersuchungen belegen (Jung-Beeman et al. 2004). Marias Mutter, die sehr intuitiv war, verstand nicht, wie ihre Tochter ihren eigenen Gefühlen nicht vertrauen konnte. Als ihr Vater einen Hund vom Tierheim nach Hause brachte, sollte Maria ihn mit erziehen. Dadurch lernte sie, Impulse zu deuten. Durch ihre natürliche Verspieltheit inspirieren uns Hunde, uns vorzustellen, was sie empfinden. Als Marias Vater fragte: „Was, glaubst du, will er?", und Maria antwortete, erforschten sie Gefühle „in Echtzeit", nicht nur auf Bildern. Marias Eltern erkannten, dass Maria üben musste, ihre Vorstellungskraft einzusetzen und ihren Eindrücken zu vertrauen.

Marias Mutter begann ein Spiel mit ihr zu spielen, bei dem von selbst Gesichtsausdrücke auftauchen durften, während sie miteinander vor einem Spiegel standen. Sobald die Mutter Maria lächeln sah, nutzte sie die Gelegenheit, Maria ihre Emotionen identifizieren zu lassen mit der Frage: „Bist du jetzt glücklich?" Mit der Zeit stellte

Maria eine immer tiefere Verbindung zwischen der äußeren Erscheinung und inneren Gefühlen her. Sie riet, was ihre Mutter gerade fühlte, dadurch konnte sie leichter ihren eigenen Gefühlsausdruck mit dem ihrer Mutter verknüpfen. Die positive Rückmeldung, die sie bekam, wenn sie die Emotionen ihrer Mutter richtig erriet, ermutigte sie, weiter zu üben.

Chanten

Weil wir erkannten, dass Maria einen Weg brauchte, ihre eigene Intuition zu erkunden, schlug ich vor, dass sie gemeinsam mit ihrer Mutter „Ommm" chantete. Chanten kann einen Raum eröffnen, in dem die Stimme im Kopf in den Hintergrund tritt, sodass „Botschaften" von selbst durchkommen können. Diese Praktik schafft einen Raum, in dem Gefühle und nicht-analytische Gedanken auftauchen können. Wann immer sie die Gelegenheit hatten, chanteten sie; dabei spürte Maria ihre Intuition unmittelbar. Sie beschrieb diese Erfahrungen genauso präzise und begeistert wie eine neue Muschel, die sie am Strand fand.

Träumen

Mit anderen über ihre Träume zu sprechen war eine weitere Möglichkeit für Maria, ihr großes Herz zu entwickeln. Sie begann ein Traumtagebuch zu führen und jeden Sonntag besprach sie mit ihrer Mutter die mögliche Bedeutung ihrer Träume. Anfangs fiel ihr das sehr schwer, doch mit der Zeit konnte sie die metaphorische Sprache der inneren Landschaft besser ausloten.

Die Welt erkunden

Reisen machte Maria flexibler und verbesserte ihre Aufmerksamkeit, wie ihre Eltern feststellten. Als Maria noch sehr klein war, hatte sie ungern neue Orte besucht. Doch als sie älter wurde, banden ihre Eltern sie in ihre Reiseplanungen mit ein, was ihr ein stärkeres Gefühl von Kontrolle gab. Das Ungewöhnliche neuer Erfahrungen inspirierte sie, eingefahrene Gleise zu verlassen. Sie vermieden feste Reiserouten, wodurch sie entdeckte: Die Landkarte ist nicht das Gebiet.

9.5 Das große Herz meistern: die Kraft des Holzes

Die Meisterschaft des Metalls zeigt sich in seiner Beziehung zum Holz. Irgendwann musste sich Maria bewusst werden, wie sie auf die Menschen um sie wirkte. Hierin liegt für das Metall-Kind der Schlüssel zu einer tieferen Selbstreflexion. Holz hat damit zu tun, wie wir Herausforderungen angehen, um Ziele zu erreichen. Maria kritisierte gern, wie andere Menschen Dinge taten; es kostete sie große Überwindung, sich dem Fluss hinzugeben.

Bewegung meistern

Der Aikido-Kurs wurde Maria immer wichtiger, denn sie empfand ihn als willkommene Entlastung von übermäßigem Denken. Ihr Vater besuchte den Kurs mit ihr und empfand diese gemeinsame Aktivität (Erde) als beziehungsstärkend. Maria genoss insbesondere die Struktur des Kurses und war sehr stolz auf ihre Fortschritte. Mit der Zeit fiel es ihr leichter, ihre Aufmerksamkeit in Gruppen zu steuern. Durch den Körperkontakt erkannte sie deutlicher, wann sie steif wurde und wie unangenehm das für andere war. Bei Aktivitäten wie Tanzen und Yoga lernte sie diese Steifheit durch winzige Haltungsänderungen auszugleichen, wodurch sich ihr Körper entspannte. Diese Fähigkeit, ihre Körperhaltung zu lockern und sich geschmeidiger zu bewegen, erleichterte ihr auch den Umgang mit anderen Kindern.

Besonders wichtig sind Atemübungen, um die strenge Kontrolle des Metalls zu lockern und so Stress abzubauen. Die Lungen sind dem Metall zugeordnet, die Muskeln dem Holz. Die Koordination beider entkrampft das Zwerchfell und fördert die Entspannung. Atemübungen als wesentlicher Bestandteil introspektiver Meditation halfen Maria, mit dem Grundrhythmus des Lebens verbunden zu bleiben.

ÜBUNG

Metall-Meditation

Diese Meditation kann im Sitzen oder Liegen durchgeführt werden.

1. Zu Beginn soll Ihr Kind einige Bauchatmungen durchführen. Beim Einatmen dehnt sich der Bauch (nicht der Brustkorb) aus. Beim Ausatmen entspannt sich der Bauch (lässt los).
2. Nun soll sich Ihr Kind vorstellen, es ist ein grün bewachsener Berg. Der steht stark und fest auf der Erde und ragt in den Himmel hinauf. Beim Einatmen soll es spüren,

wie die Schwerkraft der Erde direkt in seinen Bauch strömt. Einatmend soll es das Gefühl haben, selbst schwer und fest zu werden.

3. Beim Ausatmen soll es den Himmel loslassen und die Bäume nähren, die an seinen Berghängen wild wachsen. Ausatmend spürt Ihr Kind, wie es leichter wird.

4. Mit dem Einatem dankt es still der Erde, dass sie ihm so viel Stabilität verleiht. Mit dem Ausatem dankt es den Bäumen, die den Berg das ganze Jahr mit ihrem Grün schützen.

ÜBUNG

Qigong-Übung für Metall: Stehen wie ein Berg

Diese Übung wird am besten vor dem Abendessen durchgeführt (Blickrichtung nach Westen), doch Sie können sie auch zu jeder anderen Zeit praktizieren, um den Fokus zu erweitern und den Geist zu erfrischen.

1. Ihr Kind soll aufrecht stehen, die Beine so weit auseinander, wie es bequem ist, die Füße flach auf dem Boden. Die Hände liegen auf den Hüften. Nun soll es sich vorstellen, ein großer Berg zu sein, der bis in die Wolken reicht.

2. Sein Blick ist geradeaus und auf nichts Spezielles gerichtet.

3. Nun soll es in seinen Bauch atmen (siehe Kapitel 5). Beim Ausatmen soll es sich von der Taille aus nach vorne beugen, sodass es den Boden anschaut.

4. Mit dem nächsten Einatmen richtet es seinen Oberkörper langsam wieder auf und dreht ihn leicht nach rechts. Nun soll es seinen Atem einen Moment anhalten, die Beweglichkeit seines Körpers spüren und dabei möglichst lächeln.

5. Beim Ausatmen entspannt es seinen Körper. Die Hände immer noch auf den Hüften, dreht es sich behutsam zur Mitte und beugt sich wieder nach vorne. Mit dem nächsten Einatem richtet es sich wieder auf und dreht sich dabei nach links.

6. Beginnen Sie mit Ihrem Kind mit ein oder zwei Atemzügen. Erhöhen Sie die Anzahl der Atemzüge im Laufe von Wochen auf 25. Beim Üben soll sich Ihr Kind möglichst ausschließlich auf seine Körperhaltung und die Atembewegung konzentrieren.

Mitgefühl entwickeln

Irgendwann musste Maria über die Landkarten und Regeln reiner sozialer Verabredungen hinausgehen und echten emotionalen Austausch erleben. Mit den Augen eines anderen Menschen sehen zu können ist eine wunderbare Art, das große Herz zu meistern. Maria konnte andere Sichtweisen erproben, indem sie Rollen nachspielte. Ihr ausgezeichnetes Gedächtnis und ihr Blick für Details machten sie zu einer hervorragenden Schauspielschülerin. Sie machte im Schultheater mit und ihre Mutter nutzte die Gelegenheit, sie die verschiedenen Charaktere „spüren" zu lassen.

Marias Blick erweiterte sich, wenn sie verglich, wie sie sich an verschiedenen Tagen fühlte. Dadurch lernte sie zu hinterfragen, warum sie sich unter bestimmten Umständen auf eine bestimmte Art und Weise verhielt. Sobald sie ausmachen konnte, wann sie stecken blieb, hatte sie die Chance, dem vorzubeugen und die Gefühle schon bei ihrem Auftreten „zu erwischen". Im kontrollierten Rahmen einer Gruppe für soziale Kompetenz probierte sie verschiedene kreativere emotionale Reaktionen, die ihr halfen, Konflikte besser zu überwinden.

Die Vielfalt schätzen: ein wahrer Richter werden

Nachstehend einige Aktivitäten, die Eltern, Lehrer und Therapeuten als Aufgaben stellen können, um das Metall-Kind zu unterstützen, seine Stärken zu entwickeln:
- Erkläre die Bedeutung von „Veränderung" und „Abenteuer".
- Beschreibe drei Situationen, in denen eine Veränderung gut war.
- Erfinde eine Geschichte und lass dir dafür so viele Schlüsse wie möglich einfallen.
- Erstelle einen Plan für eine Aktivität und setze ihn in die Tat um. Vergleiche: Wie fühltest du dich, als du plantest, und wie, als du dann das Abenteuer erlebtest.
- Soziales Handeln: Denk dir drei Möglichkeiten aus, wie du die Welt verbessern könntest.
- Finde eine Möglichkeit, wie sich im Schulunterricht faire Entscheidungen treffen lassen.
- Erstelle einen Entscheidungsbaum für eine Tätigkeit; notiere die verschiedenen Möglichkeiten und die Folgen. Probiere es mit drei Beispielen.
- Verlasse beim nächsten Familienurlaub dein Quartier jeden Tag und halte Ausschau nach etwas Unerwartetem. Das heißt: Keine Pläne, geh einfach aus dem Zimmer und schau, was draußen in der Welt geschieht.
- Lies Biografien von berühmten Forschern, Erfindern und Unternehmern.

9.6 Das Metall-Kind unterrichten

Die richtigen Lehrer für Maria zu finden stellte immer eine Herausforderung dar. Mit ihren zahlreichen Regeln und Vorschriften hat die Schule ihre eigene „Metall"-Rigidität. Dabei können Gewohnheiten aufeinanderprallen. Für das Metall-Kind stellt es einen enormen Stressfaktor dar, zu lernen, mit vielfältigen Unterrichtsmethoden zurechtzukommen, ganz zu schweigen von dem stets wachsenden schulischen und sozialen Druck. Deshalb ist es von unschätzbarem Wert, einen Lehrer zu finden, der die Liebe Ihres Kindes zu Mustern und seinen ästhetischen Sinn zu schätzen weiß. Oft ist es am besten, zu Schuljahresbeginn mit den Lehrern über den besonderen Lernstil Ihres Kindes zu reden. Wenn die Interessen eines Metall-Kindes anerkannt werden, kann eine Lehrkraft es dazu bringen, sich zu entspannen, und es fällt ihm viel leichter, mit Freude zu lernen.

Weil sich Metall-Kinder so leicht in Details verrennen, wird es für Lehrer hilfreich sein, das Augenmerk eher auf Beziehungen und den Kontext (Erde) zu lenken. Anhand von Vergleichen und Analogien zu lernen fördert bei Metall-Kindern ganz wunderbar das tiefere Verständnis für abstrakte Konzepte. Dadurch können sie auch Konflikte leichter lösen. Selbst das Erlernen einer Fremdsprache scheint Metall-Kindern zu helfen, die Vielfalt zu schätzen („Wollen Sie damit sagen, dass es mehr als eine Art gibt, etwas auszudrücken?"). Viele Metall-Kinder fühlen sich von innen heraus zu den Wissenschaften und zur Mathematik hingezogen. Lehrer können diese Interessen fördern und so den Selbstwert der Kinder verbessern.

Wie Eltern mit ihrer eigenen Veranlagung arbeiten müssen, so ist auch für Lehrer wichtig, sich ihrer eigenen starren Gewohnheiten bewusst zu sein. Heutzutage stehen Lehrer unter massivem Druck, die jeweiligen Anforderungen und Bildungsstandards zu erfüllen. Das kann ihre Kreativität erheblich einschränken und zu viel Metall in das Leben eines Metall-Kindes bringen. Es ist nie von Erfolg gekrönt, sich mit einem rigide strukturierten Kind darüber in die Haare zu kriegen, wie man irgendetwas völlig Banales macht. Erst loslassen zu lernen und die Stimmung aufzuheitern führt modellhaft das Verhalten vor, das Metall-Kinder zu Flexibilität anregt. Lehrer mit Holz-Natur müssen sich bewusst sein: Es bringt nichts, ein gestresstes Metall-Kind, das in seinen Gewohnheiten festgefahren ist, zu etwas zu drängen. Eine Strafe wird seine Entschlossenheit lediglich festigen. Ein Lehrer, der – nach gründlicher Vorbereitung – klare Anweisungen geben kann mit konsequentem positivem Feedback, wird mehr Respekt einflößen.

Wichtig ist auch, dass die Lehrerin eines Metall-Kindes auf seine Entwicklung und Sozialkontakte achtet. Klassenkameraden geben enorme Sicherheit und helfen, Toleranz und Mitgefühl zu entwickeln. In den frühen Lebensjahren eines Metall-Kindes feste Freundschaften zu fördern wirkt sich wahrscheinlich tief greifender auf sein Lernen aus, als ihm Lesen oder Schreiben beizubringen. Die täglichen Herausforderungen stellen sich oft jenseits des „Lehrerblickes". Eine Aufsicht muss vielleicht besonders aufmerksam die „Freizeit"-Aktivitäten auf dem Spielplatz oder im Bus im Auge behalten, wo es keine festen Regeln gibt. Das sind für das Metall-Kind oft die Orte mit der größten Stressgefährdung.

9.7 Maria eingeklinkt

Innerhalb weniger Jahre machte Maria erstaunliche Fortschritte. Je mehr ihr Vertrauen wuchs, desto weniger rigide war ihre Aufmerksamkeit und desto erfolgreicher wurde sie – schulisch wie sozial. Kürzlich rief sie in ihrer Schule einen Science-Fiction-Klub ins Leben und organisiert seither freudig Veranstaltungen mit anderen Klubmitgliedern. In ihrer Kampfkunst arbeitet sie sich weiter nach oben und seit Kurzem nimmt sie an Schwimmwettkämpfen teil und gewinnt Preise, weil sie so gut tauchen kann. Es ist ihr gelungen, einige feste Freundschaften zu schließen, durch die sie Kompromissfähigkeit und Vertrauen zu schätzen lernt. Sie nimmt ihre Akupunkturtermine auch heute noch sehr ernst und sie lernt Chinesisch, deshalb verbessert sie häufig meine Aussprache der Punktenamen.

Nachstehend die Geschichten eines Metall-Teenagers, der seine Kräfte in wahre Magie zu verwandeln lernte.

Beispiel: Brett – ein Metall-Teenager mit ADHS

Brett kam erstmals mit 14 Jahren zu mir. Er litt unter schrecklichen Tics und in seinem ersten Highschooljahr erreichte er in etlichen Fächern das Klassenziel nicht. Mit dem Einsetzen der Pubertät verschlimmerten sich die Tics. Er hatte deswegen bereits mehrere Fachärzte aufgesucht und nahm ein Antidepressivum gegen seine Zwangssymptome. Seine Eltern wollten eine zweite Meinung zu natürlichen Behandlungsweisen für seine Tics und seine Aufmerksamkeitsprobleme. Bei meinem ersten Termin mit Brett fand er begeistert heraus, dass er eine Metall-Natur war. Zum ersten Mal hatte jemand seine Art nicht nur als Problem gesehen. Besonders gefiel ihm, dass ich seinen Sinn für Humor schätzte. Er hatte es geschafft, alle *Monty-Python*-Nummern auswendig zu lernen und gab in jeder Gesprächspause eine zum Besten.

Als Erstes zeigte ich ihm verschiedene Atemübungen mit dem Augenmerk auf Rhythmus und körperliche Präsenz. Mit der Akupunktur zielte ich darauf ab, sein Ungleichgewicht zwischen Metall und Holz auszugleichen. Er schien die intensiven Sinnesempfindungen zu genießen, die die Akupunktur hervorrief, und mithilfe dieses Gewahrseins konnten wir seine Aufmerksamkeit auf Gefühlsveränderungen richten. Ich verriet ihm auch einige Zaubertricks, die er begeistert aufnahm. Er wurde darin so geschickt, dass er sogar in der Schule beliebter wurde, und später meldete er sich freiwillig als Entertainer für behinderte Kinder. Zur großen Freude aller verstand er, sich gut in Szene zu setzen. Noch wichtiger aber war: Während seiner Auftritte schien er frei von Tics zu sein.

Schon seit jungen Jahren hatte Brett unter chronischer Verstopfung gelitten. Nicht selten bleiben Metall-Kinder um die Zeit der Sauberkeitserziehung „stecken". Indem wir ihn dazu brachten, warmen Tee statt eiskalte Limonade zu trinken und übermäßig verarbeitete Nahrungsmittel zu meiden, kamen „die Dinge in Fluss". Und die Einnahme von Leinsamen- und Nachtkerzenöl (reich an Omega-3-Fettsäuren) unterstützte seine Verdauung sowie seine Lungen- und Gehirnfunktion. Auch die Homöopathie erwies sich als sehr hilfreich, seine Tics in den Griff zu bekommen und seine Tendenz zu hyperfokussieren (siehe Anhang) zu lindern. Die regelmäßige Verdauung wirkte sich erheblich auf Bretts Stimmung und seine Aufmerksamkeit aus. Es wurde buchstäblich eine Last von ihm genommen.

Außerdem hatte Brett massive Schlafprobleme. Wenn seine Routine durchbrochen war oder die Dinge tagsüber nicht nach Plan gelaufen waren, fand er abends keinen Schlaf. Er begann niedrig dosiert Melatonin einzunehmen (1 mg), damit er leichter einschlief. Der Traumzyklus fördert besonders die parasympathische Funktion des „Ausruhens und Verdauens". Wenn er ausreichend schlief und Zeit zum Träumen hatte, wachte er morgens frischer auf und durchbrach so den Erschöpfungs-Teufelskreis. Träumen ist wichtig, damit wir mit der Sprache der Metaphern unsere vielfältigen Erfahrungen integrieren. Brett stellte fest: Wenn er regelmäßig Stuhlgang hatte und nachts gut schlief, dann hatte er praktisch keine Tics und konnte auch in der Schule viel besser aufpassen. So unglaublich es klingt, aber dank dieser einfachen Lösungen konnte Brett letztlich seine Medikamente nach und nach absetzen.

Brett stellte sich wahrlich immer neuen Herausforderungen. Weil er jetzt gerne Freunde haben wollte, schloss er sich einer Gruppe von Teenagern an, die die Weststaaten bereiste. Das stärkte sein Selbstvertrauen und machte ihm seine eigenen Fähigkeiten stärker bewusst, mit unerwarteten Herausforderungen umzugehen. Brett geht jetzt aufs College, wo er Philosophie studiert; er hofft, eines Tages Anwalt zu werden.

9.8 Die Stärken des Metalls wertschätzen

Metall spielt eine zentrale Rolle in unserem Leben. Seine Stärken bringen Ordnung ins Chaos der Veränderung (Feuer) und ermöglichen uns, als Gruppe (Erde) zusammenzuarbeiten. Metall wird die Matrix, durch die wir die Geheimnisse der Welt (Wasser) verstehen, und es gibt uns letztlich eine Karte an die Hand, mit der wir unsere Ziele (Holz) erreichen. Zahlreiche bedeutende Wissenschaftler waren von den Metall-Stärken geprägt. Persönlichkeiten wie Charles Darwin und Louis Pasteur, die die Ordnung und die Muster des Lebens minutiös untersuchten, haben unser Verständnis der

Welt, in der wir leben, erweitert und ihnen haben wir es zu verdanken, dass wir mehr Mittel und Möglichkeiten haben, unser eigenes Geschick zu gestalten.

Zusammenfassung: der Zugang zu Metall

- **Das Welpenherz nähren:** Fördern Sie Kontakte mithilfe von Erde-Strategien; dazu zählen Massage, die Arbeit mit Analogien, Emotionen erkennen, Kochen, Gartenarbeit und Singen.
- **Das Welpenherz trainieren:** Zu den Feuer-betonten Strategien zählen: den Humor fördern, Schauspielen, Sensorische Integration, der Intuition vertrauen, das Spiel „Ich sehe was, was du nicht siehst, und das ist neu", verrückte Metaphern und das Spiel „So ein dummer Fehler".
- **Das große Herz entwickeln:** Mit Wasser-Strategien können wir das Unbekannte erforschen. Versuchen Sie, sich in Geheimnisse zu vertiefen, in Religion, Magie, ins Sammeln, in das Führen eines Traumtagebuchs und ins Schwimmen.
- **Das große Herz meistern:** Mit Holz die Bewegung fördern. Praktizieren Sie Atemübungen; Selbstreflexion darüber, wie die eigene Körpersprache auf andere wirkt; Reisen und Tätigkeiten, die uns helfen, ein wahrer Alchemist der Welt zu werden.

10. | Das Wasser-Kind

10.1 Jack

Als ich Jack zum ersten Mal sah, einen kleinen, grobknochigen Neunjährigen mit breiter Stirn und dunklen Augenringen, wirkte er schüchtern und schien keine Ahnung zu haben, warum er bei mir war. Seine Mutter, die sich über seine Geistesabwesenheit ärgerte, hatte mich aufgesucht, weil Jack sich weigerte, zur Schule zu gehen. Seine Lehrer hatten geklagt, er habe seit Monaten keine Hausaufgaben mehr gemacht. Sie sagte, er habe jegliches Interesse an den Schularbeiten verloren. Seine Lehrerin hatte ihn an den Beratungslehrer verwiesen, weil er ihr depressiv erschien.

Jacks Mutter beschrieb ihn als ein Kind, das bereits „als alter Mann" auf die Welt gekommen sei. Er sei in der Familie schon immer ein wenig der Griesgram und Eigenbrötler. Als kleines Kind spielte er stundenlang mit Spielzeugdinosauriern in seinem Zimmer. Sein Hör- und Sehvermögen wurde getestet, als er drei Jahre alt war, weil er in seiner eigenen Welt zu versinken schien. Mit sechs Jahren hatte er schließlich sprachlich aufgeholt. Er war bei einem Neurologen gewesen wegen Bedenken, sein Vor-sich-Hinstarren könnten Krampfanfälle sein, doch sein EEG-Ergebnis (Gehirnuntersuchung) war normal. Mehrmals war er wegen Energiemangels beim Kinderarzt gewesen, doch bei den Untersuchungen wurde nichts festgestellt. Jacks Eltern gaben ihm verschiedene Vitamintabletten, die sie im Naturkostladen entdeckten, doch die schienen keinen Unterschied zu bewirken. Als sie dem Arzt mitteilten, er habe Schwierigkeiten, in der Schule mitzukommen, meinte der, Jack könne eine Form von ADS haben.

Der Umgang mit Zeit stellte für Jack seit je die größte Herausforderung dar. Schon immer bewegte er sich langsam, und wenn er sich gedrängt fühlt, wurde er noch langsamer, wie mir seine Mutter sagte. Sie machte sich Sorgen, er könnte sich noch weiter zurückziehen und stundenlang in seinem Zimmer Bücher über Schwarze Magie und Zauberei lesen.

Bei meinem Treffen mit Jacks Eltern sprach ich über Jacks tiefgründige, introspektive Natur, die, wie sie beide zustimmten, nach einem Wasser-Kind klang. Kinder mit Wasser-Natur folgen ihrem eigenen Rhythmus, für den scheinbar im Schulunterricht kein Platz ist. Wir waren uns einig: Wenn seine Probleme nicht angegangen würden, lief er durchaus Gefahr, sich zu entfremden und depressiv zu werden. Beim nächsten Termin saß Jack da und brütete lang über dem Spektrum der fünf Naturen – in scheinbar geistesabwesendem Schweigen. In dem Moment, in dem ich seine Tagträumerei unterbrechen und ihn erneut fragen wollte, welche Kräfte er seiner Meinung nach habe, platzte er heraus: „Ich bin ein Wasser-Kind." Deshalb skizzierten wir folgende Lösung:

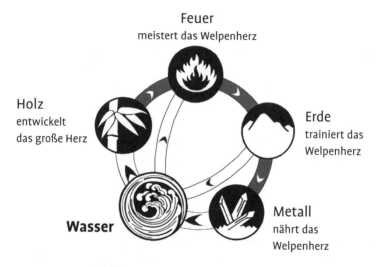

Abbildung 15: Entwurf einer Lösung für Wasser

10.2 Das Welpenherz nähren: die Kraft des Metalls

Wenn er sich gehetzt fühlte, in einer Welt, die ihm keine Zeit ließ für die tiefe Kontemplation, nach der seine Natur verlangte, musste Jack das einfach verunsichern. Doch seine Unsicherheit äußerte sich auf eine ganz bestimmte Art und Weise: Er zog sich zurück und wurde apathisch. Für Eltern kann es eine entmutigende Aufgabe sein, Wege zu finden, damit sich das Wasser-Kind seiner selbst sicherer fühlt, sobald es „vom Planeten abtaucht".

Metall nährt Wasser, so wie ein Bach aus einem Berg entspringt. Der erste Schritt bestand darin, eine beständige Umgebung zu gewährleisten. Das ist die wahre Kraft des Metalls und das bedeutete, dass Jacks Eltern ihre eigenen Gewohnheiten ändern mussten. Bereits seit seiner Kleinkindzeit hatte es zu Hause keine festen Abläufe gegeben. Jacks Geschwister sorgten für eine Form von Chaos, die Jack im Grunde genommen immer tiefer in seine eigene Welt abgleiten ließ. Dabei versäumte er die frühen Gelegenheiten, Kontakte knüpfen zu üben.

Seine Eltern einigten sich auf mehrere feste Abläufe, die Jack wieder in die Familie zurückbrachten, weil sie ihm die Möglichkeit boten, konstante Verbindungen mit der Welt außerhalb seiner eigenen zu unterhalten. Als Erstes setzten sie regelmäßige Essens- und Schlafenszeiten in der Familie fest. Anfangs wollte Jack nicht mitmachen. Jacks Mutter, eine joviale, laute Frau mit Feuer-Natur, empfand es als schwierig, zu Jack eine Beziehung aufzubauen, denn seine Distanz überforderte sie schnell. Sein Vater, eher eine Holz-Natur, brüllte, wenn Jack nicht mitmachte, was Jack natürlich einfach ignorierte. Es dauerte eine Zeit, bis seine Eltern ihre bisherigen Reaktionen geändert hatten, sodass sie weniger bedrohlich wirkten und er sich weniger zurückzog.

Wie wir erkannten, rührte Jacks Sturheit großenteils daher, dass er absolut kein Zeitgefühl hatte. Daher bat ich seine Eltern, mit ihm das Zeit-Spiel zu spielen (siehe Kapitel 5). Dabei maß Jack, wie viel Zeit seine Tätigkeiten in Anspruch nahmen, und notierte die Ergebnisse. So lernte er, einen praktischen Bezug zum Zeitablauf herzustellen. Dadurch wiederum fühlte er sich stärker in die Familiengewohnheiten eingebunden.

Irgendwann verließ sich Jack auf seine kleine Stoppuhr, mit der er alles maß. Mit dieser Gewohnheit konnte er seinen Tag nach der Zeit planen statt nach dem grenzenlosen Dunstschleier der Wasser-Kontemplation. Seine Mutter begann ihn behutsam danach zu fragen, wann es Zeit war für das Abendessen oder zum Schlafengehen; so wurde er ihr Helfer. Das stärkte ihre Beziehung und gab ihm die Kraft, sie zu unterstützen, sich ebenfalls an die Gewohnheiten zu halten. Jack schlichtweg in einen festen Tagesablauf einzubinden veränderte bereits seine Einstellung, denn es gab ihm mehr Energie und machte ihn tagsüber weniger negativ.

Die Familie machte fortan riesige Puzzle-Spiele . Besonders gefiel Jack, dass diese Puzzles Wochen in Anspruch nahmen. Außerdem half ihm die gemeinsame Beschäftigung mit der Familie, verbunden zu bleiben und sich auf Muster zu konzentrieren. Jack wurde auch besser im Kartenspielen mit seinem Bruder Freddie, einem Holz-Kind. Als Jack gelang, Muster rasch zu erkennen, gewann er regelmäßig, was Freddie gar nicht gefiel. Mit vielen unterschiedlichen Spielen (siehe Ressourcen) erweiterten wir Jacks Fähigkeit noch, Muster rasch zu erkennen – das änderte seine Sicht der Dinge. Statt nach der tiefen Bedeutung zu suchen, lernte Jack, einfach die Situation zu erfassen, um ein Gefühl dafür zu entwickeln, worauf er zuerst achten musste. Seine Eltern nutzten sein Interesse an Magie, um ihn mit der Wissenschaft vertraut zu machen. Sie kauften ihm zum Geburtstag einen Chemiekasten und mit seinem Vater experimentierte er stundenlang – wie zwei verrückte Wissenschaftler.

Ich empfahl Jack, mit der Interaktiven-Metronom-Therapie zu beginnen; diese Methode synchronisiert das Timing der Körperbewegungen (siehe Ressourcen). Durch diese Erfahrung entwickelte er ein Interesse für Musik und fing im darauffolgenden Jahr mit dem Klavierspielen an. Wann immer er sich gestresst fühle, könne er sich durch Klavierspielen entspannen, erzählte er mir. Der Rhythmus gab ihm weitere Sicherheit und verfeinerte seine Aufmerksamkeit. Im Laufe der Zeit entwickelte Jack einen sehr ausgefallenen Musikgeschmack, der von Rhythm and Blues zum Jazz reichte.

10.3 Das Welpenherz trainieren: die Kraft der Erde

Die Erde leitet das Wasser in die Welt. Ihre Kraft liegt in Beziehungen und im Kontext. Das Welpenherz zu trainieren bedeutet, mit positivem Feedback Gelegenheiten für mehr Nähe und Bindung zu schaffen. Eine der größten Herausforderungen bestand für Jack darin, dass er mit Gleichaltrigen nicht in Kontakt kam, wie es schien. Ihm war nicht bewusst, dass er kauzig und distanziert wirkte. Andere Kinder nahmen an, er interessiere sich nicht für sie, während Jack sich verzweifelt Freunde wünschte. Wenn ihm bange war, zog er sich lieber in sein Zimmer zurück und ging ganz im Lesen auf. Ganz langsam begann er daran etwas zu ändern, indem er einen Klassenkameraden zum Spielen zu sich nach Hause einlud. So konnte er üben, seine geheime Welt mit einem anderen Kind zu teilen. Diese Form des Austausches gehört zu den Erde-Kräften. Dadurch, dass er eine vertrauensvolle Beziehung aufbaute, hatte Jack einen Anreiz, in die Schule zu gehen. Auch gab ihm die Beziehung Sicherheit, wenn er sich in der Klasse verloren fühlte. Dann schaute er einfach, was sein Freund gerade machte, und holte sich so Tipps.

Auf dem Planeten Erde essen

Zu den neuen Familiengewohnheiten gehörte, dass Jack nicht mehr vor dem Fernseher aß, was ihn nur weiter distanziert hatte. Durch das gemeinsame Zubereiten und Essen der Mahlzeiten lernte Jack, eine aktivere Rolle in der Familie zu übernehmen. Anfangs brachte Jack ein Buch mit zum Abendessen, doch statt ihn zu zwingen, aufzuhören, ermunterten seine Eltern ihn, ihnen zu erzählen, was er gerade las. Das förderte den Gedankenaustausch. Diese Verbindung ist eine tiefere Bedeutung von Mahlzeiten. Jack und sein Vater begannen, sich ihre eigene Geschichte eines Helden aus der Sagenwelt auszudenken. Damit hatte er etwas, worauf er sich beim Abendessen freuen konnte. Die Wertschätzung seiner Familie für seine außergewöhnliche Vorstellungskraft spornte Jack an, sein Erzähltalent zu entwickeln, indem er die Handlungen einer Figur mit ihren Gefühlen verknüpfte.

Wenn er so in seine eigene Welt vertieft war, hatte er oft vergessen zu essen. Das ist ein hervorragendes Beispiel dafür, wie ein Wasser-Kind die Verbindung zum Grundrhythmus seines Körpers verliert. Die Bedeutung von Hunger zu lernen hilft, grundlegende neuronale Verbindungen, die für das Lernen wichtig sind, aufrechtzuerhalten. Um dieses Bewusstsein zu fördern, brachte ich ihm das Spiel „Ich habe Hunger, 1-2-3" bei (siehe Kapitel 5).

Das Frühstück war für Jack dabei eine besonders knifflige Mahlzeit. Üblicherweise war er noch sehr verschlafen und hatte keinen Appetit, selbst wenn er gut geschlafen hatte. Diese morgendlichen Schwierigkeiten verschlimmerten sich in der Pubertät. Deshalb empfahl ich morgens einen Eiweiß-Shake. Doch Jack trank lieber koffeinhaltigen grünen Tee. Ich musste deshalb seinen Eltern versichern, dass das eine der Möglichkeiten war, seinen Wasser-Geist auf Touren zu bringen. Auch Süßes regte ihn an. Zwar kursieren die allgemeinen Warnungen, Süßes sei *niemals* gut für Kinder mit ADHS, doch ich will in diesem Buch pauschale Aussagen über ADHS gerade vermeiden. Mit „weniger ist mehr" sind hier natürliche, biologische Süßigkeiten (Früchte etc.) gemeint, die selbstverständlich den ungesunden Nahrungsmitteln mit Zuckerzusätzen vorzuziehen sind.

Weniger ist Liebe

Anfangs hatten Jacks Eltern seine natürliche Distanziertheit als beunruhigend und frustrierend empfunden. Sie hatten einen Psychiater aufgesucht, der Antidepressiva empfahl, doch die Warnhinweise hatten seine Mutter abgeschreckt. Jacks Eltern mussten behutsam ein Gleichgewicht herstellen zwischen seinem Bedürfnis, Kontakte knüpfen zu lernen, und seinem Bedürfnis nach Zurückgezogenheit. Denken Sie daran: Weniger ist Liebe. Bei zu viel Einmischung zog sich Jack nur stärker zurück. Dieser Balanceakt begann bereits mit dem Körperkontakt. Einfach neben ihm zu sitzen eröffnete die Möglichkeit für ein etwaiges Gespräch. Doch Jacks Eltern verstanden, dass sie ihn nicht zwingen konnten, über seine Probleme zu reden. Wenn sie ihn drängten, erzeugte das nur mehr Spannungen und Rückzug. Zu viel Erde trübt das Wasser. Jacks Vater stellte fest: Wenn er im selben Zimmer las, bot er Jack damit genug Verbundenheitsgefühl, dass dieser schließlich den Kontakt herstellte. Und seine Mutter staunte, als sie die Erfahrung machte, dass lange gemeinsame Autofahrten ihn dazu brachten, ihr nach und nach seine Gedanken mitzuteilen.

Erde-Massage

Kontakte waren für Jack entscheidend, um seine Aufmerksamkeit zurück in die Welt zu lenken. Ich zeigte seiner Mutter eine Technik zur Tiefenmassage, die an den Fußsohlen beginnt (Wasser-Punkte) und dann an der Beinrückseite und den Rücken hinauf die Muskeln entspannt. Jeden Abend gab sie einen Tropfen ätherisches Rosmarinöl in warmes Wasser und feuchte damit ihre Hände an, bevor sie ihn massierte (siehe Anhang). Es dauerte lange, bis Jack sich an die Massagen gewöhnte, und seine Mutter lernte, sie nicht in Eile durchzuführen. In diesem Fall bedeutet die Lektion „weniger ist Liebe" weniger Hetze.

So sind Sie ein Erde-Elternteil für Ihr Wasser-Kind

Als Hauptbezugspersonen sind alle Eltern ein Stück weit eine Erde-Natur. Stellen Sie sich vor, wie es sich anfühlt, ein Wasser-Kind zu sein, dessen Kraft darin besteht, in die Tiefe zu gehen und in die Geheimnisse des Lebens einzutauchen. Und nun stellen Sie sich vor, welche Wirkung Sie erzielen, wenn Sie zu tief in diese Welt eindringen. Malen Sie sich die Unsicherheit aus, die Ihr Kind empfindet, wenn es zum Kontakt gezwungen wird. Seien Sie sich Ihrer Erwartungen an Ihr Kind bewusst. Versuchen Sie, das Bedürfnis Ihres Kindes nach Alleinsein nicht persönlich zu nehmen. Achten Sie darauf, wie der Tonfall Ihrer Stimme und Ihre Körpersprache sein Verhalten beeinflussen. Und stellen Sie sich vor, wie sich Ihr Kind fühlt, wenn Sie seine Welt liebevoll und fürsorglich betreten und Sie das Abenteuer miteinander erleben. Das öffnet die Tür für einen echten Erfahrungsaustausch.

10.4 Das große Herz entwickeln: die Kraft des Holzes

Wie der Frühling aus dem Winter hervorgeht, so ist Holz das natürliche Ventil für Wasser. Holz steht für Handeln und Bewegung. Jacks Rückzug war ein Hilferuf, ein Zeichen seiner Unsicherheit. Ihn einfach zu körperlicher Bewegung anzuregen half, ihn in die Welt zurückzulenken. Er begann mit Kampfsport (Metall-Struktur und Holz-Bewegung). Seine Eltern stellten praktisch sofort fest, dass er dadurch stärker auf visuelle Signale achtete. Im Laufe der Zeit stellten sie auch fest, dass sie ihm nicht immer und immer wieder sagen mussten, was er tun sollte. Als es erst mal gelungen war, Jack wieder zum Schulbesuch zu motivieren, erlaubte ihm die Lehrerin, dreimal den Hampelmann zu machen, wenn sie merkte, dass er abdriftete. Außerdem sollte

Jack jeden Tag zu Fuß zur Schule und wieder nach Hause gehen. Anfangs kam er zu spät, doch allmählich und mit Belohnungen lernte er, seine Zeit besser einzuschätzen.

Zurück zur Natur

Jacks Eltern lebten zwar in der Stadt, setzten aber alles daran, mit ihm am Wochenende in der Natur spazieren zu gehen. Im Grunde gefiel das beiden Teilen sehr. Das große Herz zu entwickeln heißt, mehr Erfahrung zu sammeln mit vielen verschiedenen Gefühlen und Empfindungen. Die Natur ringsum weckte Jacks Interesse und machte ihm seine Verbindung mit der Welt um ihn herum stärker bewusst. Je vielfältigere Erfahrungen Jack machte, desto besser konnte er seine Gefühle in den unterschiedlichen Umgebungen vergleichen. Er meldete sich für ein Sommerferienlager im örtlichen Landschaftsschutzgebiet an, wo ihn Schlangen und Insekten faszinierten. Ja, sie wurden bei unseren Terminen zu einem heißen Gesprächsthema, denn das war ein wunderbares Ventil für ihn, sich mir verbunden zu fühlen und mir allerhand interessante Fakten mitzuteilen. Mit der Zeit konnte Jack Verbindungen herstellen zwischen seiner Fantasiewelt und den Abenteuern, die er in der Natur erlebte. Leidenschaftlich spielte er ein Spiel, bei dem wir uns darüber unterhielten, wie sich die Figuren aus seinen Lieblingsbüchern in Situationen verhalten hätten, die er erlebt hatte.

In den Entsprechungen der Fünf Wandlungsphasen ist das Sehen dem Holz zugeordnet, die Fähigkeit, den Weg vor sich zu sehen. Um diese Zeit machte ich Jack auf die Möglichkeit der Sehtherapie aufmerksam. Er begann daraufhin, eine besondere Prismenbrille zu tragen, mit der er noch mehr wie ein kleiner Professor aussah (siehe Ressourcen zur Verhaltensoptometrie). Nach seiner Aussage bekam er mit dieser Brille im Unterricht mehr mit.

Videospiele und das Wasser-Kind

Digitaltechnik kann bei zahlreichen Kindern äußerst suchterzeugend wirken, jedoch nicht bei *allen*. Nach meiner Erfahrung hilft sie Wasser-Kindern sogar, ihre Aufmerksamkeit zu aktivieren. Videospiele können bei manchen Kindern das räumliche Bewusstsein verbessern, wie Studien belegen (Spence & Feng 2010). Zwar besteht immer das Risiko, dass sich ein Wasser-Kind in der Spielewelt verliert, besonders bei so vielen Online-Spielen mit Fantasie-Avataren, doch wir stellten fest: Wenn wir vor den Hausaufgaben 20 Minuten Spielzeit einplanten, konnte Jack sich innerlich auf eher alltägliche geistige Aktivitäten vorbereiten.

10.5 Das große Herz meistern: die Kraft des Feuers

Meisterschaft entwickelt sich mit dem Verständnis dafür, wie wir unsere Kräfte weise einsetzen. Für Jack bedeutete das, zunächst seine Wasser-Kraft wertzuschätzen, zu lernen, seine Aufmerksamkeit nach außen zu richten, und dann zu erkennen, wie er auf andere wirkte. Feuer steht für Spaß, Veränderung und Begeisterung. Jack erkannte nach und nach, wie seine Neigung zu Zynismus und Negativität dem Spaß um ihn herum einen Dämpfer versetzte. Keine Spaßbremse zu sein lernte Jack in einer Gruppe für soziale Kompetenz. Indem er mit seiner Kraft zur Innenschau sein eigenes Verhalten reflektierte, übte er, seine Ernsthaftigkeit den Umständen anzupassen. Das stellte ihn vor eine enorme Herausforderung. Dazu musste er erst üben, mit den Augen anderer zu sehen.

Scharaden

Jack begann mit seiner Familie und dann mit seinen Freunden, Scharaden zu machen. Er lernte, in Teams zu spielen, in denen er seine Körpersprache anpassen musste, um mit seinem Partner zu kommunizieren. Jack sammelte leidenschaftlich gern Karten für das Sammelkartenspiel *Magic: The Gathering*, deshalb hatte er auch Lust, in seinem Heimatort mit Freunden an Magic-Turnieren teilzunehmen. Bei diesen Spielen geht es um ein Duell zwischen Zauberern, und der Spaß besteht darin, gut mit den Teammitgliedern zusammenzuspielen. Die Erkenntnis, dass bei diesen Spielen ein Stück weit auch das Glück mit hineinspielte, hellte Jacks Stimmung auf und half ihm, sich die Kraft des Feuers zu eigen zu machen. Seine Eltern hatten zwar manchmal Bedenken, weil er sich so stark in diese Spiele vertiefte, doch die Interaktion, die sie mit sich brachten, war sicher besser, als wenn er allein in seinem Zimmer sitzen würde. (Hinweis an Eltern: Weil Wasser-Kinder Interesse an „dunklen", mystischen Themen haben, können sie mit potenziell gefährlichen Gruppen in Kontakt kommen, besonders heutzutage, wo man so leicht online Zugang zu diesen Gruppen hat. Das müssen Eltern sehr aufmerksam beobachten.)

Singen

Feuer und Wasser befinden sich an den entgegengesetzten Enden des Spektrums. Wasser ist dunkel, tief und sehr ernst. Feuer ist hell und fröhlich und sich stets wandelnd. Über das Singen gelang es Jack, ein Gefühl für Feuer zu entwickeln. Seine Eltern erzählten mir, wie sie alle einmal bei einem Urlaub in Maine am Lagerfeuer sangen. Da war es, „als wäre Jack ein anderes Kind, so glücklich, aus voller Kehle singend". Als Jack älter wurde, bot sein Interesse an Musik eine wunderbare Möglichkeit, sein inneres Feuer zu entfachen. Er sang in einer Band mit und war eine Weile sogar der Leadsänger; dafür schrieb er Stücke mit Tiefgang, Songs, in denen er seine tiefen Gefühle zum Ausdruck brachte. Seine Mutter war ganz hingerissen, wie sich das auf Jack auswirkte und wie stark es seine Stimmung und Aufmerksamkeit veränderte. Er selbst erzählte mir, sogar wenn er auf dem Schulweg Musik höre, wirke sich das auf seine Konzentration an diesem Tag aus. Und er machte die Erfahrung, dass einige Musikrichtungen ihn positiver stimmten, während andere ihn dazu brachten, sich zurückzuziehen.

Für ihn war es außerordentlich wichtig, so eine Sensibilität für seine sich wandelnden Stimmungen zu entwickeln. Im Laufe der Jahre kam er in unregelmäßigen Abständen zur Akupunktur, dann nahmen wir uns Zeit, Meditationen zu praktizieren, die ihn für die Kreativität seines großen Herzens öffneten.

ÜBUNG

Wasser-Meditation

Diese Meditation kann im Sitzen oder Liegen durchgeführt werden.

1. Zu Beginn soll Ihr Kind einige Bauchatmungen durchführen. Beim Einatmen dehnt sich der Bauch (nicht der Brustkorb) aus. Beim Ausatmen entspannt sich der Bauch (lässt los).
2. Nun soll sich Ihr Kind vorstellen, es ist das tiefe, blaue Meer, riesig und voller Geheimnisse. Während es in seinen Bauch atmet, soll es sich vorstellen, wie alle Bäche, die von den fernen, schneebedeckten Bergen herabfließen, es nähren. Beim Einatmen wird es deshalb schwerer.
3. Beim Ausatmen steigt sein Atem in Form von Wellen an die Meeresoberfläche. Beim Ein- und Ausatmen soll es seinen Atem so ruhig werden lassen, dass die Wellen zur Ruhe kommen und Sonne und Himmel reflektieren können.
4. Beim Einatmen soll es sich im Stillen bei den Bergenbächen bedanken, die es so riesig machen. Beim Ausatmen soll es sich beim Sonnenlicht bedanken, das auf seiner spiegelglatten Wasseroberfläche tanzt.

Qigong-Übung für Wasser: Stehen wie das Meer

Diese Übung wird am besten vor dem Schlafengehen durchgeführt (mit Blick nach Norden), kann aber zu jeder Tageszeit praktiziert werden, um den Geist zu beruhigen und als Vorbereitung auf den Schlaf. Sie kräftigt die Nieren und die Nebennieren.

1. Ihr Kind soll aufrecht stehen, die Beine so weit auseinander, wie es bequem ist, die Füße flach auf dem Boden. Nun soll es sich vorstellen, der riesige Ozean mit tiefen und weiten Strömungen zu sein.
2. Sein Blick ist geradeaus und auf nichts Bestimmtes gerichtet.
3. Seine Hände hängen an den Seiten herab und es führt die Bauchatmung durch (siehe Übung zur Bauchatmung, Kapitel 5). Dabei hebt es seine Hände über den Kopf, wobei die Handflächen nach oben zeigen. Beim Ausatmen beugt es sich sanft nach vorne und versucht, die Innenseite der Fußknöchel zu berühren.
4. Mit dem Einatmen kommt es langsam wieder hoch. Dabei gleiten seine Hände an den Beinen entlang, um die Hüften herum und kommen auf dem unteren Rücken zu liegen, wobei die Fingerspitzen nach unten zeigen. Nun soll es sich leicht nach hinten beugen und in den Himmel schauen. Diese Position soll es kurz halten und sich dabei ein wenig strecken – aber ohne Anstrengung. Währenddessen soll es versuchen, zu lächeln, und sich im Stillen bei der Erde bedanken, auf der es steht.
5. Mit dem nächsten Ausatmen soll es seinen Körper entspannen. Mit diesem Ausatem stellt sich es wieder aufrecht hin und beugt sich erneut behutsam nach vorn; dabei lässt es die Arme hängen, wobei die Hände die Fußknöchel berühren.
6. Beginnen Sie mit einem oder zwei Atemzügen und erhöhen Sie diese im Laufe der Wochen. Beim Üben soll sich Ihr Kind ausschließlich auf seine Körperhaltung und die Atembewegung konzentrieren.

Homöopathie

Jack sprach ganz erstaunlich auf Homöopathie an. Die Homöopathie arbeitet mit extrem hohen Verdünnungen bestimmter Wirkstoffe (Kraft des Wassers), die dann bestimmte Symptome neutralisieren. Obwohl die allopathische Medizin die Homöopathie nicht als gültige Therapie betrachtet, ist sie auf jeden Fall sicher für Kinder, wenn die Mittel von einem sachkundigen Fachmann verordnet werden. Bei Jack verbesserte eine einzige Gabe von *Natrium muriaticum* seine Stimmung und Aufmerksamkeit erheblich; es wurde sein Konstitutionsmittel. Ich setze Homöopathie häufig bei ADHS ein. (Im Anhang finden Sie meine Einteilung homöopathischer ADHS-Behandlungen nach den Fünf Wandlungsphasen.)

Die Vielfalt schätzen: ein wahrer Weiser werden

Nachstehend einige Aktivitäten, die Eltern, Lehrer und Therapeuten als Aufgaben stellen können, um das Wasser-Kind zu unterstützen, seine Stärken zu entwickeln:

- Erkläre die Bedeutung der Wörter „Intuition", „Licht / leicht" und „Liebe".
- Erkläre die Bedeutung der Wörter „Inspiration" und „Original".
- Nimm dir vor, in einer Woche drei beliebige Gefälligkeiten zu erweisen.
- Nenne drei Beispiele für Magie in der Welt.
- Lies die Biografien von Houdini, Leonardo da Vinci und / oder Bob Dylan.
- Untersuche die Magie des Geschichtenerzählens. Übe, eine Geschichte mit viel Dramatik und Ausdruck zu erzählen.
- Beschäftige dich mit Mythen, Legenden, Volkssagen und Gleichnissen und übe, sie deiner Familie zu erzählen.

10.6 Das Wasser-Kind unterrichten

Das Umfeld Schule stellt häufig die größte Herausforderung für das Wasser-Kind dar; meiner Erfahrung nach werden Wasser-Kinder oft frühzeitig an spezielle Fördereinrichtungen verwiesen, weil sie scheinbar „langsam" sind. Die Distanziertheit eines Wasser-Kindes kann jede Lehrkraft frustrieren, die versucht, vorwärtszukommen. Es kann schwierig sein, einen Lehrer zu finden, der Ihr Kind mit seiner Wasser-Natur „versteht". Häufig haben Wasser-Kinder die Grundbausteine des Lernens nicht mitbekommen und müssen die Grundlagen privat „neu lernen", um aufzuholen.

Eine Lehrerin, die eine Verbindung herstellen kann zu den zutiefst persönlichen Interessen des Wasser-Kindes, kann es motivieren, sich in die Klasse einzubringen. Eltern müssen sich für ihr Kind einsetzen und die Lehrerin auf diese einzigartigen Interessen hinweisen. Eine Lehrerin mit Metall-Natur kann die ideale Struktur bieten, das Sicherheitsgefühl Ihres Kindes zu fördern und seinen Hang zu wissenschaftlicher Forschung anzuregen. Doch dieses Metall muss wie ein Gerüst sein, das Freiheit zum Forschen bietet, kein Käfig. Ein Lehrer mit Erde-Natur, der nicht beleidigt ist, wenn ein Kind über den Tellerrand hinausblickt, kann es behutsam und liebevoll in die Gruppe integrieren. Eine Lehrerin mit Holz-Natur kann ein wunderbares Vorbild sein, weil sie Ziele setzt, die Ihr Kind voranbringen. Lehrer mit Feuer-Natur können die Stimmung in der Klasse so stark aufheitern, dass das Wasser-Kind aufgeschlossen und aufgeweckt bleibt. Bedauerlicherweise könnte die Schule auch nicht der ideale Ort sein, an dem Ihr Wasser-Kind aufblühen kann. Meiner Erfahrung nach lernen diese Kinder am besten in einer Lehre. So haben wir Menschen jahrtausendelang gelernt, durch Eins-zu-eins-Beziehungen. Alternativschulen sind Eltern nicht immer möglich, können aber helfen, das Selbstwertgefühl Ihres Kindes zu verbessern. Unabhängig vom Unterrichtsstil, ist es beim Unterrichten eines Wasser-Kindes absolut entscheidend, seine Eigenart wertzuschätzen und gleichzeitig die immense Mühe anzuerkennen, die es das Kind kostet, sich anzupassen. Ist das Selbstwertgefühl erst einmal im Keller, kann es lange dauern, das Kind wieder aus dem hintersten Winkel seiner Höhle hervorzulocken.

10.7 Jack eingeklinkt

Für Jack ergab seine Wasser-Identität Sinn. Sie bestätigte etwas, was er zwar spürte, aber nicht in Worte fassen konnte. Allein gesagt zu bekommen, dass seine Natur nicht pathologisch war, befreite ihn. Im Laufe der Jahre entwickelten wir eine stabile therapeutische Beziehung. Dadurch, dass ich ihm half, sein großes Herz zu meistern, erkannte er meinen tiefen Respekt vor seiner inneren Weisheit und fühlte sich selbstsicherer. Dieses Gefühl wiederum half ihm, mit der Welt zu interagieren. Indem er seine Gefühle in einen Kontext stellte, erweiterte sich sein Blickwinkel. In meiner Praxis konnten wir über seine Zerstreutheit als ein Anzeichen von „zu viel Wasser" witzeln, ohne dass er sich bedroht fühlte. In der 9. Klasse hatte Jack eine kleine Gruppe von Jungen gefunden, die seine eklektischen Interessen teilten. Er bot freiwillig seine Hilfe in einem Kurs für soziale Kompetenz an, den er selbst besucht hatte. Durch die Arbeit mit jüngeren Kindern erkannte er seine eigenen früheren Probleme klarer und sah auch, wie weit er seit damals schon gekommen war. Seine Noten wurden besser, und obwohl seine Mutter noch klagt, er sei gelegentlich immer noch wie von einem anderen Stern, ist sie doch wirklich stolz auf seine Fortschritte. Jack interessiert sich mittlerweile leidenschaftlich für Psychologie und seine Mutter weiß, dass er eines Tages ein hervorragender Therapeut sein wird.

Nun eine Geschichte über eine Wasser-Jugendliche, die einen Weg fand, voll und ganz hier auf der Erde anzukommen.

Beispiel: Sasha – eine Wasser-Jugendliche mit ADHS

Mein erstes Gespräch hatte ich mit Sasha, als sie 13 Jahre alt war. Ein Psychiater hatte ihr kurz zuvor stimulierende Medikamente gegen ADHS (unaufmerksamer Typ) verordnet, woraufhin sie stark depressiv und suizidgefährdet wurde. Bereits als Sasha fünf Jahre alt war, wusste ihre Mutter, eine alleinerziehende Lehrerin in einer

Privatschule, dass Sasha nicht „wie andere Kinder" war. Die Mutter hatte Angst, sie würde das öffentliche Schulsystem nicht „packen". Sasha erledigte die Dinge immer in ihrer eigenen Zeit und hatte bereits als Einjährige eine erstaunliche Fantasie und lebte bereits damals zufrieden in ihrer eigenen Welt. Sie schien ein außerordentliches Musikgedächtnis zu haben und liebte Zahlen. Im ersten Schuljahr schickte die Mutter Sasha auf eine Alternativschule, die großen Wert auf praktisches Lernen legte. Doch ab der zweiten Klasse konnte sie sich die Privatschule nicht mehr leisten und Sasha wechselte ins öffentliche Schulsystem.

Sie hatte sich nie wirklich für andere Kinder interessiert und verbrachte die nächsten acht Jahre als Einzelgängerin. Sie ließ sich durch die Schule treiben, starrte aus dem Fenster und dachte sich kleine Lieder aus. Ihre Mutter kreidete der Schule an, bei Sasha kein Interesse für den Lernstoff zu wecken, und versuchte zu Hause immer, Sashas einzigartiges Musik- und Mathematiktalent zu fördern. Sie gab zu, oft die Hausaufgaben für Sasha zu erledigen, einfach um ihr zu helfen, am Ball zu bleiben, doch als Sasha in die Middleschool kam, brach alles zusammen. Nach unzähligen Gesprächen mit der Schule willigte Sashas Mutter endlich ein, mit ihr zu einem Psychiater zu gehen. Der stellte eine Aufmerksamkeitsdefizit-Störung fest und verschrieb ein Stimulans, das rasch zu so extremen Reaktionen führte, dass Sasha es nicht mehr einnahm. Ihre Stimmung war seitdem immer düster und die Mutter dachte nicht im Traum daran, es noch einmal mit Medikamenten zu probieren. Sie kam zu mir, weil sie alternative Möglichkeiten suchte, ihr Kind zu unterstützen, „das System zu überleben".

Bei unserem Gespräch über die fünf Naturen hellte sich die Miene von Sashas Mutter auf, als wir zum Wasser-Kind kamen. Als Sasha allein bei mir war, schien ihr schon, bevor ich ihr alle fünf Naturen ganz vorgestellt hatte, klar zu sein, dass sie ein Wasser-Kind ist.

Beim Entwerfen einer Lösung für Sasha sorgten wir als Erstes für ihr Sicherheitsgefühl. Dazu nutzten wir die Kraft des Metalls in Form von Mustern und Gewohnheiten. Allein ihre einzigartige Wasser-Natur im Muster der Fünf Wandlungsphasen anzuerkennen stärkte Sasha und ihre Mutter. Endlich gab es einen Kontext, in dem Sasha Verständnis fand – ohne einen pathologischen „Stempel". Dadurch schien sich ein gewisses Vertrauen zwischen uns zu entwickeln. Ihre Mutter witzelte zwar oft, Sasha sei geistesabwesend und der typische „zerstreute Professor", doch sie wussten beide, dass Sasha geistesgegenwärtiger werden musste, damit ihre Talente in der Welt leuchten konnten. Ich zeigte Sashas Mutter das verräterische Anzeichen dafür, dass sich Sashas Wasser-Welpenherz unsicher fühlte: verstärkter Rückzug. Die Kraft des Metalls zu nutzen hieß, zu Hause regelmäßige Gewohnheiten einzuführen, mit denen es ihre Mutter (als Metall-Natur) sehr genau nahm. Auch schien Sasha bereitwillig die Tatsache zu akzeptieren, dass sie mehr Ordnung brauchte, um ihre Arbeit zu schaffen.

Ihre Mutter erstellte einen Plan, an den sie sich bei den Hausaufgaben, beim Essen und Schlafen zu halten versuchten. Dieses Programm war nicht zu einengend und ließ immer noch „Traumzeit" zu, wie Sasha es nannte. Ich ermunterte sie, ihre persönliche Zeit zu nutzen, ihrer Liebe zur Musik nachzugehen. Sie begann, tolle kleine Lieder zu komponieren und Gedichte mit großem Tiefgang zu schreiben, die sie mir ganz selbstverständlich zu unseren Terminen mitbrachte.

Sasha bekam regelmäßig Akupunktur. Weil sie sich anfangs so vor Nadeln fürchtete (tiefe Angst vor dem Unbekannten kommt bei Wasser-Naturen häufig vor), verwendeten wir zunächst Stimmgabeln auf den Akupunkturpunkten, um ihr Körperbewusstsein zu verbessern. Den Grad ihrer Unsicherheit konnten wir daran abschätzen, wie schwierig es für sie zu erraten war, wann die Stimmgabel zu klingen aufhörte. Anhand dieses sehr konkreten Hinweises konnte sie ihren eigenen Stresspegel messen. Mit Geduld gelang es uns, in den folgenden Monaten eine vertrauensvolle Beziehung (Erde) aufzubauen. Infolgedessen gestattete mir Sasha eines Tages, Akupunkturnadeln zu verwenden, die sich erstaunlich auf ihre Aufmerksamkeit auswirkten. Weil ich ihr meine Auswahl der Akupunkturpunkte erklärte, die die Beziehung zwischen Erde, Wasser und Feuer ins Gleichgewicht bringen sollten, konnte sie den Sinn und Zweck der Behandlung besser erfassen. Das bestärkte sie, sich auf die sich verändernden Körperempfindungen zu konzentrieren, statt lediglich träge vor sich hinzuträumen. Anfangs konnte sie mir nicht sagen, ob die Akupunkturnadeln steckten oder nicht. Doch als sie sich besser entspannen und auf ihre Körperempfindungen konzentrieren konnte, brauchte sie weniger „Aufwärmzeit", wie sie es nannte. Innerhalb weniger Wochen stellten Sasha und ihre Mutter einen Unterschied in ihrer Aufmerksamkeit fest. Sie wirkte viel stärker am Geschehen um sie herum beteiligt. Darauf bauten wir jede Sitzung weiter auf, indem wir übten, die Aufmerksamkeit vom Kopf in den Körper zu verlagern. Wenn Sasha diese Verlagerungen wahrnahm, fühlte sie sich körperlich wesentlich präsenter in der Welt. Ich ermunterte sie, eine aktivere Rolle bei Familienaktivitäten zu übernehmen, wann immer das möglich war (Erde). Da bekam sie die Verantwortung übertragen, sich um den Familienhund zu kümmern – was sie mit großer Leidenschaft tat (Feuer).

Ihre Großeltern besaßen ein Stück Land im Wald und im Sommer ihres ersten Highschooljahres renovierte Sasha mit ihrem Großvater ihre kleine Blockhütte. Diese Zeit in der Natur (Holz) wurde für sie zu einem wunderbaren Ventil für ihre Aufmerksamkeit, und von da an plante Sasha Zeit für Besuche ein, wann immer es ihr möglich war. Alle stellten fest, dass sie erfrischt und lebensfroher nach Hause kam.

Ich überwies sie zur kraniosakralen Osteopathie (siehe Ressourcen) zur Verbesserung ihres inneren Gleichgewichts und des freien Flusses im Nervensystem. In den Entsprechungen der Fünf Wandlungsphasen sind die Knochen und das Mark dem

Wasser zugeordnet. Auch diese Behandlung schien Sashas Fokus zu verbessern. Sie nahm zudem chinesische Kräuter ein, um ihr Wasser zu tonisieren, zusammen mit Kräutern, die die Nebennieren stärken (Rhodiola, Ashwagandha), wenn sie sich besonders gestresst fühlte (siehe Ressourcen). Die Aminosäure L-Thyrosin half ihr, ihre Aufmerksamkeit morgens anzuregen.

In ihrem Junior-Jahr in der Highschool[12] war Musik ein wesentlicher Bestandteil in Sashas Alltag geworden. Sie begann, Klavierstunden zu nehmen, wodurch sie sich für Timing und Rhythmus (Metall) sensibilisierte. Sie wechselte rasch zu Gitarre und Harmonika, und als ihr immer mehr Musikrichtungen gefielen, sammelte und spielte sie leidenschaftlich gern ungewöhnliche Instrumente (Feuer). Da wurde ihr angeboten, in einer Rockband mitzuspielen, wo ihr außergewöhnliches Talent zum Songschreiben erstmals wirklich wertgeschätzt wurde (Erde).

Als Sashas Noten wieder einmal zu leiden begannen, stellten wir fest, dass sie in der riesigen Welt des Internets versackt war. Sie blieb abends lange auf, eingetaucht in das Meer interessanter Informationen. Nur mit strenger Beobachtung kam sie von ihren Surfgewohnheiten wieder los und ihre Mutter lenkte sie wieder stärker in Richtung körperliche Aktivität.

Auch in Mathematik begann Sasha zu glänzen, was ihr, wie es schien, immer leichtgefallen war. Ich empfahl ihr, enger mit den Mathematikern an ihrer Schule zusammenzuarbeiten, um diese Fähigkeiten zu fördern. Die Unterstützung und Ermutigung, die sie dort erfuhr, verbesserten ihr Selbstwertgefühl und boten ihr eine Richtung für ihre Zukunft.

Am auffälligsten traten Sashas Konzentrationsprobleme zutage, wenn es um das Schreiben ging. Sie konnte zwar ausgezeichnet Gedichte verfassen, doch längere Aufsätze in der Highschool waren ein Kampf. Sie hatte wohl hervorragende Ideen, schaffte es aber anscheinend nicht, sie zu Papier zu bringen. Dann saß sie an ihrem Tisch und starrte stundenlang auf ihr Blatt. Ich riet ihr, ihre Ideen erst aufzunehmen und sie dann niederzuschreiben. Ihre Mutter half Sasha dann, das Material der Reihe nach zu ordnen. Ja, Sasha fand sogar Gefallen daran, ihre Stimme aufzunehmen, was ihr wiederum beim Sprechen in der Öffentlichkeit half.

Liebend gern unterhielt sich Sasha mit mir über die fünf chinesischen Naturen und wir hatten sogar die Idee, sie in einem Comic vorzustellen. Darin sollten fünf Superhelden vorkommen, die die Kräfte der fünf Naturen verkörperten – vielleicht entsteht daraus eines Tages ein weiteres Buch.

---

12 Was in Deutschland etwa der 7. Klasse entspricht; Anm. d. Ü.

Dieses Jahr schloss Sasha die Highschool ab und geht nun aufs College. Als Hauptfach wählte sie theoretische Physik, obwohl sie mir sagte, sie werde alle ihre Musikinstrumente mitnehmen für den Fall, dass sie sich entscheide, doch Rockstar zu werden.

10.8 Das Wasser-Kind lieben

Sehen Sie Ihr Wasser-Kind als Ihren Guru, Ihren kleinen Meister Yoda. Wenn Sie den Humor in der Eigenwilligkeit eines Wasser-Kindes finden, öffnet sich Ihr Herz und es stärkt die Verbindung zwischen Ihnen und Ihrem Kind. Denken Sie daran: Es ist schwer, in dieser verrückten Welt sozialer Beziehungen ein Wasser-Kind zu sein. Das tiefe Wasser verbindet uns mit dem Geheimnis des Lebens. Ohne Wasser können wir nicht überleben, genau wie sich ein Leben ohne Sinn leer anfühlt. Wenn ein Wasser-Kind eingeklinkt ist, bietet es uns ein Meer von Fantasie, Ideen, die unsere Welt revolutionieren können. Einige unserer originellsten Denker hatten eine Wasser-Natur: Albert Einstein, Sigmund Freud, Leonardo da Vinci und Buckminster Fuller, um nur einige zu nennen. Das Wasser-Kind hat uns allen etwas zu bieten. Seine tiefen Wahrheiten geben dem Kontext der Erde Sinn, nähren den Einfallsreichtum des Holzes, verleihen den Mustern des Metalls eine Bedeutung und erden die Überschwänglichkeit des Feuers. Obwohl es nicht die Aufgabe der Welt ist, sich seine Lehren anzuhören, nehmen Sie sich die Zeit, der Weisheit Ihres Kindes zu lauschen. Es kann Sie einige tiefgründige Wahrheiten lehren.

Zusammenfassung: der Zugang zu Wasser

- **Das Welpenherz nähren:** Verbessern Sie mithilfe der Kraft des Metalls die Beständigkeit und Struktur. Probieren Sie das Zeit-Spiel und das Interaktive Metronom.
- **Das Welpenherz trainieren:** Die Kraft der Erde bedeutet, Bindungen zu fördern, Kurse für soziale Kompetenz zu besuchen, Mitglied in Vereinen zu sein und gemeinsam zu essen. Spielen Sie das Spiel „Ich habe Hunger, 1-2-3", bereiten Sie Ihrem Kind einen Eiweiß-Shake zu und haben Sie auch keine Angst, ihm ein wenig Koffein zu geben.
- **Das große Herz entwickeln:** Zur Kraft des Holzes gehört körperliche Bewegung, wozu Geh-Meditationen zählen, aber auch Wandern, Kampfsport und Yoga. Probieren Sie Sehtherapie und lassen Sie Ihr Kind nur begrenzt Videospiele machen.
- **Das große Herz meistern:** Pflegen Sie die Kraft des Feuers mit Qigong-Übungen, Meditation, Spielen, Singen, Unterhaltung, Homöopathie, Kraniosakral-Therapie und Geschichtenerzählen.

Nachwort

In Wirklichkeit gibt es nicht *die eine* Behandlungsmethode für ADHS, weil ADHS nichts Einheitliches ist. Wir alle durchlaufen den Reifungs- und Befreiungsprozess auf unsere einzigartige Art und Weise, die vollständig von den Umständen abhängt, in denen wir uns befinden. Laotse formuliert es treffend: „Die Umstände vervollkommnen uns" (Übersetzung aus dem Chinesischen ins Englische vom Autor). Doch statt nur das Opfer der Umstände zu sein, lehren uns unsere Kinder, dass wir noch nicht „fertig" sind. Indem Sie den Weg Ihres Kindes umreißen, umreißen Sie auch Ihr eigenes Leben. Und dabei erhaschen Sie einen Blick darauf, welche Rolle Sie auf den wunderbaren und geheimnisvollen Pfaden des Universums spielen: dem Tao. Im Grunde genommen geht es in diesem Buch um die Liebe, die Ihr großes Herz entwickelt, wenn Sie sehen, wie sich Ihr Kind von Dingen befreit, die sein Wachstum behindern. Ich hoffe, Sie entdecken mithilfe dieses Buches die wahre Natur Ihres Kindes und bringen so mehr Sinn und Mitgefühl in Ihre Umgebung.

Tidewinds, Brewster Dunes, MA
Im Juni 2011

Anhang

Zusammenfassung der fünf Arten, sich einzuklinken und sich auszuklinken

Aus dem großen Herzen agierend: sich in das große Bild einklinken

HOLZ	FEUER	ERDE	METALL	WASSER
„Der wahre Held / die wahre Heldin"	„Die wahre Führungspersönlichkeit"	„Der ‚Kümmerer' / die ‚Kümmerin'"	„Der wahre Richter / die wahre Richterin"	„Der / die wahre Weise"
fasziniert von Bewegung	fasziniert von Neuem, von (starken) Sinneseindrücken	fasziniert von Bindungen	fasziniert von Ordnung und Details	fasziniert von tiefer Bedeutung
ehrgeizig	charismatisch	hilfsbereit	kritisch	introspektiv
liebt das Forschen	liebt das Drama	liebt es, anderen eine Freude zu machen	liebt Logik	liebt die Theorie
zielorientiert	humorvoll	loyal	rechtschaffen	fantasievoll
lernt durch das Überwinden von Grenzen	lernt durch die Intuition	lernt durch Zusammenhang und Assoziation	lernt durch Muster und Ursache	lernt durch tiefes Nachforschen
entschlossen	mitfühlend	diplomatisch	ethisch	selbst-reflektiv
„Im Fluss"	„Hohe Motivation"	„Präsent sein"	„Präzision"	„Sich-Versenken"
Archetyp: der Pionier / die Pionierin	Archetyp: der Zauberer / die Zauberin	Archetyp: der Friedensstifter / die Friedensstifterin	Archetyp: der Alchemist / die Alchemistin	Archetyp: der Philosoph / die Philosophin

Bellender Welpe: sich aus der Welt ausklinken

HOLZ	FEUER	ERDE	METALL	WASSER
„Der Wildfang"	**„Der Klassenclown / die Klassenclownin"**	**„Der Grübler / die Grüblerin"**	**„Das feststeckende Kind"**	**„Der Tagträumer / die Tagträumerin"**
abgelenkt durch Stille	abgelenkt durch Langeweile	abgelenkt durch Trennung	abgelenkt durch Unordnung	abgelenkt durch Gedanken
kämpft gegen Einschränkungen	impulsiv	ängstlich	rigide	zurückgezogen
leicht frustriert	rastet leicht aus	schlecht organisiert	übermäßig konzentriert	apathisch
hyperaktiv	überstimuliert	unentschlossen	selbstgerecht	stur
feindselig	neigt zu Panik	besessenes Denken	zwanghaft	deprimiert
schreiend	reizüberflutet	aufdringlich	enttäuscht	große Angst
Spannungskopfschmerz	Hypoglykämie	Neigung zu Blutergüssen	Verstopfung	Unbehagen, Erschöpfung
Muskelzucken	Reflux	Magenschmerzen	Ekzeme, Asthma	Rückenschmerzen
Taubheitsgefühl	Diarrhö	Muskelschwäche	Tics	Hypochondrie

© Stephen Cowan 2009

Aromatherapie für die Fünf Wandlungsphasen

Ätherische Öle können in Bädern eingesetzt werden, im Verdampfer oder zur Massage (vermischt mit Sonnenblumenöl oder Lotionen).

HOLZ	FEUER	ERDE	METALL	WASSER
Hyperaktivität / Spannungskopfschmerz	Impulsivität / Überempfindlichkeit / Durchfall	Angst / Magenschmerzen aufgrund von Sorge	Übermäßige Konzentration / Rigidität / Verstopfung	Apathie / Rückenschmerzen
Bergamotte	Geranie	Kamille	Weihrauch	Basilikum
Kamille	Ingwer	Zimt	Geranie	Muskatellersalbei
Kreuzkümmel	Lavendel	Fenchel	Jasmin	Geranie
Weihrauch	Mandarine	Ingwer	Lavendel	Mandarine
Lavendel	Neroli	Limette	Orange	Kiefer
Zitrone	Rose Otto	Mandarine	Tangerine	Rose Otto
Pfefferminze	Grüne Minze	Pfefferminze	Schafgarbe	Rosmarin
Ylang-Ylang	Sandelholz	Rosenholz		
	Vetiver			
	Ylang-Ylang			

Blütenessenzen für die Fünf Wandlungsphasen

© Stephen Cowan 2011

HOLZ	FEUER	ERDE	METALL	WASSER
Pfefferminze	**Leimkraut**	**Cosmos**	**Reiherschnabel**	**Clematis**
innere Anspannung	Reizüberflutung	übermäßiges Denken	Detailversessenheit	exzessives Tagträumen
Lavendel	**Ölmadie**	**Rosa Schafgarbe**	**Margerite**	**Wilde Möhre**
Anspannung	unaufmerksam Details gegenüber	verschwimmende Grenzen	Unfähigkeit, das große Bild zu sehen	mangelnde Präsenz
Überstimulierung	**Weiße Kastanie**	**Walnuss**	**Geißblatt**	**Rosmarin**
Zedernholz	überaktiver Geist	Unentschlossenheit	negative Einstellung	sich körperlos fühlen
überaktiver Geist	**Johanniskraut**	**Waldtrespe**	**Borretsch**	**Vergissmeinnicht**
mangelnder Fokus	Überstimulierung	verwirrt beim Entscheiden	Entmutigung	Einsamkeit und Isolation
Hyperaktivität		**Bartfaden**	**Lavendel**	
Vetiver		Sorge	Anspannung	
Panik		kann keine Ziele verfolgen	übermäßige Konzentration, die den Schlaf beeinträchtigt	
Angst			**Einjähriger Pfeffer**	
Hyperaktivität			geistige Stagnation	
Hasenpinsel			**Kapuzinerkresse**	
geistige Starre			nüchternes Denken	
geistige Dumpfheit			**Zinnie**	
			übermäßige Ernsthaftigkeit	

Homöopathie für die Fünf Wandlungsphasen

HOLZ	FEUER	ERDE	METALL	WASSER
Tuberculinum	**Medorrhinum**	**Calcium carbonicum**	**Cina**	**Natrium muriaticum**
nie zufrieden	extrem extrovertiert	schwerfällig	oppositionell	zurückgezogen
ruhelos	führt Dinge nicht zu Ende	vergesslich	stur	negativ
reizbar	vergesslich	verschwitzt	reizbar	schwache Motivation
destruktiv	exzessive Masturbation	übergewichtig	selbstkritisch	linkisch, wenn in Eile
Bettnässen	Angst vor dem Alleinsein	**Barium carbonicum**	juckende Nase	weint im Stillen
Tarantula	**Plantago major**	vergesslich	nimmt Einmischung übel	Lippenbläschen
überaktiv	hastig	leicht gekränkt	Muskelzucken	Verlangen nach Salz / Nudeln
impulsiv	Reflux	Trennungsangst	überempfindlicher Kopf	**Scorpio**
klettert wie eine Spinne	keine Ausdauer	Verlangen nach Eis	**Aurum metallicum**	mangelndes Mitgefühl
motorische Tics	überempfindlich	**Lachesis**	leicht enttäuscht	distanziert
Chamomilla	impulsiv	exzessives Reden	Kummer	ist gern allein
ungestüm	**Capsicum**	Symptome linksseitig	schluchzt im Schlaf	gleichgültig
Wut	träge	Eifersucht	geräuschempfindlich	isoliert
ruhelos	Übergewicht	**Veratrum album**	niedergeschlagen	**Silicea**
Übergewicht	rote Wangen	geschäftig	häufige Erkältungen	schüchtern
rote Wangen				
„ein Kind außer Rand und Band"				

HOLZ	FEUER	ERDE	METALL	WASSER
Lyssinum	Überempfindlich	Plappermaul	**Arsenicum album**	scheu
Wutanfälle	Heimweh	Pessimist	nervös	kühl
Angst vor Hunden	**Stramonium**	ruhelos	verängstigt	kränklich
Klaustrophobie	Angst vor Dunkelheit	Verlangen nach Eis und kalten Speisen	empfindlich	Hautprobleme
Impuls, sich selbst zu schneiden	Stottern		Verzweiflung	
Bettnässen	Fluchen		hasst Unordnung	
	Eifersucht		Heiserkeit	
			Asthma	
			kälteempfindlich	
			überempfindlich	

© Stephen Cowan 2011

Allgemeine Ernährungsempfehlungen für die Fünf Wandlungsphasen

HOLZ (SAUER) (SA)	FEUER (BITTER) (BT)	ERDE (SÜSS) (S)	METALL (SCHARF) (SC)	WASSER (SALZIG) (SZ)
Weizen	Mais	Hirse	Reis	Buchweizen
Nüsse	Roggen	Süßkartoffel, Jamswurzel	Hühnchen	Salz
Weißdorn	rote Linsen	Kichererbse	grüne Minze	Ei
Artischocke	Alfalfa	Malzsirup	Rosmarin	Fisch
Brokkoli	Römersalat	Kirsche	Rettich (bt)	Algen
Karotten (s)	Spargel	Dattel	Schalotte (bt)	Gerste, Hirse (s)
Rhabarber	Rucola	Feige	Knoblauch	Sojasauce
Avocado	Schalotte (sc)	Rote Bete	Zwiebel	Miso
Zitrone	Endivie	Karotte (sa)	Zimt	Essiggurke (sa)
Limette	Eskariol	Gurke	Gewürznelke	Gomasio
Orange	Essig (sa)	Aubergine	Ingwer	Olive (sa)
saure Gurken (sz)	Aprikose	Kartoffel	Kohl	Rote Bete
Hagebutte	Guave	Kürbis, Jamswurzel	Blumenkohl	Kohl
Sauerkraut	Loquat	Mandel	Sellerie	Pilz
Essig (bt)	Himbeere	Kokosnuss	Gurke (s)	Wasserkastanie
Apfel (s)	Erdbeere	Tomate (sa)	Lauch (sa)	
Brombeere (s)		Apfel	Brunnenkresse	
Himbeere (s)		Banane		

HOLZ (SAUER) (SA)	FEUER (BITTER) (BT)	ERDE (SÜSS) (S)	METALL (SCHARF) (SC)	WASSER (SALZIG) (SZ)
Weintraube (s)		Cantaloupe-Melone		
Olive (sz)		Mango		
Tomate (s)		Papaya		

© Stephen Cowan 2011
Nach Garvy 1985 und Pitchford 2002

(Hinweis: Über die Klassifizierung von Nahrungsmitteln herrscht unter den Experten große Uneinigkeit. Nahrungsmittel sind komplexe Zusammensetzungen, genau wie Menschen. Manche Nahrungsmittel lassen sich deshalb mehr als einer Wandlungsphase zuordnen. Bitte nutzen Sie diese Tabelle lediglich als Leitfaden.)

Ressourcen

Auf meiner Website ↗ http://www.stephencowanmd.com finden Sie zahlreiche weiterführende Links. Im Folgenden finden Sie Empfehlungen von mir, die sich meiner Erfahrung nach als sehr hilfreich für Eltern erwiesen haben. (Die Angaben aus dem Originalbuch haben wir durch Angebote aus dem deutschsprachigen Raum ergänzt bzw. ersetzt. Anm.d.Verlags.)

Körperarbeit und Meditation

- ↗ http://www.yogakids.com
- ↗ http://www.kinderyoga.de
- ↗ http://www.dtu.de (Deutsche Taekwondo Union)
- ↗ http://www.aikido-bund.de
- ↗ http://www.aikido-foerderation.de
- NurrieStearns, Mary & NurrieStearns, Rick (2010): *Yoga for Anxiety: Meditations and Practices for Calming the Body and Mind.* New Harbinger.
- Hanson, Rick & Mendius, Richard (2010): *Das Gehirn eines Buddha. Die angewandte Neurowissenschaft von Glück, Liebe und Weisheit.* Arbor.
- Fontana, David & Slack, Ingrid (2009): *Mit Kindern meditieren. Lebensfreude, Konzentration und Heilung für Kinder und Jugendliche.* Barth.
- Ya-Li, Fan (1995): *Chinesische Heilmassage für Kinder. Ein Handbuch für Eltern und Therapeuten.* Ansata.
- *Power Animal Frolics: Tai Chi / Yoga / Qigong for Children* (2008). DVD Directed by Saba Moor-Doucette.
- Friebel, Volker & Paulzen, Vanessa (2013): *Traumreisen für Kinder zur Förderung von Entspannung, Konzentration, Ich-Stärke und Kreativität.* Münster: Ökotopia.

Hinweise zur Ernährung

Es gibt zahlreiche gute Websites, auf denen Eltern sich über gesunde Ernährung informieren können. Ich habe z.B. die Initiative „Two Angry Moms" darin unterstützt, die Qualität von Schulessen zu verbessern: ↗ http://www.angrymoms.org

Im deutschsprachigen Raum bieten z.B. fast alle Krankenkassen Ernährungsprogramme an bzw. beschäftigen sich mit dem Thema Schulverpflegung.

Portale zu Anbietern gesunder bzw. biologisch angebauter Lebensmittel:

- ↗ http://www.lebensmittelkooperativen.de
- ↗ http://www.bioladen.de
- ↗ http://www.gemuesekiste.de
- ↗ http://www.gesundheitstabelle.de (Listet Schadstoffe in Lebensmitteln auf)

Nahrungsergänzungsmittel und Heilkräuter

Ich nutze zahlreiche Nahrungsergänzungsmittel, um auf gesunde Art und Weise die Aufmerksamkeit von Kindern zu fördern. Bitte konsultieren Sie unbedingt einen Arzt oder Heilpraktiker, bevor Sie Ihrem Kind Nahrungsergänzungen verabreichen.

Auf der deutschsprachigen Website ↗ http://www.elternwissen.com findet sich ein ganz informativer Beitrag zu Nahrungsergänzungsmitteln:

↗ http://www.elternwissen.com/lerntipps/konzentration-adhs/art/tipp/ wichtigenhrstoffezurbehandlungvonadhs.html

Chinesische Kräuter für Kinder

Ich behandle Kinder mit etlichen chinesischen Heilkräutern. Efrem Korngold hat für die *Kan Herb Company* eine Heilkräuterlinie entwickelt, die er „Gentle Warriors" (sanfte Krieger) nennt: ↗ http://www.kanherb.com

Aber auch hier gilt: Bitte verabreichen Sie keine Kräuter ohne vorherige Konsultation eines Arztes oder Heilpraktikers.

Anm. d. Verlags: In seinem Buch „Traditionelle chinesische Medizin" geht Korngold natürlich auch auf die einzelnen Kräuter ein. Das Buch finden Sie in der Literaturliste.

Blütenessenzen

Dr. Edward Bach entwickelte in den 1930er-Jahren seine erste Serie von Blütenessenzen und setzte sich damit radikal von der konventionellen Medizin seiner Zeit ab. Bachs Arbeit basiert auf der Homöopathie und einer seiner wesentlichen Beiträge zur Alternativmedizin besteht darin, die emotionalen Ursachen von Krankheiten zu berücksichtigen. Wenn sie korrekt angewendet werden, sind Bach-Blütenessenzen sicher und sehr effektiv bei einer Reihe körperlicher und geistiger Probleme. Lesen Sie aber bitte sorgfältig die Informationen zur Dosierung und Verabreichung, bevor Sie die Essenzen anwenden.

- ⅂ http://www.bach-bluetentherapie.de
- Auf der Website www.elternwissen.com gibt es einige Artikel zum Thema Bach-Blüten und Kinder: ⅂ http://www.elternwissen.com/gesundheit/bachblueten.html
- Krämer, Dietmar & Heimann, Hagen (2010): *Bach-Blüten für Ihr Kind. Ein Ratgeber für Eltern.* Bad Camberg: Isotrop.
- Walter, Dagmar (2013): *Bach-Blüten für die Kinderseele: Die Entwicklung von Kindern fördern und stärken.* Freiburg: Aira.

Aromatherapie

In den folgenden Büchern finden Eltern wertvolle Hinweise zur Aromatherapie. Aber auch hier gilt wieder: Holen Sie professionellen Rat ein, bevor Sie ätherische Öle anwenden.

- Price, Shirley & Price Penny (1996): *Aromatherapy for Babies and Children.*
- Velten, Heidi & Walter, Bruno (2003): *Große Düfte für kleine Nasen. Räucherrituale, Dufterlebnisse und Gesundheitstipps für Kinder.* München: Kösel.
- Wordwood, Valerie Ann (2000): *Aromatherapy for the Healthy Child: More than 300 Natural, Nontoxic, and Fragrant Essential Oils.*

Auch zum Thema Aromatherapie gibt es Informationen auf www.elternwissen.com: ⅂ http://www.elternwissen.com/gesundheit/alternative-medizin/art/tipp/ aromatherapie-fuer-kinder.html

Homöopathie

Die folgenden Ressourcen bieten Eltern Leitlinien an, um die richtigen homöopathischen für ihr Kind auszuwählen.

- ⅂ http://www.kinder-homoeopathie.info
- Und auch hier gibt es Informationen auf ⅂ http://www.elternwissen.com: ⅂ http://www.elternwissen.com/gesundheit/homoeopathie-fuer-kinder.html
- Enders, Norbert (2012): *Enders Homöopathie für Kinder.* Stuttgart: TRIAS.
- Grandgeorge, Didier (2012): *Homöopathische Essenzen in der Kinderheilkunde. Das Wesen der 250 wichtigsten Kindermittel.* Kandern: Narayana-Verlag.

- Sommer, Sven (2009): *Homöopathie für Kinder.* München: Gräfe & Unzer.

Analogien und Muster

- Draze, Dianne & Chatham, Lynne (1992): *Advancing through Analogies.*
- Moscovich, Ivan (1987): *Denkspiele mit Formen.* München: Mosaik.
- Schwartz, Linda & Armstrong, Beverly (1989): *Analogy Adventure.*
- Tullet, Hervé (2011): *Kritzelzauber! Ein Buch für kleine große Künstler.* Freiburg: Herder.
- Tullet, Hervé (2011): *The Book of Patterns.*
- ↗ http://www.zoodles.com
  Auf dieser Website gibt es die Rubrik Spiele und darunter wiederum Mustererkennungspiele.

Ergänzende Therapien, die Aufmerksamkeit fördern

Interaktives Metronom:

- ↗ http://www.interactivemetronome.com
- ↗ http://www.powerbrains.net (deutschsprachige Website)

emWave:

- ↗ http://www.heartmathstore.com
- ↗ http://www.VAK.de (deutscher Anbieter)
- Childre, Doc & Rozman, Deborah (2000): *Die HerzIntelligenz-Methode.* Kirchzarten: VAK.

Neurofeedback:.

Es empfiehlt sich, einen Spezialisten hierzu zu konsultieren. Mit den computergestützten Programmen können Kinder aber auch zu Hause trainieren.
- ↗ http://www.playattention.com
- ↗ http://www.wilddivine.com

Sensorische Integration:

Ergotherapeuten bieten häufig Sensorische Integration an. Darüber hinaus finden Sie in folgenden Quellen Informationen zu dem Thema:

- ↗ http://www.gsid.de (Deutsche Gesellschaft für Sensorische Integration)
- Ayres, Anna Jean & Robbins, J. (2013): *Bausteine der kindlichen Entwicklung: sensorische Integration verstehen und behandeln.* Heidelberg: Springer.

Verhaltens-Optometrie / Funktionaloptometrie:

- ↗ http://www.wvao.org – Portal für Anerkannte Fachberater für Funktionaloptometrie im deutschsprachigen Raum.
- Edelman, Ellis (1986): *The Suddenly Successful Student: A Parents' and Teachers' Guide to Behavior and Learning Problems and How Behavioral Optometry Helps.*

Kraniosakral-Therapie:

Diese sanfte Therapieform eignet sich gut, um subtile Disharmonien in der Zirkulation der Gehirn-Rückenmarksflüssigkeit auszugleichen.

- ↗ http://www.cranioverband.org – Website des Berufsverbands der Kraniosakral-Therapeuten in Deutschland
- Peirsman, Etienne & Peirsman, Neeto (2007): *Mit sanfter Berührung. Craniosacral-Behandlung für Babys und Kleinkinder.* München: Kösel.
- Upledger, John E. (2013): *Auf den inneren Arzt hören. Eine Einführung in die CranioSacrale Therapie.* München: Irisiana.

Andere Bücher zum Thema ADHS

- Armstrong, Thomas (2002): *Das Märchen vom ADHS-Kind. 50 sanfte Möglichkeiten, das Verhalten Ihres Kindes ohne Zwang und ohne Pharmaka zu verbessern.* Paderborn: Junfermann.
- Hartmann, Thom (2005): *The Edison Gene: ADHD and the Gift of the Hunter Child.*
- Honos Webb, Lara (2007): *ADHS als Geschenk.* Paderborn: Junfermann.
- Louv, Richard (2013): *Das letzte Kind im Wald. Geben wir unseren Kindern die Natur zurück.* Freiburg: Herder.

Literatur

AINSWORTH, M.; BLEHAR, M.; WATERS,E. & WALL, S. (1978): *Patterns of Attachment.* Hillsdale: Erlbaum.

AMERICAN PSYCHIATRIC ASSOCIATION (2000): *Diagnostic and Statistical Manual of Mental Disorders (DSM-IV-TR), 4th edition.* Washington: American Psychiatric Association.

ANDERSEN, S. L. & TEICHER, M.H. (2009): Desperately driven and no brakes: Developmental stress exposure and subsequent risk for substance abuse. *Neuroscience and Biobehavioral Reviews* 33 (4), S. 516–524.

BAUMEISTER, H. & HÄRTER, M. (2007): Mental disorders in patients with obesity in comparison with healthy probands. *International Journal of Obesity* 31, S. 1155–1164.

BEINFIELD, H. & KORNGOLD, E. (2005): *Traditionelle chinesische Medizin.* München: dtv.

BLUNDEN, S.L.; MILTE, C.M. & SINN, N. (2011): Diet and sleep in children with attention deficit hyperactivity disorder: Preliminary data in Australian children. *Journal of Child Health Care* 15 (1), S. 14–24.

Charlton J.P. & Danforth, I.D.W. (2007): Distinguishing addiction and high engagement in the context of online game playing. *Computers in Human Behavior* 23 (3), S. 1531–1548.

CENTER FOR DISEASE CONTROL DATA AND STATISTICS ON ATTENTION DEFICIT DISORDER (2007): http://www.cdc.gov/ncbddd/adhd/data.html.

COHEN, K. (1997): *The Way of Qigong.* New York: Ballantine.

EDEBOL, H.;. KJELLGREN, A.; BOOD, S. & NORLANDER, T. (2009): Enhanced independence and quality of life through treatment with flotation-restricted environmental stimulation technique of a patient with both attention deficit hyperactivity disorder and asperger syndrome: A case report. *Cases Journal* 2, S. 6979.

FARR, S.A.; BANKS, W.A. & MORLEY, J.E. (2006): Effects of leptin on memory processing. *Peptides* 27 (6), S. 1420–1425.

GARVY, J.W. (1985): *The Five Phases of Food: How to Begin.* Newtonville: Wellbeing Books.

GÓMEZ-PINILLA, F. (2008): Brain foods: the effects of nutrients on brain function. *Nature Reviews Neuroscience* 9, S. 568–578.

GRANET D.B.; GOMI, C.F.; VENTURA, R. & MILLER-SCHOLTE, A. (2005): The relationship between convergence insufficiency and ADHD. *Strabismus* 13 (4), S. 163–168.

HINSHAW, S.P. & MELNICK, S.M. (1995): Peer relationships in boys with attention-deficit hyperactivity disorder with and without comorbid aggression. *Development and Psychopathology*, 7, S. 627–647.

JOHNSON, S.L. (2000): Improving preschooler's self-regulation of energy intake. *Pediatrics* 106, S. 1429–1435.

JUNG-BEEMAN, M.; BOWDEN, E.M.; HABERMAN, J.; FRYMIARE, J.L.; ARAMBEL-LIU, S.; GREENBLATT, R.; Reber, P.J. & Kounios, J. (2004): Neural activity when people solve verbal problems with insight. *PLoS Biology* 2 (4), S. 0500–0510.

KIM, Y.; TEYLAN, M.; BARON, M.; SANDS, A.; NAIRN, A. & GREENGARD, P. (2009): Methylphenidate-induced dendritic spine formation and ΔFosB expression in nucleus accumbens. *Proceedings of the National Academy of Sciences* 106 (8), S. 2915–2920.

KLEINMAN, R.E.; HALL, S.; GREEN, H.; KORZEC-RAMIREZ, D.; PATTON, K; PAGANO, M.E. & MURPHY, J.M. (2002): Diet, breakfast, and academic performance in children. *Annals of Nutrition Metabolism* 46 (1), S. 24–30.

KRAUS DE CAMARGO, O. (2010): The international classification of functioning, disability and health (ICF): An ideal framework for developmental behavioral pediatrics. *Section of Developmental and Behavioral Pediatrics Newsletter* 20, S. 11–13.

KUO, F.E. & TAYLOR, A.F. (2004): A potential natural treatment for attention deficit / hyperactivity disorder: Evidence from a national study. *American Journal of Public Health* 94(9), S. 1580–1586.

LAM, L.T., & YANG, L. (2007): Overweight / obesity and attention deficit and hyperactivity disorder tendency among adolescents in China. *International Journal of Obesity* 31 (4), S. 584–590.

LIN, L. (2009): Breadth-biased versus focused cognitive control in media multitasking behaviors. *Proceedings of the National Academy of Sciences* 106 (37), S. 15521–15522.

LLOYD, A.; BRETT, D. & WESNES, K. (2010): Coherence training in children with attention deficit hyperactivity disorder: Cognitive functions and behavioral changes. *Alternative Therapies in Health and Medicine* 16 (4), S. 34–45.

MACLEAN, P.D. (1973): A triune concept of the brain and behavior. In: Boag, T.J & Campbell, D. (Hrsg.): *The Hincks Memorial Lectures*. Toronto: University of Toronto Press.

MACLEAN, P. (1985): Brain evolution relating to family, play, and the separation call. *Archives of General Psychiatry* 42 (4), S. 402–417.

MANNUZZA, S.; KLEIN, R.; ABIKOFF, H. & MOULTON, J. (2004): Significance of childhood conduct problems to later conduct disorders among children with ADHD: a prospective followup study. *Journal of Abnormal Child Psychology* 32 (5), S. 565–573.

MARAZZITI, D.; DEL DEBBIO, A.; RONCAGLIA, I.; BIANCHI, C.; PICCINNI, A. & DELL'OSSO, L. (2008): Neurotrophins and attachment. *Clinical Neuropsychiatry* 5 (2), S. 100–106.

MATHIAK, K. & WEBER, R. (2006): Toward brain correlates of natural behavior: fMRI during violent video games. Human Brain Mapping 27(12): 948-956. Mattson, M.P. (2008): Dietary factors, hormesis and health. *Ageing Research Reviews* 7 (1), S. 43–48.

MATTSON, M.P. & CALABRESE, E.J. (2010): Hormesis: What it is and why it matters. In Mattson, M.P. & Calabrese, E.J (Hrsg.): *Hormesis: A revolution in biology, toxicology and medicine*. New York: Humana Press.

MCCRATY, R. & CHILDRE, D. (2010): Coherence: bridging personal, social and global health. *Alternative Therapies in Health and Medicine* 16 (4), S. 10–24.

MOFFITT, T.E.; ARSENEAULT, L.; BELSKY, D.; DICKSON, D.; HANCOX, R.J.; HARRINGTON, H.; HOUTS, R.; POULTON, R.; ROBERTS, B.W.; ROSS, S.; SEARS, M.R.; THOMSON, W.M. & CASPI, A. (2011): A gradient of childhood self-control predicts health, wealth, and public safety. *Proceedings of the National Academy of Sciences* 108 (7), S. 2693–2698.

National Institutes of Health (1998): Diagnosis and Treatment of Attention Deficit Hyperactivity Disorder. *NIH Consensus Statement* 16 (2), S. 1–37.

OPHIR, E.; NASS, C. & WAGNER, A.D. (2009): Cognitive control in media multitaskers. *Proceedings of the National Academy of Sciences* 106 (37), S. 15583–15587.

OSHER, Y.; BERSUDSKY, Y. & BELMAKER, R.H. (2005): Omega-3 eicosapentaenoic acid in bipolar depression: report of a small open-label study. Journal of Clinical Psychiatry 66, S. 103–112.

OSHI, K.; LAD, S.; KALE, M.; PATWARDHAN, B.; MAHADIK, S.P; PATNI, B.; CHAUDHARY, A; BHAVE, S. & PANDIT, A. (2006). Supplementation with flax oil and vitamin c improves the outcome of attention deficit hyperactivity disorder (ADHD). *Prostaglandins Leukotrienes and Essential Fatty Acids* 74, S. 17–21.

PARKER, G.; GIBSON, N.A.; BROTCHIE, H.; HERUC, G.; REES, A. & HADZI-PAVLOVIC, D. (2006): Omega-3 fatty acids and mood disorders. *American Journal of Psychiatry* 163, S. 969–978.

PARKER, S.; GREER, S. & ZUCKERMAN, B. (1988): Double jeopardy: the impact of poverty on early child development. *Pediatric Clinics of North America* 35 (6), S. 1227–1240.

PITCHFORD, P. (2002): *Healing with Whole Foods: Asian Traditions and Modern Nutrition*. Berkeley: North Atlantic Books.

RUBINSTEIN, J.S.; MEYER, D.E. & EVANS, J.E. (2001): Executive control of cognitive processes in task switching. *Journal of Experimental Psychology: Human Perception and Performance* 27 (4), S. 763–797.

SAGAN, C. (1980): *Cosmos*. New York: Ballantine.

SEAH, M. & CAIRNS, P. (2008): From immersion to addiction in videogames. *British Computer Society* 1, S. 55–63.

SELYE, H. (1991): *Stress beherrscht unser Leben*. München: Heyne.

SHAW, P.; ECKSTRAND, K.; SHARP, W.; BLUMENTHAL, J.; LERCH, J.P.; GREENSTEIN, D.; CLASEN, L.; EVANS, A.; GIEDD, J. & RAPOPORT, J.L. (2007): Attentiondeficit/hyperactivity disorder is characterized by a delay in cortical maturation. *Proceedings of the National Academy of Sciences* 104 (49), S. 19649–19654.

SIBLEY, B.; WARD, R.M.; YAZVAC, T.; ZULLIG, K & POTTEIGER, J.A. (2008): Making the grade with diet and exercise. *AASA Journal of Scholarship & Practice* 5 (2), S. 38–45.

SINN, N. (2007): Polyunsaturated fatty acid supplementation for ADHD symptoms: Response to commentary. *Journal of Developmental & Behavioral Pediatrics* 28 (3), S. 262–263.

SINN, N. & BRYAN, J. (2007): Effect of supplementation with polyunsaturated fatty acids and micronutrients on learning and behavior problems associated with child ADHD. *Journal of Developmental & Behavioural Pediatrics* 28 (2), S. 82–91.

SOBCZAK, S.; HONIG, A.; CHRISTOPHE, A.; MAES, M.; HELDINGEN, R.W.; DE VRIESE, S.A. & RIEDEL, W.J. (2004): Lower high-density lipoprotein cholesterol and increased omega-6 polyunsaturated fatty acids in first-degree relatives of bipolar patients. *Psychological Medicine* 34 (1), S. 103–112.

SOH, N.; WALTER, G. & COLLINS, C. (2009): Nutrition, mood and behavior: A review. *Acta Neuropsychiatrica* 21 (5), S. 214–227.

SPENCE, I. & FENG, J. (2010): Video games and spatial cognition. *Review of General Psychology* 14 (2), S. 92–104.

SU, K.P.; HUANG, S.Y.; CHIU, C.C. & SHEN, W.W. (2003): Omega-3 fatty acids in major depressive disorder. A preliminary double-blind, placebo-controlled trial. *European Neuropsychopharmacology* 13 (4), S. 267–271.

SWING, E.L.; GENTILE, D.A.; ANDERSON, C.A. & WALSH, D.A. (2010): Television and video game exposure and the development of attention problems. *Pediatrics* 126 (2), S. 214–221.

TAHERI, S.; LIN, L.; AUSTIN, D.; YOUNG, T. & MIGNOT, E. (2004): Short sleep duration is associated with reduced leptin, elevated ghrelin, and increased body mass index. *PLoS Medicine* 1, S. 210–217.

TANG, Y.; LU, Q.; GENG, X.; STEIN, E.A.; YANG, Y. & POSNER, M.I. (2010): Short term meditation induces white matter changes in the anterior cingulate. *Proceedings of the National Academy of Sciences* 107 (35), S. 15649–15652.

TANG, Y.; MA, Y.; WANG, J.; FAN, Y.; FENG, S.; LU, Q.; YU, Q.; SUI, D.; ROTHBART, M.K.; FAN, M. & POSNER, M.I. (2007): Short-term meditation training improves attention and self-regulation. *Proceedings of the National Academy of Sciences* 104 (43), S. 17152–17156.

TANG, Y.; MA, Y.; FAN, Y.; FENG, H.; WANG, J.; FENG, S.; LU, Q.; HU, B.; LIN, Y.; LI, J.; ZHANG, Y.; WANG, Y.; ZHOU, L. & FAN, M. (2009): Central and autonomic nervous system interaction is altered by short-term meditation. *Proceedings of the National Academy of Sciences* 106 (22), S. 8865–8870.

WEATHERHOLT, T.N.; HARRIS, R.C.; BURNS, B.M. & CLEMENT, C. (2006): Analysis of attention and analogical reasoning in children of poverty. *Journal of Applied Developmental Psychology* 27 (2), S. 125–135.

WESNES, K.A.; PINCOCK, C.; RICHARDSON, D.; HELM, G. & HAILS, S. (2003): Breakfast reduces declines in attention and memory over the morning in schoolchildren. *Appetite* 41 (3), S. 329–331.

ZITO, J.; SAFER, D.; DOS REIS, S.; GARDNER, J.; BOLES, M. & LYNCH, F. (2000): Trends in the prescribing of psychotropic medications in preschoolers. *JAMA* 2883 (8), S. 1025–1030.

Kooperation statt K(r)ampf

SURA HART & VICTORIA KINDLE HODSON

»Respektvoll miteinander leben«

»Wenn Sie genug haben von den täglichen Diskursen mit den Kindern und sich mehr Kooperation erwarten, dann finden Sie in diesem Buch wunderbare Möglichkeiten eine Veränderung herbeizuführen ... Durch die klare, leicht verständliche Sprache und die sehr übersichtliche Gliederung ist die neue Grundhaltung auch für interessierte Laien leicht verständlich und umsetzbar.«
– mediation aktuell

Sura Hart ist zertifizierte Trainerin des Center for Nonviolent Communication und dort für die Koordination der Schulaktivitäten in den USA zuständig.

Victoria Kindle Hodson hat Pädagogik und Psychologie studiert, seit über 30 Jahren in verschiedenen Schulformen gearbeitet und Seminare für Lehrer, Eltern und Schüler durchgeführt.

Weitere erfolgreiche Titel:

»Empathie im Klassenzimmer«
ISBN 978-3-87387-580-7
»Ich will anders ...«
ISBN 978-3-87387-665-1
»Erziehung, die das Leben bereichert«
ISBN 978-3-87387-566-1